"十二五"职业教育国家规划教材
经全国职业教育教材审定委员会审定
高等职业教育财经类"十二五"系列规划教材·市场营销专业

现代推销技术（第3版）

钟立群　李彦琴　主　编
吴华凤　臧良运　张秀芳　副主编

XIANDAI　TUI XIAO　JI SHU

電子工業出版社
Publishing House of Electronics Industry
北京·BEIJING

内 容 简 介

本书共有6个项目，内容主要涉及推销准备、目标顾客寻找、推销约见和接近、推销洽谈、交易达成、推销管理等内容。每个项目在开始交代了项目实施背景，在结尾设计了项目知识小结、自我测验、思考与练习和案例阅读；16个子项目中含有项目解析、实施安排、教学方案设计、项目知识、实施指导、评价表和工作小结。

本书理论联系实际，实用性强，涵盖相关职业技能鉴定的知识内容，既可作为高职高专院校市场营销专业和其他相关专业的教材，又可作为职业（岗位）培训教材和企业管理人员的自学参考用书。

图书在版编目（CIP）数据

现代推销技术 / 钟立群，李彦琴主编. —3版. —北京：电子工业出版社，2013.9
高等职业教育财经类“十二五”系列规划教材. 市场营销专业
ISBN 978-7-121-21447-9

Ⅰ. ①现… Ⅱ. ①钟… ②李… Ⅲ. ①推销－高等职业教育－教材 Ⅳ. ①F713.3

中国版本图书馆CIP数据核字（2013）第213237号

策划编辑：张云怡
责任编辑：张云怡
印　　刷：北京七彩京通数码快印有限公司
装　　订：北京七彩京通数码快印有限公司
出版发行：电子工业出版社
　　　　　北京市海淀区万寿路173信箱　邮编　100036
开　　本：787×1 092　1/16　印张：15.75　字数：403千字
版　　次：2005年8月第1版
　　　　　2013年9月第3版
印　　次：2017年7月第5次印刷
定　　价：31.90元

凡所购买电子工业出版社图书有缺损问题，请向购买书店调换。若书店售缺，请与本社发行部联系，联系及邮购电话：（010）88254888，88258888。

质量投诉请发邮件至zlts@phei.com.cn，盗版侵权举报请发邮件至dbqq@phei.com.cn。

本书咨询联系方式：（010）88254573，zyy@phei.com.cn。

前　言

《现代推销技术》在各位同行及读者的支持下不断成长，甚感欣慰。“高等职业教育课程建设与改革是提高教学质量的核心，也是教学改革的重点和难点”（教高【2006】16 号）。为了适应高等职业教育的发展，在保持教材原有基本结构和特色的基础上，第 3 版教材在体例上做了较大幅度的修订。

本教材通过对营销师、推销员职业资格标准进行分析，将传统课程内容进行重新整合，以推销工作流程为主线设计了 6 个项目，推销准备、目标顾客寻找、顾客约见与接近、推销洽谈、交易达成、推销管理。把推销工作所需要的相关知识与技能分解到各学习项目之中，更加契合职业岗位要求。课程教学中采用“项目引领型”课程教学模式，较好地解决了课程知识之间的衔接与学生知识运用能力的问题，体现了以学生为主体的“学中做，做中学，学做相长”的高职教学理念。每一个大项目均可独立操作，项目依次完成且综合实施便构成一个完整的推销工作过程。为了将推销工作的流程与职业能力完整呈现，教材中又将 6 个大项目细分成 16 个子项目。16 个子项目包括项目目的、要求、实施安排、教学方案设计、项目实施指导、评价表工作小结等内容，有效融合了课程知识、岗位技能与职业素养，突出了教材设计的实践性和职业性，符合职业教育认知规律。

本书由唐山职业技术学院钟立群、河北女子职业技术学院李彦琴担任主编，天津民族中等职业技术学校吴华凤、齐齐哈尔大学臧良运和唐山职业技术学院张秀芳担任副主编，特邀唐山百货大楼集团有限公司副总裁卢志海担任主审。教材各部分编写分工是：唐山职业技术学院钟立群、杨川川编写项目一、项目二，唐山职业技术学院张秀芳、齐齐哈尔大学臧良运编写项目三、项目四，天津民族中等职业技术学校吴华凤、家乐福超市人资部主任赵来旺编写项目五、项目六。

本书在编写过程中，参阅了大量资料，并得到了张启杰、于翠华、解敬红、杨晶等老师的协助及各兄弟院校的大力支持；特别是唐山家乐福超市人资部主任赵来旺、唐山八方购物广场有限公司刘玉红在本书的编撰过程中，从企业的实际工作角度给予了指导，在此一并表示感谢。

由于编者水平有限，书中难免存在不足与疏漏之处，敬请广大读者批评指正。

编　者

2013 年 7 月

目 录

项目1

推 销 准 备

项目实施背景

推销员只有具备相应的素质和能力才能做好推销工作，一个优秀的推销员在进入推销工作流程之前首先应该了解公司、了解客户、了解自己；为做好推销工作做好心理准备、仪表准备、资料准备。因此，将推销准备划分成三个子项目，推销岗位准备、职业素养准备和推销礼仪准备。项目分解设计如下：

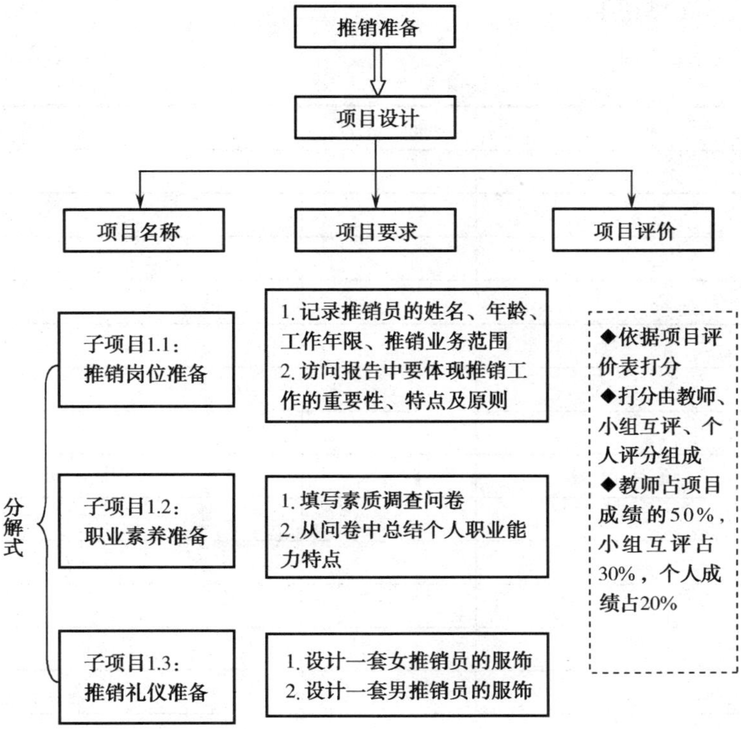

子项目1.1 推销岗位准备

项目解析

【项目目的】

认知推销岗位。

【项目要求】

1. 记录推销员的姓名、年龄、工作年限、推销业务范围。
2. 访问报告中要体现推销工作的重要性、特点及原则。

项目实施安排

组别：　　　　　　　　　　组长：　　　　　　　　　　日期：

项目实施人员分工	岗　　位	姓　　名	具体要求
项目实施时间安排	项目阶段	时间/天	具体要求

项目教学方案设计

项 目 名 称	子项目 1.1 推销岗位准备	教 学 方 法	调 研 法	建 议 课 时	4
项目目标	能力目标	1．能运用推销的基本理论结合实际分析推销工作的重要性 2．会设计信息记录卡片 3．会制订推销计划			
	知识目标	1．了解推销工作的性质及重要性 2．把握推销工作的特点和基本原则 3．了解推销流程			
项目准备	教师	1．课件及项目评分考核表 2．可以向学生推荐要寻访的推销员			
	学生	1．选择要寻访的推销人员类型及寻访时间 2．制作寻访卡片			
项目评价	教师、学生共同依据评分表考核项目实施质量				
项目过程	教学环节	教师活动	学生活动	教学目标	课时
	一、项目介绍	1. 教师进行项目解析，提出项目要求 2. 布置项目实施安排	学生做项目分解笔记	学生能清晰地了解项目实施的目的与程序	1
	二、理论知识	1．讲授理论知识 2．解释学生知识疑问	1．接受项目理论知识 2．提出疑问	掌握项目相关知识	
	三、项目实施	教师抽查一组或几组的项目实施情况	1．制作寻访卡片、确定寻访对象 2．访问推销员，了解推销	学生能设计推销卡片、制订推销计划	2
	四、项目评价	1．检查访问报告 2．对项目进行评价	1．撰写访问报告 2．推销认知讨论 3．自我评价项目	学生能对推销工作有一个清晰的认识	1
项目实施报告	教师	检查学生项目实施报告，给出评价			
	学生	填写项目实施报告			

项目知识

1.1.1 推销的概念和功能

1．推销的含义

推销是一个古老的名词，是人们所熟悉的一种社会现象，它是伴随着商品交换的产生而产生，伴随着商品交换的发展而发展的。它是现代企业经营活动中的一个重要环节，渗透在人们的日常生活之中。推销就其本质而言，是人人都在做的事情。人类要生存，就要交流，而正是在交流中彼此展示着自身存在的价值。世界首席保险推销员齐藤竹之助在几十年的实践中总结出的经验是，“无论干什么都是一种自我显示，也就是一种自我推销”。但由于历史和现实的原因，有些人对推销有着种种误会和曲解，甚至形成了习惯性的思维，总是把推销与沿街叫卖、上门兜售以及不同形式的减价抛售联系在一起；对于推销人员，则认为他们唯利是图，不择手段。这种错误的认识，使人们忽视了对推销活动规律的探讨和研究，也影响了一支优秀职业推销队伍的建立。因此，正确认识推销，是熟悉推销业务、掌握推销技巧的前提。

广义的推销是指一个活动主体，试图通过一定的方法和技巧，使特定对象接受某种事物和思想的行为过程。但是，这种广义上的推销，并不是本书所要研究的对象。本书所要研究的是一个特定范畴中的推销，即狭义的推销。

狭义的推销是指商品交换范畴的推销，即商品推销。它是指推销人员运用一定的方法和技巧，帮助顾客购买某种商品和劳务，以使双方的需要得到满足的行为过程。

（1）商品推销是一个复杂的行为过程

传统的观念认为推销就是一种说服顾客购买的行为。这种观念导致了在推销过程中过分强调推销行为本身，推销者一味地将自己的推销意志强加给顾客，而不研究顾客对推销行为的反应，只顾及己方利益的实现，而忽略了顾客需求的满足，这种把推销理解为单纯说服行为的观点，是导致目前社会上人们普遍对推销人员抱有成见的主要原因。

从现代推销活动来看，推销应该包含寻找顾客、推销接近、推销洽谈、处理推销障碍、成交五个阶段，如图 1.1 所示。

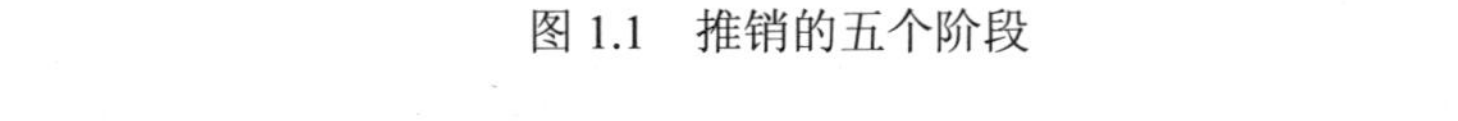

图 1.1　推销的五个阶段

（2）推销行为的核心在于满足顾客的欲望和需求

从现代市场营销学的观念看，顾客的潜在需求更值得经营者关注。潜在需求是需要启发和激励的，这便是推销的关键所在。推销人员作为推销行为的主动方，必须学会寻找双方利益的共同点，在这利益共同点上说服与帮助顾客，使顾客的购买行为得以实施，从而实现双方的最终目标。

（3）在推销过程中，推销者要运用一定的方法和技巧

由于推销者和推销对象属于不同的利益主体，这就使得推销行为具有相当的难度。深入地分析、了解市场和顾客，灵活、机动地采用相应的方法和技巧，才能促成交易。

2．推销的要素

任何企业的商品推销活动都少不了推销人员、推销品和顾客，即推销主体、推销客体和推销对象构成了推销活动的三个基本要素，如图 1.2 所示。商品的推销过程，是推销员运用各种推销技术，说服推销对象接受一定物品的过程。

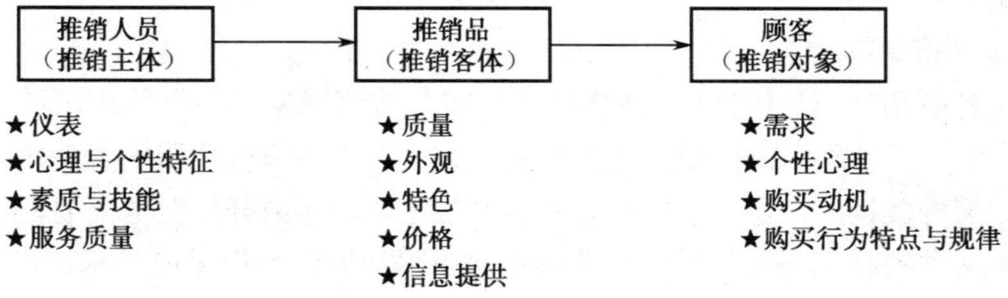

图 1.2　推销活动的三个基本要素

（1）推销人员（推销主体）

推销人员是指主动向顾客销售商品的推销主体，包括各类推销员。在推销的三个基本要素中，推销人员是最关键的。在销售领域中，有一个最大的迷惑，那就是许多推销员以为他们卖的是产品。其实不然，真正的推销不是推销产品，而是推销自己。推销成功与否，往往取决于你的服务精神和态度，因为你是世界上独一无二的，只有顾客喜欢你的为人、你的个性、你的风格，他才会购买你的产品。尽管说“每个人都是推销员”，但对职业化的推销员来讲，推销具有更丰富的内涵。在观看美国职业男篮——NBA 球赛时，我们会体会到“什么是真正的篮球运动”，为他们娴熟、高超的技巧赞叹。对于职业推销员来讲也一样，只有以特有的技能赢得客户的信任与赞誉，才能展现其存在的社会价值。

（2）推销品（推销客体）

推销品是指推销人员向顾客推销的各种有形与无形商品的总称，包括商品、服务和观念。推销品是推销活动中的客体，是现代推销学的研究对象之一。因而，商品的推销活动，是对有形商品与无形商品的推广过程，是向顾客推销某种物品的使用价值的过程，是向顾客实施服务的过程，是向顾客宣传、倡议一种新观念的过程。

案例1.1　**对推销品的全面诠释**

吉林市某丝绸厂生产的丝绸服装不仅质量上乘，而且花色繁多、款式各异。虽然在电视、广播、报纸上做了大量广告，推销员也花费了很多时间进行推销，但是买者甚少，产品积压越来越严重，以致工厂处于瘫痪状态。

危难之际，公关专家李新应聘上任，组建了公关部，并建起一支颇有水平的舞蹈队。

队员穿上本厂生产的丝质西服与丝质旗袍在公共场合进行演出。一时之间，奇迹发生。男士西服的笔挺气派、女士旗袍的风韵神采以及男女服装的相配相宜，为丝绸面料的独特之处和丝绸厂精良的制工做了精彩的说明。与此同时，丝绸厂的宣传车一边广播，一边免费赠送《新款式旗袍、西装裁剪法》和《不同肤色、不同形体选用面料的艺术》等材料。于是形成了一股购买风，市内及外地各服装厂、商场等纷纷来电或来人洽谈订货。许多长期合同被签订，厂内积压的各种丝绸面料很快被抢购一空。

案例分析： 舞蹈队救活吉林市一家丝绸厂绝非偶然，它唤起了人们想象中、感觉中需要的东西，即一种美丽的形象，通过购买衣服来增加自己的魅力。当这种丝绸质地的服装穿在训练有素的舞蹈队员身上时，便使人们模模糊糊中想要的东西明确起来、清晰起来，激起了人们的购买欲望。

（3）顾客（推销对象）

依据购买者所购推销品的性质及使用目的，可把推销对象分为个体购买者与组织购买者两个层次。个体购买者购买或接受某种推销品是为了个人或家庭成员消费使用；而组织购买者购买或接受某种推销品，是为了维持日常生产加工、转售或开展业务需要，通常有盈利或维持正常业务活动的动机。由于推销对象的特点不尽相同，因而采取的推销对策也有差异。

现代商品的推销少不了推销员（推销主体）、推销品（推销客体）及顾客（推销对象）三个基本要素，如何实现其间的协调，保证企业销售任务得以完成，顾客实际需求得以满足，是广大推销员应该把握的问题。

3. 推销的特点

推销是一项专门的艺术，需要推销人员巧妙地集知识、天赋和才干于一身，无论人员推销还是非人员推销，在推销过程中都要灵活运用多种推销技巧。推销活动的主要特点如下。

（1）特定性

推销是企业在特定的市场环境中为特定的产品寻找买主的商业活动，必须先确定谁是需要特定产品的潜在顾客，然后再有针对性地向他们传递信息并进行说服。因此，推销总是有特定对象的。任何一位推销员的任何一次推销活动，都具有这种特定性。他们不可能漫无边际或毫无目的地寻找顾客，也不可能随意地向毫不相干的人推销商品，否则，推销就成为毫无意义的活动。

（2）双向性

推销并非只是由推销员向顾客传递信息的过程，而是信息传递与反馈的双向沟通过程。推销人员一方面向顾客提供有关产品、企业及售后服务等方面的信息，另一方面必须观察顾客的反应，调查了解顾客对企业产品的意见与要求，并及时反馈给企业，为企业领导做出正确的经营决策提供依据。因此，推销是一个信息双向沟通的过程。

（3）互利性

现代推销是一种互惠互利的双赢活动，必须同时满足推销主体与推销对象双方的不同要求。成功的推销需要买与卖双方都有积极性，其结果是“双赢”，不仅推销的一方卖出商品，实现赢利，而且推销对象也感到满足了需求，给自己带来了多方面的利益。这样，既达成了今天的交易，也为将来的交易奠定了基础。

（4）灵活性

虽然推销具有特定性，但影响市场环境和推销对象需求的不确定性因素很多，环境与需求都是千变万化的。推销活动必须适应这种变化，灵活运用推销原理和技巧，恰当地调整推销策略和方法。可以说，灵活机动的战略战术，是推销活动的一个重要特征。

（5）说服性

推销的中心是人不是物，说服是推销的重要手段，也是推销的核心。为了争取顾客的信任，让顾客接受企业的产品，采取购买行动，推销人员必须将商品的特点和优点，耐心地向顾客宣传、介绍，促使顾客接受推销人员的观点、商品或劳务。

4．推销的功能

商品推销作为一种社会经济活动，是伴随着商品经济一起产生和发展的。可以说，推销是商品经济活动中一个必不可少的组成部分，对推动商品经济的发展起着积极的作用。推销作为一种企业行为，更是决定着企业的生死存亡。这些都是由推销本身所具有的功能决定的。商品推销的功能可以归纳为以下几个方面。

（1）销售商品

销售商品是推销的基本功能。推销是商品由推销主体向推销对象运动的过程。在这个过程中，推销品运动是作为推销主体与推销对象双方各自需求得以实现的具体方式。通过寻找顾客、接近顾客、推销洽谈，进而达成交易，实际上就是实现商品所有权的转移，完成了商品销售。

就推销过程而言，寻找、接近顾客是销售商品的前提。在正式接近顾客之前，首先要分析潜在顾客的有关资料，了解潜在顾客的需求，掌握顾客未被满足的需求及其购买能力。在充分掌握资料的基础上，有针对性地选用各种接近顾客的方法，并以从容、诚恳、充满自信的态度去面对顾客。使顾客明确推销品能满足他的需要，为他带来利益，并通过推销人员对推销品的介绍，使他感到购买推销品是一种机会，从而引起购买欲望，形成购买决策。其次，推销洽谈是销售商品的关键。在洽谈过程中，一方面要进一步向顾客提供其所需的信息；另一方面，要有针对性地就商品价格、销售方式等敏感问题进行洽谈，力求找到双方利益的共同点；同时，还要善于处理洽谈过程中的异议和矛盾，及时消除误会，避免冲突。

达成交易是销售商品的手段。推销人员要把握好时机，针对不同的推销对象，灵活地选用不同的成交方法，迅速地达成交易，以达到销售商品的目的。

（2）传递商品信息

由于科学技术的进步和生产的发展，现今市场上的商品种类繁多，新产品更是层出不穷，顾客面对市场，常常眼花缭乱。他们需要得到有关商品的信息，以便比较、评价和选择满意的商品。推销不仅要满足顾客对商品的需要，也要满足顾客对商品信息的需要，及时地向顾客传递真实、有效的信息。

推销人员向顾客传递的商品信息主要有以下几种。

① 商品的一般信息。它是指有关商品的功效、性能、品牌、商标、生产厂家等有关信息，告知顾客某种商品的存在。

② 商品的差别优势。它是指商品在同类中所处的地位及特殊功能。要针对不同顾客

的需要，突出宣传所推销商品的某些特征，以便在顾客心目中树立产品形象。

③ 商品的发展信息。它是指有关商品的发展动态，如新材料的运用、新产品的开发以及老产品改进等信息，用以引导顾客接受新产品。

④ 商品的经营信息。它是指有关商品的销售价格、经营方式、服务措施、销售地点等信息，以方便顾客购买。

（3）提供服务

推销不仅是把商品销售给顾客，而且是通过提供各种服务，帮助顾客解决各种困难和问题，满足顾客多层次、多方面的需求。通过服务，提高了顾客的满意度，从而建立起企业和产品的良好信誉。

在推销过程中，企业和推销人员为顾客提供的服务有包括以下三方面。

① 售前服务。它是指在销售前为顾客提供信息咨询或培训的服务。

② 售中服务。它是指在销售过程中为顾客提供热情接待、介绍商品、包装商品、送货上门、代办运输等服务。

③ 售后服务。它是指为顾客提供售后的安装、维修、包退、包换、提供零配件、处理顾客异议等服务。

企业和推销人员通过提供各种服务，赢得顾客的信赖，提高企业的声誉，有利于进一步巩固市场，为开拓新产品打下基础。

（4）反馈市场信息

现代推销过程是一个供求信息的双向沟通过程。推销人员是企业通往市场的桥梁，是企业联系市场的纽带，是企业获取情报的重要渠道。他们直接与市场、顾客接触，能及时、准确地收集市场信息。推销人员向企业反馈的市场信息主要包括以下三方面。

① 顾客信息。例如，顾客对推销品及其企业的反应，顾客的需求、购买习惯、购买方式及经济状况等。

② 市场需求信息。例如，推销品的市场需求状况及发展趋势，推销品在市场中的优劣态势等。

③ 竞争者信息。例如，竞争者商品的更新状况、销售价格、质量、品种规格以及竞争者促销手段的变化等。

5. 推销的产生和发展

（1）推销的产生

狭义“推销”属于商品经济范畴，它与市场的概念有着密不可分的联系。如果从历史的角度来考察，严格地说，推销活动的产生先于市场的产生，而市场的产生和发展又促进了推销的发展，市场的发展和变化决定了推销活动方式方法的变化。因此，我们要考察推销活动的由来和发展，以及推销的社会意义，就必然要从考察市场做起。

市场是由于社会分工与交换的发展而产生的，社会分工把人类社会生活分割为两部分，即生产和消费。市场的作用在于把这两部分在更高的层次上重新联结起来，从而给生产以消费，给消费以生产，具体完成这个任务的活动就是推销。

如果按传说中的人物来推算，我国推销的鼻祖，应算“舜”了。他曾做买卖往返于顿丘、贾夏之间，进行频繁的推销活动。我国古代最著名的推销专家非西汉的张骞莫属。正是他以惊人的勇气和毅力，非凡的才华和气概，才开辟了通向欧洲的丝绸之路。

翻开世界古代史，处处都可以看到有关古代各国人民早期推销活动的记载，无论是古希腊、古罗马频繁往来于地中海沿岸的大型贸易商船，还是古埃及、古印度穿梭跋涉于林莽大漠和崇山峻岭中的马帮、驼队，都在史书上留下了古代经济中推销活动的足迹。这些不畏艰险的商人，以他们惊人的勇气、智慧，开创了人类推销的历史。

古代社会中的推销活动，是一种综合性的活动，随着资本主义大工业的发展，商业一改原来的面貌，出现更加细分的趋势，如批发商、零售商及各种代理商、经纪人，等等。在商业出现了各种各样分工的情况下，促使推销工作职业化了，尤其是企业中的两权分离，促使“推销”这种旧式商人的一种技能、工作内容，进一步演化成为一种职业、专业技术，进而发展成一门学科。

（2）推销的发展

自从推销活动产生以来，我们可以把它的发展过程概括为以下几个阶段。

① 古老的推销技术（19 世纪中叶以前）。商品推销和商品生产是一对孪生兄弟。自有商品生产的那天起，商品推销就产生了，并形成了古老的推销技术。这个时期，自给自足的自然经济占主导地位，商品经济还不发达。

这期间由于社会制度的原因而形成的势力割据，使市场小而分散，加上交通不便，市场规模呈现相对稳定的形态。从事推销活动的人主要是个体生产者和商人。个人的素质、技术水平、私人的关系及社会联系等对推销能否成功起到非常重要的作用。并带有很大的偶然性和短期性。即使在今天，我们仍能在一些集市、庙会上看到这种古老的推销技术及它们表现出来的基本特点。

② 生产型推销（19 世纪中叶到 20 世纪 20 年代）。这一阶段，商品经济已经基本取代了自给自足的自然经济。推销主体由个人转变为企业。在商品经济条件下，如果企业不能把商品卖出去，就不能进行再生产，也就因无法获得利润而导致破产。因此，它要求推销摆脱偶然性。这时，现代推销技术已有了它生存、发展的土壤。但是，由于当时市场处于供不应求的状态下，企业生产的产品都可以卖出去，企业的注意力主要集中于降低成本，充分利用现有的设备、技术、原材料来生产更多的产品，企业以生产为中心，以产定销，并不重视推销活动。所以，它属于传统的、狭义的推销技术范畴。由于市场商品供不应求，推销成功与否的偶然性不很明显，但推销仍具有短期行为的特点。

市场空间的扩大使推销活动范围也随之扩大，这个时期推销在方式和手段上都有所发展。广告已从销售现场广告向非销售现场广告发展，印刷品广告成为非销售现场广告的主要形式。营销推广中的一些方式也已逐步形成。但是，从总体上说，以生产为中心、以产定销的格局，仍使推销技术的发展比较缓慢。

③ 销售型推销（20 世纪 20 年代到 50 年代）。随着资本主义国家对世界的分割完毕，加之世界范围内越来越频繁的经济危机，企业之间的竞争越来越激烈。特别是市场上出现了商品供过于求的状况，使生产和销售的矛盾日益尖锐起来。许多企业内部开始设立销售部门，销售活动作为一种职能从企业经营活动中分离出来，它推动了推销技术的迅速发展。

企业开始从过去那种坐等顾客上门的消极被动的推销方式，逐步转变为“走出去，说服顾客”式的积极推销方式。

在这个阶段，人员推销和非人员推销的一些基本手段已经形成并逐步完善，企业推销技术和推销观念已开始面临一场新的革命性的转变。

④ 市场型推销（现代推销，20 世纪 50 年代至今）。随着商品生产的进一步发展，商品和资本的相对过剩在市场上的表现日益明显，逐渐形成了以消费者为主导的买方市场。在这种形式下，新的推销方式便应运而生了。1958 年，欧洲著名推销专家海因兹·姆·戈德曼（Heinz M. Goldman）的《推销技巧》问世，宣告了现代推销的产生。在这本书里，海因兹系统地总结了他 30 多年推销生涯的成功经验，将推销工作程序化、公式化，提出了被誉为推销法则的爱达（AIDA）模式。

市场型推销突出了以消费者为中心的现代推销理念，广泛应用了现代科学技术。如，通信手段、信息处理手段、信贷手段、结算手段和科学的决策等。在策略上，注重开拓新市场，开发新产品，使企业的产品、价格、销售渠道、经营方式和促销手段等方面向科学化迈进。在经营目标上，很多企业从过去只注意利润目标，转化为更重视“创造顾客”的企业目标。在这里，利润目标仅作为一种限制条件，就如同企业的政治、经济、法律环境一样，即在实现一定利润水平的条件下，争取更多的顾客。这样，企业长期、稳定的发展才有保障。

（3）现代推销与市场营销

现代推销学是研究现代推销活动过程及其一般规律的科学。它所研究的对象是推销观念和推销理论，推销技术和推销手段，推销品及其使用价值，推销过程及其规律，推销对象及其特征和购买动机等。其基本理论包括推销观念和推销技术两大部分。

市场营销学所研究的，是在变化的市场环境中满足顾客消费需要、实现企业目标的商务活动过程，主要包括市场营销调研、市场细分、选定目标市场、产品开发、定价、分销、促销以及售后服务等。

从以上定义中，我们知道，推销学与市场营销学既有联系，又有区别。推销学是市场营销学的重要组成部分，又是由市场营销学延伸出来的独立的学科。

在企业经营实践中，营销具有全局性、全过程、战略性的特征，而推销则具有局部性、阶段性、战术性的特征。因此，在具体的营销实践中，推销方案是在营销方案的指导下，根据营销方案的相关规定来制定的。某企业市场营销方案的优劣将在一定程度上影响和制约推销活动能否顺利展开和推销员工作业绩的大小。例如，某企业在确定生产项目之前，进行过详细、客观的市场调查和分析，生产出来的产品具有明确的市场指向（即该产品是满足哪一种人的什么样的需求的），因而，推销员就能较快地确定推销范围，迅速找到目标客户，推销活动由此顺利展开。所以说，一个高明的市场营销方案能使推销员花较少的力气，取得较大的推销成果。而一个蹩脚的市场营销方案将极大地影响和制约推销员创造性和积极性的发挥，推销员花很大的力气，却只能取得微小的成果。例如，某市场营销方案的价格体系设计不合理，出厂价偏高而零售价偏低，表面上看，有利于促进顾客购买，又维护了企业利益，但因批发商、零售商不能得到行业平均的进销差价，挫伤了批发商和零售商的经销积极性。这样的价格体系就给推销员发展客户设置了极大的障碍。如果在价格体系设计合理的前提下，一个推销员每天可发展一个客户，而在价格体系不合理时，可能要花 3 倍以上的时间才能发展一个客户。推销效率和推销业绩因此而大打折扣。

应当指出的是，现阶段在我国很多中小型企业和新创办的企业中，市场营销人员和推销员的职能界定不十分清楚，在这些企业从事产品销售工作的人，通常具有营销人员和推销员的双重身份。即：名义上的推销员同时要承担部分营销策划工作，而名义上的营销人员同时要做具体的推销工作。

综上所述，作为一个推销员，完全有必要而且必须学习和掌握市场营销学的原理和方法，至少应通读一两本市场营销学的著作。

1.1.2　现代推销的基本原则

商品推销的基本原则，是基于对推销规律的认识而概括出来的推销活动的依据和规则。推销人员掌握正确的推销原则，可以使推销活动有所遵从，减少推销失误，提高推销成效，增强推销人员按照客观规律办事的自觉性。

在推销的过程中，推销人员必须坚持以下原则，把握好言行的尺度，建立顾客对推销员及其产品的信心。

1. 满足顾客需求的原则

顾客的需要和欲望是市场营销的出发点，也是推销的出发点。产品是满足人们需要的有形与无形的物质或服务的综合体。顾客之所以购买某种产品或服务，总是为了满足一定的需要。因此，推销人员必须认真了解顾客的需要，把推销品作为满足顾客需要的方案向顾客推荐，让顾客明白它确实能满足其需要。顾客只有产生了需求才可能产生购买动机并导致购买行为。满足需要，是顾客购买的基本动机。一位推销员若不能真切地了解顾客的内在需要，在推销品与顾客需要之间成功地架设起一座桥梁的话，推销是不可能成功的。

需要是指没有得到某些基本满足的感受状态。推销人员不仅要了解推销对象是否具有支付能力的需求，而且要了解推销对象的具体需求是什么，要熟悉自己的顾客，既了解他们的一般需要，又了解他们的特殊需要，把顾客的需要放在第一位，向其推销适当的产品或服务。

资料库　　**顾客心理需要的类型**

顾客的购买需要是多种多样的，其心理需要大致有以下10种。

（1）习俗心理需要。它是由于种族、宗教信仰、文化传统和地理环境的不同带来的思想观念和消费习俗上的差异。

（2）便利心理需求。消费者一般都希望在购买商品时享受热情周到的服务，并能得到购买时间、购买方式和携带、维修等方面的便利。

（3）审美心理需要。随着社会文明的进步和人们生活水准的不断提高，人们的审美要求也在不断地发生变化，许多消费者比以往更强烈地追求美感。

（4）好奇心理需要。许多消费者对一些造型奇特、新颖，刚投入市场的商品和服务，会产生浓厚的兴趣，希望能立即购买。

（5）惠顾心理需要。由于长期的购买习惯或对推销人员的服务态度和方式有好感，形成不假思索，凭经验乐于光顾某一商场或服务场所。

（6）求实心理需要。选购商品时，比较注意经济实惠、价廉物美，尤其追求物超所值。

（7）偏爱心理需要。由于长期使用和比较，对某种品牌的商品或某一商店提供的服务，感到适合自身兴趣、爱好或职业特点等，形成明显的消费偏好。

（8）从众心理需要。受舆论、风俗、流行时尚的引导和参考群体的影响，某些消费者会赶时髦、追新潮、迎合时尚，随大流而动。

（9）求名心理需要。不少消费者信任名牌商品和名厂名店，乐意接受名牌厂商宣传，按心目中认定的品牌选购。

（10）特殊心理需要。有的消费者希望通过购买和使用某种商品或服务，显示自己在判断能力、知识层次、经济地位、价值观念等方面高人一等、独树一帜。

2. 互利互惠的原则

推销固然是说服顾客采取购买行动的过程，它使生产经营者获得利润，为再生产顺利进行创造了必要的条件。但对顾客而言，通过购买也必须能满足消费需求和获得利益。推销的实质是交换，其结果要对双方有利，使买卖双方都比没有达成这笔交易前更好。

互利互惠原则是指在推销过程中，推销员要以交易能为双方都带来较大的利益或者能够为双方都减少损失为出发点，不能从事伤害一方或给一方带来损失的推销活动。要知道，顾客之所以进行购买，就在于交易后得到的利益大于或等于他所付出的代价。因此，推销人员在推销活动中要设法满足自己和顾客双方所追逐的目标，实现“双赢”是培养长久顾客之计，是顾客不断购买的基础和条件，也是取得顾客口碑的基础和条件。要成为受欢迎、被期待的推销人员，就必须设法为顾客提供利益，也就是设法使顾客从购买中得到其预期的好处。

推销人员在把握互利互惠原则时，切不可简单地理解为是对顾客的让利或赠奖利诱。实际上，顾客追求的利益也是多方面的，必须将它与顾客所具有的多种需要相适应。推销人员在努力实现互利互惠原则时，必须善于认识顾客的核心利益，并与顾客加强沟通。

正确运用互利互惠原则开展推销活动，必须在推销之前分析交易活动的结果能给顾客带来的利益。顾客追求的利益，既有物质的，也有精神的。不同的顾客对同一商品会产生不同标准的价值判断，需求强烈的商品，价值判断较高；反之则相反。商品不同，带给顾客的利益就会有差异。不同的顾客对商品价值的评判会有高低，要在准确判断推销品给顾客带来的利益的基础上找到双方利益的均衡点，开展“双赢”推销活动。在进行利益判断时，一个优秀的推销人员，不仅要看到当前的推销利益，而且要看到长远的推销利益；不仅要看到直接的推销利益，还要看到间接的推销利益。推销人员要多因素综合评价利益均衡点，不能以某一次交易的成功与否来判断推销的利益，要坚持用能给顾客带来的利益引导顾客成交。充分展示商品或服务能给顾客带来的利益，是引导顾客购买的重要途径。这种展示越充分、越具体，顾客购买的可能性就越大。

掌握互利互惠原则的意义在于：

（1）互利互惠是双方达成交易的基础。在商品交易中，买卖双方的目的是非常明确的。双方共同的利益和好处是交易的支撑点，只有在双方都感受到这种利益时，才有可能自觉地去实现交易。

（2）互利互惠能增强推销人员的工作信心。因为社会的成见，推销人员或多或少地有一种共同的心理障碍，就是对自己的工作信心不足，总是担心顾客可能对他的态度不满意，怕留给顾客唯利是图、欺骗的印象。产生这种心态的重要原因，在于他们或者没有遵循互利互惠的原则，或者没有认识到交易的互利互惠性。推销人员应该认识到，由于自己的劳动，当顾客付出金钱时，获得了一份美好的生活。从这种意义上来说，推销人员是顾客生活的导师。如此有意义的工作，获得利润和报酬是理所当然的。

（3）互利互惠能形成良好的交易气氛。由于买卖双方各自的立场和利益不同，双方的对立情绪总是存在的。其实，顾客对推销人员的敌对情绪，是因为不能确知自己将会获得的利益。所以，推销人员要以稳定、乐观的情绪，耐心、细致的态度，把交易能为顾客带来的利益告知对方。

（4）互利互惠有利于业务的发展。互利互惠的交易，不但能使新顾客发展成为老顾客，长久地保持业务关系，而且顾客还会不断地以自己的影响带来新的顾客，使你的业务日益发展，事业蒸蒸日上。

互利互惠是商品交易的一项基本原则，但在具体执行中没有明确的利益分割点。双方利益的分配，也并非简单的一分为二。优秀的推销人员，总能够使顾客的需求得到最大程度的满足，又能使自己获得最大的利益。因而推销人员和顾客的利益并不是互相矛盾、互相对立的。

资料库　**推销工作准则**

（1）建立信心。信心是成功的首要任务，没有信心就会一事无成。推销是把产品、服务或构想推介给他人，必须对自己、对自己所服务的公司、对自己所推销的产品、服务或构想都具有信心。

（2）以诚待客。在进行推销时，赢得顾客的信任是很重要的，促成交易之后，仍然要继续保持与顾客的沟通。这不仅是一种工作道德的表现，也是一种负责任的做法。

（3）谨慎承诺。不要承诺自己做不到的事。君子一言既出，驷马难追，顾客不但会记得推销员所做出的承诺，同时也会期待他兑现诺言。所以不可承诺自己做不到的事。

（4）追踪反馈。顾客购买你的产品，尚未获得满意之前，推销工作就尚未完成。所以在促成交易之后，尚须进行追踪工作，以确知顾客是否满意。这样做可能会衍生出更多的准顾客。

（5）热情服务。推销员的职责就是提供服务，以热忱的服务赢得顾客的好感，这样才能创造业绩。认真倾听顾客的抱怨，审慎加以处理。抱怨是让推销员了解、消除顾客不满的线索，千万不可忽视。提出合理抱怨的顾客，无疑是再次给你一个服务的机会。

（6）甘心奉献。推销工作是一种奉献的工作，必须抱定奉献的决心，全心投入，才能引起顾客的兴趣，取得好的业绩。

3. 推销使用价值观念的原则

使用价值观念，是顾客对商品有用性的认识。推销人员与其说是在推销商品，不如说是在推销商品的有用性。人们总是基于对商品有用性的认识来实施购买行为。但是面对层出不穷的新产品，顾客对商品有用性的认识是有限的，或者说要有一个过程。又由于生活方式和生活观念的不同，即使对同一种商品的同一种使用价值，人们也会有不同的认识。

推销使用价值观念的原则，就是在推销商品时，要利用或改变顾客原有的观念体系，想方设法地使顾客形成对商品使用价值的正确认识，以达到说明和帮助顾客购买商品的目的。著名的推销专家戈德曼说过这么一句话："你不要单纯地推销具体的商品，更重要的是推销商品的使用价值观念。"就如我们推销洗衣机，重要的是让消费者接受一种省时、省力、舒适、快节奏的现代生活观念，让消费者认识到洗衣机在减轻家务劳动、有效利用闲暇时间、提高生活质量方面所具有的作用。

具体地说，推销使用价值观念原则的意义在于：

（1）具有使用价值观念，才能最终决定购买。决定顾客最终购买的，一是购买力，二是对商品有用性的认识。随着社会的发展，人们收入水平的提高，对商品的购买力越来越强。许多时候，人们对商品持观望态度，迟迟不肯实施其购买行为，就是因为对商品的有用性认识不足，也就是没有形成正确的使用价值观念。所以，推销人员首先应该帮助顾客形成对商品有用性的正确认识，或者缩短这个认识过程。

（2）使用价值观念是购后评价的标准。顾客的购后评价是顾客需求满足程度的反映。对推销人员而言，良好的购后评价能带来回头客及更多的新顾客；不良的购后评价，将使推销人员失去这一顾客，并影响到新客户的发展。例如，空调进入越来越多的家庭，但用户的购后评价却褒贬不一。虽然在炎热的夏季里，空调能使人们享有一份清凉和舒适，但也有人抱怨空调的噪声、费电，还有人认为空调影响家人健康，孩子经常感冒，老人关节痛……这些不良的购后评价，至今影响着许多家庭，他们宁愿苦守酷暑，而不愿成为空调的用户。所以，要使顾客有良好的购后评价，除产品和服务本身的因素外，还必须引导顾客形成正确的使用价值观念。

（3）使用价值观念需要推销。就推销而言，正确的使用价值观念非常重要。但顾客往往由于各种原因不能形成正确的使用价值观念。例如，对大量涌现的新产品不熟悉，不了解；对自己许多方面的需要不了解，或者没有把自己的需要与商品联系起来，这些都导致了顾客不能认识到商品的有用性。这就需要推销人员去帮助顾客正确认识商品的使用价值，认识自己的需要，并把两者密切联系起来。所以说，使用价值观念需要推销。

实践中，有许多成功的推销，总是巧妙地向顾客推销了使用价值观念。例如，"海飞丝"可以帮你去除头屑，温州月兔空调能给你一个"冷静的空间"……正是这些商品使用价值观念的灌输，使得这些商品深入人心，获得消费者的青睐。

4．人际关系原则

人际关系原则，是指推销人员在推销商品时，必须建立和谐的人际关系。

买卖双方的关系是一种经济利益的交换关系，是人际关系的一种。推销人员建立广泛而良好的人际关系，可以为形成更多的买卖关系打下基础。美国的埃尔默·莱特曼是20世纪60年代末世界著名的人寿保险专家，他说过这样的话："我并不销售保险，我建立关系，然后人们就来购买人寿保险。"美国著名的推销员乔·吉拉德也说："生意不是爱情，而是金钱，你不必指望所有的人都爱你，却可以让所有的人都喜欢你。”埃尔默所说的“建立关系”和吉拉德所说的“让所有人都喜欢你”，都是指建立和谐的人际关系。他们取得举世瞩目的推销成绩，与他们善于建立和谐的人际关系是分不开的。推销人员应致力于建立一种真诚的、长期的、富于人情味的人际关系，这种关系能使双方感到满意和愉快，而不使一方的利益受到损害。

推销员要建立良好的人际关系，必须以诚待客，关心顾客，关心他们的事业和生活，并信守各项交易条款，按时、按质、按量兑现自己的承诺，哪怕是一次礼节性的拜访，也要遵守约定的时间。

掌握人际关系原则的意义如下：

（1）和谐的人际关系导致信任和理解。不同的人际关系，联系的疏密程度是不一样的。在推销活动中，推销人员与某一特定顾客的关系是偶然的、临时的、短暂的和不稳定的。这种人际关系的心理相容度较低，一些细枝末节都会导致争执和冲突。和谐的人际关系能缩短推销人员与顾客之间的心理距离，摆脱人们对推销人员不利的心理定式，使推销关系一开始便建立在较为密切的人际关系基础之上，能导致顾客对推销人员的理解和信任。即便出现一些令人尴尬的事，如商品的质量不能尽如人意，或以另外渠道获知更低的价格信息等，顾客也会尽量替自己熟悉的推销人员开脱，避免将责任归咎于推销人员。

（2）和谐的人际关系能促进信息的畅通和业务的发展。推销过程是一个信息沟通过程。信息的畅通，对于业务的发展是非常重要的。人是生活在社会之中的，人的购买行为无一例外地受到家人、亲友、同事、朋友、邻居的影响。一个顾客受到良好的服务，买到称心的商品，必定会将信息传播给他周围的人群。而下一个有着同样感觉的顾客又会将信息传递给他周围的人群。如此生生不息，只要你的服务和商品总是令人满意的，你的业务便会不断地发展。

知识园

乔·吉拉德认为，每一位顾客身后都站着大约250个人，这些人是他比较亲近的同事、邻居、亲戚和朋友。如果你赢得了一位顾客的好感，就意味着赢得了250个人的好感。反之亦然，如果一个推销员在年初的一个星期里见到50个人，其中只要有2个人对他的态度感到不愉快，到了年底，就可能有500个人不愿意和这个推销员打交道。乔·吉拉德在推销时，总是把顾客放在第一位，尽力赢得每一位顾客的好感，从而使得他的推销工作得心应手、屡创佳绩。

在推销活动中，谁能建立和谐的人际关系，谁能赢得顾客的好感和信任，谁就能吸引住顾客，就能在竞争中立于不败之地。因此，推销员必须认真对待身边的每一个人，因为每一个人的身后，都有一个相对稳定、数量不小的群体。

5. 尊重顾客的原则

尊重顾客的原则，是指推销人员在推销活动中要敬重顾客的人格，重视顾客的利益。

社会发展到今天，人们基本生活需求的满足已不是一件困难的事，需求的层次在不断地提高。人们越来越重视自我价值的实现，希望自己能得到社会的承认和他人的尊重。即使在购买商品的交易中，他首先需要的也是交易对方的尊重。通俗地说，顾客会要求推销人员对自己的人格、身份、地位、能力、权力和成就，以及兴趣、爱好等方面给予尊重。如果你对一个顾客说“没见过你这种斤斤计较的人”或者“你还是买这件衣服吧，那件很贵，你买不起的”，那就大错特错了。

掌握尊重顾客的原则，其意义有以下几点：

（1）有利于建立良好的人际关系，消除隔阂。当顾客在推销人员那里首先获得被尊重的感觉时，通常容易消除对推销人员产生的疑虑和不信任感。由此缩短了双方心理上的距离，形成良好的人际关系，为推销的顺利进行打下良好的基础。

（2）可以优化交易气氛。对顾客不尊重的行为，只会引起顾客为维护自己的尊严而产生激烈的反应，这种情况对推销是极为不利的。而尊重顾客的行为，能够化解顾客原有的疑虑和偏见，优化交易气氛。

（3）可以得到顾客的回报。当顾客受到推销人员的尊重时，其心理需求便得到了满足，他会对推销人员抱有感激之情。这种感激之情会使他以一定的行为来回报，如重复购买商品，推荐、介绍新的顾客等。而这就是我们所需要的。

对推销人员来说，学会赞美，善于换位思考，从顾客的立场、角度出发来考虑问题，充分理解顾客、尊重顾客，是一件非常重要的事。

案例1.2　什么是好的开场

怀特是一家汽车公司的推销员，有一次他问一位顾客做什么工作时，这位顾客回答说：“我在一家螺丝机械厂上班。”

“别开玩笑……那您每天都做些什么？”

“造螺丝钉。”

“真的吗？我还从来没见过怎么造螺丝钉。哪一天方便的话，我真想上你们厂看看，您欢迎吗？”

怀特只想让顾客知道：他很重视顾客的工作，尊重顾客。因为在这之前，可能从未有任何人怀着浓厚的兴趣问过他这些问题。相反，一个糟糕的汽车推销员可能嘲弄他说：“你在造螺丝钉？你大概把自己也拧坏了吧，瞧你那身皱皱巴巴的脏衣服。”

等到有一天怀特特意去工厂拜访这位顾客的时候，看得出他真的是喜出望外。他把怀特介绍给年轻的工友们，并且自豪地说：“我就是从这位先生那儿买的车。”怀特呢，则趁机送给每人一张名片，正是通过这种策略，怀特获得了更多的生意。

案例分析：推销员应尊重每一位顾客，不管对方的身份、地位、职业如何。尊重顾客，会让顾客感到自信，心里舒服。只有心里舒服了，顾客才会购买商品。

项目实施指导

第一阶段，寻访准备

1．每位学生选择三名推销从业人员作为自己的寻访对象。

2．了解你所选中的寻访对象的个人基本情况。

3．制作寻访卡片。

4．拟定向寻访对象要提出的几个主要问题。

5．约定具体的寻访时间。

第二阶段，寻访推销员

6．和推销员见面，介绍自己的寻访目的和寻访内容。

7．向推销员提问，并记录在卡片上。

8．整理寻访资料，补充完整。

9．撰写寻访报告（1500 字）。

项目评价表

评价项目	评价要求	分值	得分
自制卡片	卡片制作规范，内容设计合理、全面	10	
	资料填写翔实、真实	20	
推销工作的重要性	能从推销员的工作中总结出推销工作的重要性及含义并具有特色	20	
推销工作的特点	根据推销工作的特点，对推销工作有一定的了解	20	
推销工作的原则	能举例说明推销员在具体的推销工作中是如何运用推销原则的	20	
综合性	报告文体正确、语言流畅、逻辑性强	10	
合计		100	

项目工作小结

序号	小结重点	主要内容	教师批注
1	工作业绩	1. 2. 3. 4.	
2	问题质疑	1. 2. 3. 4.	
3	项目报告	1. 2. 3. 4.	

子项目1.2 职业素养准备

项目解析

【项目目的】

能够对照推销人员的素质和职业能力要求，制订自己的个人推销职业能力提高计划。

【项目要求】

1．填写素质调查问卷。
2．从问卷中总结个人职业能力特点。

项目实施安排

组别：　　　　组长：　　　　日期：

项目实施人员分工	岗　位	姓　名	具体要求
项目实施时间安排	项目阶段	时间/天	具体要求

项目教学方案设计

<table>
<tr><td>项目名称</td><td>子项目1.2
职业素养准备</td><td>教学方法</td><td>问卷调研法</td><td>建议课时</td><td>2</td></tr>
<tr><td rowspan="2">项目目标</td><td>能力目标</td><td colspan="4">能够对照推销人员的素质和职业能力要求，制订自己的个人推销职业能力提高计划</td></tr>
<tr><td>知识目标</td><td colspan="4">1. 了解推销员的工作职责
2. 理解对推销人员的素质要求
3. 把握推销工作的职业道德</td></tr>
<tr><td rowspan="2">项目准备</td><td>教师</td><td colspan="4">1. 课件
2. 准备推销员素质调查问卷及问卷判断标准</td></tr>
<tr><td>学生</td><td colspan="4">准备笔、纸、计算器</td></tr>
<tr><td>项目评价</td><td colspan="5">教师、学生共同依据评分表考核项目实施质量</td></tr>
<tr><td rowspan="5">项目过程</td><td>教学环节</td><td>教师活动</td><td>学生活动</td><td>教学目标</td><td>课时</td></tr>
<tr><td>一、项目介绍</td><td>1. 教师进行项目解析，提出项目要求
2. 布置项目实施安排</td><td>学生做项目分解笔记</td><td>学生能清晰地了解项目实施的目的与程序</td><td rowspan="2">0.5</td></tr>
<tr><td>二、理论知识</td><td>1. 讲授理论知识
2. 解释学生知识疑问</td><td>1. 接受项目理论知识
2. 提出疑问</td><td>掌握项目相关知识</td></tr>
<tr><td>三、填写问卷</td><td>教师给出推销人员素质调查问卷</td><td>学生认真填写问卷</td><td>了解自身是否具有成为推销人员的素质</td><td>1</td></tr>
<tr><td>四、问卷分析</td><td>1. 检查访问报告
2. 对项目点评</td><td>1. 撰写访问报告
2. 推销认知讨论</td><td>能制订个人推销的职业能力提高计划</td><td>0.5</td></tr>
<tr><td rowspan="2">项目实施报告</td><td>教师</td><td colspan="4">检查学生项目实施报告，给出评价</td></tr>
<tr><td>学生</td><td colspan="4">填写项目实施报告</td></tr>
</table>

项目知识

1.2.1 推销人员的职业道德

推销人员的职业道德，是指推销人员在推销活动中所应遵循的道德规范的总和。推销人员应具有良好的职业道德，因为推销活动不仅是一种个人行为，也是一种社会行为，推销人员必须深刻理解自己的工作所具有的社会意义。作为一名推销员。应具备以下职业道德。

1. 守信

守信就是要求推销人员在推销过程中要讲究信用。在竞争日益激烈的市场条件下，信誉已成为竞争的一种手段。信誉是指信用和声誉，它是在长时间的商品交换过程中形成的一种信赖关系。它能够综合反映推销人员的道德水准。在市场经济中，“信誉就是金钱”的箴言已为越来越多的人所承认和接受。诚实守信，是做生意之本，也是做人之本。

2. 负责

负责是指要求推销人员在推销过程中对自己的经济行为及其后果承担责任。推销人员大多数情况下是独立从事推销工作，因此要对自己的所有推销活动的后果承担责任。既不能为了个人的私利损害企业的利益，也不能为了企业的一时之利损害顾客和社会的利益。推销人员要以高度负责的精神，坦诚地对待每一位顾客，与顾客建立长期的合作关系，给企业带来真正的经济效益。

3. 公平

公平是指推销人员在推销过程中，应公平地对待顾客、公平地对待竞争对手。公平是社会生活中一种普遍的道德要求，它是以每个社会成员在法律上和人格上人人平等为依据的。在现代推销活动中，推销人员以次充好、缺斤短两、弄虚作假的行为是不道德的，不择手段、诋毁、诽谤竞争对手的产品是违反公平竞争原则的。

1.2.2 推销人员的职业素质

在市场竞争日益激烈的今天，企业经营者越来越意识到企业销售优势比企业生产优势更为重要。要取得销售上的优势，企业必须建立一支精干的推销队伍。虽说人人都可以成为推销人员，但要成为一名称职的推销人员，必须具备与之相适应的综合素质。一个企业推销人员的素质与能力关系到企业的生存与发展。到底什么样的人适合做推销工作呢？这是任何一家企业的销售经理在选拔推销人员时都需要考虑的问题。作为一名合格的推销员，主要应该具备以下基本素质。

1. 思想素质

推销工作是一项创造性的、艰苦的脑力和体力劳动，要求推销人员具有强烈的事业心、高度的责任感、坚强的意志和毅力。在推销活动中，任何事情都可能发生，如果一遇到困难就灰心丧气，其推销任务将永远不可能完成。

（1）强烈的事业心。作为推销人员，应该热爱自己所从事的推销事业，奋发向上，百折不挠，有强烈的成就事业之心，才能真正做到干一行、钻一行、爱一行，并力争成为推销队伍中的尖兵；作为推销人员，必须树立正确的推销观念，把满足顾客消费需求作为推销工作的起点，诚心诚意为顾客着想，全心全意为顾客服务，把推销商品与解决顾客的实际问题有机地结合起来。

（2）高度的责任感。推销员是企业的销售代表，是企业的代言人，其一言一行都关系到企业的声誉与形象；同时，推销活动也是企业与顾客进行信息沟通的一种有效方式。因此，推销员首先必须具有高度的责任感，想方设法地完成企业的销售任务，这是推销人员的主要工作，也只有这样，才能算得上是合格的推销员。其次，推销员代表的是一个企业，除完成一定的推销任务外，还需要在推销活动中为企业树立良好的形象，与顾客建立和保持良好的、融洽的关系，不能为了实现推销定额而损害企业的形象和信誉。推销任务即使完不成，还能够依赖其他的促销方式弥补，但企业的良好形象一旦遭到践踏与损害，就不是一朝一夕的工夫可以重新建立起来的。因此，推销员千万不要以牺牲企业形象来换取本期的销售定额。再次，推销员的责任除了表现在完成销售定额与树立企业形象外，也表现在推销员应向顾客负责，推销给顾客的商品应该是真正满足其需求、能够为其排除困难、解决实际问题的产品，而企业销售利润的实现只能作为顾客需求得以满足的"副产品"。

（3）坚强的意志和毅力。推销活动以人为工作对象，而人又是复杂多变的。因此，影响推销成功的不确定性因素很多，这也决定了推销的难度很大。在重重的困难面前，推销员必须具备一往无前，压倒一切困难而不被困难所压倒的勇气，必须具备百折不挠的毅力与韧劲。这种勇气、毅力和韧劲不但要体现在一场场推销的战役、战斗中，更要贯穿于整个推销生涯。

2. 文化与业务素质

推销工作不是一项轻而易举的工作，而是一项极富创造性与挑战性的工作，因此推销员除具备过硬的思想素质外，也要求具有较高的文化素质。推销员在推销过程中，会接触到各种各样的顾客，他必须在较短的时间内迅速做出判断，并确定具体的推销方式与技巧。推销员具备的文化知识越丰富，获取良好推销成果的可能性就越大。

推销员的文化素质，主要表现在对以下几方面知识的掌握。

（1）企业方面的知识。一个成功的推销员，不仅要具备丰富的基础学科知识，而且应熟悉本企业的全部情况。市场上同类产品很多，顾客有着较大的选择余地。这时，对自己企业了解最多的推销员就极有可能取得顾客的信任，从而获得订单。一般地，企业规模、企业声誉、企业产品、企业对顾客的支持、企业财务状况、企业优惠政策等，往往成为客户判断企业是否值得依赖、是否选购该企业产品的重要依据。推销人员是企业的代表，必须十分了解有关企业的一切信息，并保证让顾客能够准确、充分地接收与理解这些信息，才能促使顾客签下订单。具体地说，推销人员应了解有关自己企业的下列信息：

- 企业的历史；
- 企业在同行业中的地位和影响力；
- 企业的经营理念和特点；
- 企业的经营范围和产品、服务种类；
- 企业的财务状况；
- 企业的人事结构，特别是总裁和高层管理人员状况；
- 企业的信用政策；
- 企业的订单处理程序；
- 企业的折扣政策和顾客奖励政策；
- 企业对顾客能提供的支持。

（2）产品方面的知识。推销工作本身要求推销员必须向顾客介绍、推荐产品，如果他不懂得所推销产品的知识将是不可想象的。作为称职的推销员，首先应掌握产品的技术性能，包括构成产品的原材料是什么，推销品的性能数据，产品规格、型号、外观，产品的特色，能满足顾客什么样的用途等。其次，应掌握产品使用与维修方面的技术与知识。推销人员在推销一些顾客不常买且价格昂贵的产品时，通常需要亲自示范操作，并经常走访客户以了解其使用情况，对一般性的技术问题应能及时排除。在现代市场营销中，为了赢得竞争，就应特别注意自己的产品与竞争对手的产品之间的差异，有哪些特点和优势，存在哪些不足，以便在推销中扬长避短，利用优势，战胜对手，促成交易。

案例1.3　白色塑料的遗憾

河北省安平县的一家罗网厂，生产罗网之类的产品。该厂一位姓王的推销员，有一次听说河南某地有个塑料厂。他想，制塑料得用过滤筛，于是急忙登上火车，昼夜兼程赶到那里。待他说明来意后，对方厂里的人笑了，说："我们生产的是白色塑料，不用过滤。带颜色的塑料，才需要过滤。"小王只好扫兴而归。时隔不久，小王又到天津某橡胶厂推销罗网。对方厂里的业务负责人问："你厂能生产多大拉力的网？最高含碳量是多少？能经得起多高的温度？"小王愣了，他只知道罗网是过滤用的，不知道还有这么多的讲究。对方说："你连这些都不懂，怎么做推销？又怎么订合同？"小王终于明白，当一个销售员其实并不那么简单。后来，小王下苦功夫学习，掌握了各种金属材料的含碳量、拉力、受压能力、耐酸、耐热性能等科学知识。他所在部门的推销业绩直线上升，他所在工厂也越办越红火。

案例分析：作为一名合格的推销员，对于自己推销的产品知识必须要有全面的了解，并能够根据客户的需要进行推销。

（3）市场方面的知识。推销员应接受一定程度的教育，掌握必要的理论知识与实务技能，包括市场营销理论、市场营销调研方法、推销技巧等方面的知识，熟悉有关市场方面的政策、法令和法规。

（4）顾客方面的知识。推销人员还要懂得消费者心理与购买行为方面的知识，因此应掌握商业心理学、公共关系学、人际关系学、行为科学和社会学等方面的知识，以便分析顾客的购物心理，并据此运用合适的推销手段。

（5）竞争方面的知识。要成功地实施推销，还必须掌握同行业竞争状况的信息，包括整个行业的产品供求状况，企业处于什么样的竞争地位，竞争品有哪些优点，本企业产品有哪些优点，竞争品的价格，竞争品的销售策略等。

3．身体素质

推销员的推销工作既是一项复杂的脑力劳动，也是一项艰苦的体力劳动。推销员的工作性质决定了他必须有强健的身体方能胜任，健康的身体是实施推销活动一切策略的物质保证。推销员经常外出推销，在必要时还得携带样品、目录、说明书等，特别是对于工业品的推销，需要推销员进行安装、操作、维修等，劳动时间长，劳动强度大。显然，推销员只具备了过硬的思想素质与文化素质，而没有强健的身体、旺盛的精力、充满活力的朝气，其推销设想与计划只不过是空中楼阁、海市蜃楼，永远都不可能实现，他自己也绝对不会成为出色的推销人员。强健的身体是成功推销的基础与前提。

4．心理素质

成功的推销员都比较注重培养一种有利于达成交易的个人心理素养。实践证明，有些人比较擅长做社交、公关与产品推销的工作，而有些人则擅长做细致的研究工作。推销活动是一种面向千百万人的工作，因而要求推销人员具有以下几方面的心理素质。

（1）性格外向。一般来说，性格外向的人易于与他人接洽，也擅长辞令，易接受别人，别人也能较快地接受他，这有利于向陌生顾客开展推销工作。而性格内向的人，不善社交与辞令，不容易与顾客接触，掌握的推销对象有限。因此，外向型性格的人比较适合从事推销工作。如果是性格内向，且不打算进行自我调整，最好另谋生计。

（2）自信心强。作为一名推销员，应该有这样一种感觉："不管遇到多么大的困难，我都能解决，我都能对付，我都能完成任务。"一种感觉就是自信心，这种自信心是在不断获取经验的过程中逐步建立起来的。初涉推销业时，由于根基太浅，尚未积累起足够的经验，不会有多少自信心。但在自信心不断树立，才干不断增长的过程中，也必须培养忍耐性和宽容心。如果推销员耐性有限，容不得客户挑剔的眼光，则他的推销经验与自信心可能永远也不会达到极点，自信心将荡然无存。

（3）良好的个性品格。作为推销员应履行自己的承诺，让顾客感觉到你确确实实是一个值得信赖的人。如果出尔反尔，经常违约，不遵守自己的允诺，会使竞争者轻易地从你手中抢走你的客户，也不利于培养和建立长期稳定的关系。做到诚实，言行一致，不说大话，是推销员优良品格的最基本要求。

1.2.3 推销人员的职业能力

推销员具备了一定的思想素质、文化素质、心理素质与身体素质，只是具备了当一名好推销员的基本条件，并不一定能成为一名出类拔萃的推销员。一名杰出的推销员除具备上述这些基本素质外，还应有一定的能力。推销人员的能力是其在完成商品推销任务中所必备的实际工作能力。优秀的推销人员应具备较强的观察能力、创造能力、社交能力、语言表达能力及应变能力等。

1. 观察能力

观察能力是指人们对所注意事物的特征具有的分析判断和认识的能力。具有敏锐观察力的人，能透过看起来不重要的表面现象而洞察到事物的本质与客观规律，并从中获得进行决策的依据。新发明、新产品、新广告、新观念、新方法的魅力在于其“新”，推销人员推销时的吸引力也出自于“新”。如何在推销过程中创新，有赖于他对新鲜事物的高度敏感性，这就要求推销人员具有超凡的观察能力。

例如，在商业谈判中，推销人员应该从对方的谈话用词、语气、动作、神态等微妙的变化中去洞察对方的心理，这对销售成功至关重要。

推销人员应随时注意周围事物的变化以及一切发生在周围的事情。只有投身于变化的环境中并充满好奇心，细心观察，才能获取瞬息万变的情报信息。

在工作中，推销人员要养成把一切所见、所闻的东西与自己的工作紧密联系起来的习惯。例如，在登门拜访客户时应能做到，眼睛一扫就把房间摆设和人物活动情形尽收眼底，进而总结出这个家庭的特点。

培养和开发观察力应从以下几方面入手：

第一，通过对注意力的开发，使注意力集中到需要观察的推销对象或有关事物上。

第二，调动所有感官，尽可能多地获取观察对象的有关信息。对顾客的观察与了解，可以从以下六个方面入手：

① 顾客的社会背景，如家庭背景、职业、经历、收入水平等；

② 顾客的气质、性格、兴趣爱好；

③ 顾客对社会、对工作、对购物的态度；

④ 顾客在整个购物过程中所担任的角色、所处的地位、所起的作用；

⑤ 顾客在人际关系中的特征，如对自己、他人和人际关系的看法与做法；

⑥ 顾客的体态、服饰和动作姿态等。

第三，学会用全面、系统、联系的观点看事物。例如，通过衣服的颜色看一个人的性格；从人的服饰看人的职业、地位、兴趣与爱好；通过谈论的话题了解人的需求层次与个性特色；通过事物的联系可以使推销人员系统地了解顾客。

第四，对观察的事物，既要定性观察，又要定量分析。在观察时注意动眼、动笔，把观察到的问题分门别类地记录下来。

第五，边观察边思考，以便随时发现关键的事与关键的人，为进一步调查了解做好准备。

资料库　**怎样观察人的手**

（1）习惯用右手的人，左脑发达，逻辑性强。

（2）习惯用左手的人，右脑发达，具有想象力和创造力。

（3）总是爱紧握拳头的人，被认为缺乏安全感，防御意识较强。

（4）总是把手指扣在一起的人，会经常处于一种非常矛盾的状态。

（5）手指总是动弹表明目前正处在一种非常紧张的状态。

（6）手放在腹部，且无意识地抚摸腹部，有些神经质，并且多疑。

（7）突然两手抱紧胳膊，身体有些后仰或是双手叉腰，身子前探，表示对对方说的话不赞同。

2. 创造能力

推销工作是一种具有综合性、复杂性、体脑结合的创造性的劳动。在推销活动中，推销人员应当注重好奇、敏锐、自信、进取等诸方面创造性素质的培养，不断开拓新市场，结识新顾客，解决新问题。解决问题需要特殊的方法，当面临前所未遇的难题时，杰出的推销人员应充分展开自己的想象力，对以往的经验和概念加以综合，从而构建出全新的解决方法。

对推销人员而言，开拓一个新市场、发掘一个新客户，采用一种别出心裁的推销手段，都必须首先具有开拓创新的精神和能力。推销人员不仅要满足现实的需求，更要创造和发现潜在的需求。

案例1.4　**卖鞋的推销员**

位于南太平洋上的一个岛屿，来了两个皮鞋推销员。这两个推销员分别来自 A、B 两个国家。A 国推销员看到该岛居民均光着脚，于是马上给公司拍了电报："本岛无人穿鞋，我决定明天回国。"而 B 国推销员发回公司的是另一张截然不同的电报："好极了！该岛无人穿鞋，是个很好的市场，我将长驻此地工作。"结果，B 国公司开发了一个新的市场，取得了巨大的成功。

案例分析：一个墨守成规、因循守旧的推销人员与一个勇于开拓创新的推销人员，在推销业绩上会有多大的不同。创造能力是推销人员开拓市场必备的职业能力。

3. 社交能力

推销员向客户推销商品的过程，实际上也是一种信息沟通的过程。推销员必须善于与他人交往，有较强的沟通技巧，同时也能维持和发展与顾客之间长期稳定的关系，待人随和，热情诚恳，能设身处地地从顾客的观点出发，为顾客解决实际问题，取得客户的信任、理解与支持。推销员除具备推销领域必须掌握的丰富专业知识外，还应有广泛的兴趣爱好，宽阔的视野，以便能够得心应手、运用自如地应付不同性格、年龄、爱好的顾客。

社交能力不是天生的，是在推销实践中逐步培养的。要培养高超的交往能力，推销人员必须努力拓宽自己的知识面，同时要掌握必要的社交礼仪。推销人员应敢于交往，主动与人交往，不要封闭自己。

4. 语言表达能力

推销员的接洽工作总是以一定的语言开始的，不管是形体语言、物质载体语言还是文字语言，都要求推销员通过语言准确地表达推销品的信息，同时也能使推销对象清楚地理解和明白推销品的方方面面。如果推销员语言贫乏，词不达意，前言不搭后语，逻辑性差，思路不清，拙嘴笨舌，顾客是不可能接受这样的推销员的，也不可能接受他所推销的商品，他也不可能获得订单。优秀的销售人员应该是具有超人天赋的演说家，也是富有鼓动激情的“辩才”，能言善辩，同时又是最忠诚的听众，善于聆听顾客的意见。不要以为日常交际中的谈话与大庭广众中的推销交谈是一样的，即使能说会道的人，如果让他面对很多人讲话，他也可能怯场，可能连平常百分之一的讲话水平都不能发挥出来。因此，推销员应掌握推销交谈中的诀窍。

案例1.5　　不是推销的推销

潘德仁先生在推销中非常善于琢磨客户心理，抓住客户要求，并用娴熟的语言技巧来引导客户做出购买决定。他曾荣获香港第十八届杰出推销员的殊荣。

潘先生曾在一家办公用品公司当推销员。一次，他来到一个客户办公室推销自己公司的碎纸机，客户在听完了产品介绍，弄清了购买细节后，说他愿意买一台，并表示将在第二天到潘先生处订货。

第二天，潘先生左等右等，还不见客户前来。他便登门拜访，却发现客户坐在桌前看另外一家办公用品公司的样本册，而且目光停留在其中一页一动不动。潘先生凭着对本行业产品的全面了解，一眼便知客户正在关注的产品和昨天他所推荐的碎纸机属于同一类型，区别仅仅在于前者有扇清除纸屑的小拉门。

潘先生彬彬有礼地说：“打扰您了，我在公司等了好久还不见您来，知道您一定很忙，所以又亲自来您这儿了。”

客户只应了一声“请坐”，又低头去看刚才那一页。潘先生已经猜出客户喜欢碎纸机，成交有门。沉思片刻，找到一把椅子在客户边上坐下，和和气气地说：“我们公司的碎纸机上有圆洞，同样可以取出纸屑，而且方便得多。”

客户点点头，想了想又说：“圆洞是能取出纸屑，但是未必比拉门来得方便啊。”潘先生不慌不忙地应道：“您是搞工程技术的，一定知道废纸被切碎时洞口要承受不小的震击，如果洞口是圆形的，圆上各点的曲率完全相同，整个边受力均匀，不易损坏，反之拉门的洞口是方形的，受力不均，使用寿命要打折扣。”

客户看着潘先生，迟疑了一会儿："您的解释的确有道理，可我虽是技术出身，却很注重美观，圆形难免叫人感到呆头呆脑的。"

"圆是由一组到平面一点距离相等的点组成的，它线条光滑、流畅，一气呵成，多么和谐，多么完整，平时所言'圆满'，就是这个道理啊。您买了以后，包您用了会非常满意。"

这位客户被潘德仁丰富的力学、美学知识所折服，终于微笑着签了订单。

案例分析：一个出色的推销员，除了对产品本身了如指掌外，还需要具有较强的语言表达能力，只有这样才能在跟客户打交道时得心应手，游刃有余。

5．应变能力

推销员虽然在与顾客接触前，都对推销对象做过一定程度的分析与研究，并进行了接洽前的准备，制订了推销方案，但由于实际推销时面对的顾客太多，无法把所有顾客的可能反应都全部列举出来，必然会出现一些意想不到的情况。对于这样突然的变化，推销员要理智地分析和处理，遇事不惊，随机应变，并立即提出对策，这就是应变能力。世间不可能有一劳永逸的处理应变的方法，任何再好的方法也只是在一定条件、时间和地点下适用。

案例1.6　机敏的钢化玻璃杯推销员

一名推销员正在向一大群顾客推销一种钢化玻璃杯，他首先是向顾客介绍商品，宣称其钢化玻璃杯掉到地上是不会坏的，接着进行示范表演，可是碰巧拿到一只质量不合格的杯子，只见他猛地往地下一扔，杯子"砰"地一下全碎了，真是出乎意料，他自己也十分吃惊，顾客更是目瞪口呆。面对这样尴尬的局面，假如你是这名推销员，你将如何处理呢？

这名富有创造性的销售员急中生智，首先稳定自己的心境，笑着对顾客说："看见了吧，这样的杯子就是不合格品，我是不会卖给你们的。"接着他又扔了几只杯子，都获得了成功，博得了顾客的信任。

案例分析：这位推销员的杰出之处就在于，他把本来不应该发生的情况转变成一个事先准备好的推销步骤，体现了应变能力在推销过程中的重要作用。优秀的推销员就是能够及时应变推销过程中出现的意外情况，并将其有效转化。

资料库　推销人员的素质与能力

素质与能力	具 体 表 现
思想道德素质	个人品质：诚实，正直，自信
	良好的职业道德：对企业忠诚，对客户诚实，对竞争、竞标公平
	强烈的事业心：敬业精神和高度的责任感、成就感

续表

素质与能力	具 体 表 现
业务素质	企业知识，产品知识，客户知识，法律知识，市场知识，推销基本功
	职业地开拓客户，有效地接近客户，准确地判断客户需求，有效地解决客户问题，及时地促成客户交易
文化素质	专业知识，广泛兴趣，语言知识，个性及修养
生理和心理素质	强健的体魄，端庄的外表，平衡的心态
基本能力	注意力与观察力，学习能力，记忆能力，演示能力，社交能力，思维和推理能力，语言表达能力，核算能力，自我调控能力，决策能力，应变能力和适应能力，创新能力

项目实施指导

1．学生每人独立填写一份素质调查问卷，见本项目自我测验中的测验1。
2．注意读清题目，如实填写，保证问卷数据的真实性和完整性。
3．总结自己的问卷得分。
4．教师讲解问卷得分情况所表示的含义。
5．收集全班同学得分情况分布。
6．教师对学生的能力倾向、素质状况能做出点评，并帮助学生确立自信。

素质问卷及评价

【测试目的】 随着社会商业化进程的加剧，人际关系日益复杂，顾客与推销员之间的关系更是如此。因此，对于推销员而言，诚实守信就显得非常重要。通过下面的测试，你可以发现自己是否诚实守信，并找到自身存在的问题以及完善自己的方法。

1．你报名参加考试，但没有通过。别人问你时，你会（　　）。

A．抱怨自己运气太差、题太难

B．告诉他你没有通过考试，但你已经尽力了

C．不知如何是好，转移话题

2．在买东西时，售货员因一时糊涂而多找了你钱，你会（　　）。

A．把多找的钱退还给他

B．态度好就退给他，不好就不退

C．趁他没有发现之前赶快离开

3．今天你一件产品也没有推销出去，别人问你时，你会（　　）。

A．如实回答　　B．视情况而定　　C．撒谎，以避免别人嘲笑你

4．你因为某些原因向某位同学借了100元钱。不久，这位同学因故退学了。当你有了钱后，你会（　　）。

A．把钱还给这位同学

B．不还给他

C．关系好就还给他，不好就不还给他

5．期末考试时，监考老师因为某些原因离开了考场，你会（　　）。

A．想作弊又怕被老师发现，非常矛盾

B．认为考试是检验自己所学知识的一种手段，没有必要作弊

C．趁此机会作弊

6．你在向客户介绍产品时，无意间夸大了产品的功能，你会（　　）。

A．承认错误并及时纠正

B．尽力掩饰，以免被客户发现

C．怀有侥幸心理，不做任何主观努力

7．朋友或同学有了烦心的事喜欢向你倾诉吗？（　　）

A．不喜欢　　B．喜欢　　C．只有最好的朋友才喜欢向你倾诉

8．当你的竞争对手有困难向你求助时，你会（　　）。

A．幸灾乐祸，拒绝提供帮助

B．热情帮助

C．帮助，但不情愿

9．你已经和朋友约好去做市场调查，又有人来约你去看电影，你会（　　）。

A．按时去做市场调查

B．去做市场调查，但敷衍了事

C．去看电影

10．你的朋友当着你的面说了谎，你会（　　）。

A．认为他是一个伪君子，并不再和他来往

B．当众揭穿真相，让他出丑

C．在合适的场合告诉他不应该说谎

11．客户告诉你他的一个秘密，并一再叮咛你不要告诉别人，你会（　　）。

A．告诉别人　　B．守口如瓶　　C．只告诉好朋友

12．你和同事约好下午2:30一起去推销产品，结果到了2:40他还没有来，又无法同他联系，你会（　　）。

A．认为他不守信用，自己去

B．认为他肯定会来，继续等

C．认为他可能遇到某种意外情况，再等20分钟，不来就自己去

13．你认为你周围的人信任你吗？（　　）

A．大多数人信任我

B．同小组、同部门内的“亲密战友”信任我

C．没人信任我

14．如果你是推销小组的组长，你能否信任下属并赋予他们充分的权力，让其充分发挥其才能？（　　）

A．能　　B．不能　　C．有时候能，有时候不能

15．在你没有钱的时候，你的一位好朋友要过生日，你会（　　）。

A．自己动手制作一件工艺品送给他
B．谎称有事，不参加生日宴会
C．为了不失面子，借钱买礼物送给他

16．你去拜访一名新客户，在向其推销产品时，你会（　　）。
A．实事求是地介绍
B．美化自己的产品
C．只介绍自己产品的优势，对其缺陷只字不提

17．你如何对待你的竞争对手？（　　）
A．将竞争情绪带入生活
B．想方设法限制对方发展
C．将竞争仅局限于工作领域，生活上依然是朋友

18．朋友穿了一件你认为比较难看的衣服，你会（　　）。
A．讨好他（她），假装很欣赏这件衣服
B．不发表意见
C．说出你的真实想法

19．在推销产品时，一位顾客要购买你的全部产品，但他没带足够的钱，要回去取钱后才来购买这些产品。这位顾客回去取钱时，另一名顾客前来购买这些产品，你会（　　）。
A．遵守诺言，把产品留给第一位顾客
B．犹豫不决
C．把产品卖给第二位顾客

20．你在向顾客推销商品时，会不会为了个人私利而有意把假冒伪劣商品推销给顾客？（　　）
A．会
B．不会
C．只会推销给不会成为公司长期买主的顾客

【评分标准】

题　号	得　分			题　号	得　分		
	A	B	C		A	B	C
1	1	3	2	11	2	2	3
2	3	2	1	12	1	3	2
3	3	2	1	13	3	2	1
4	3	1	2	14	3	1	2
5	2	3	1	15	3	2	1
6	3	1	2	16	3	1	2
7	1	3	2	17	1	2	3
8	1	3	2	18	1	2	3
9	3	2	1	19	3	2	1
10	2	1	3	20	1	3	2

填写上面测验后，根据评分标准进行自我打分，查看测验结果。

1．48～60分

你将是一位非常诚实守信的推销员，对人真诚、善良，做事“言必行，行必果”。在当今商业社会，诚信这一优良品质更显得难能可贵，它一定会使你成为一名成功的推销员。如果你的得分在55分以上，那就说明你诚实得有些“憨”，守信得有些“呆”。遇到问题多动脑筋思考，学会灵活地处理问题，相信经过一段时间的锻炼，一定会有进步的。

2．34～47分

你将是一位基本上诚实守信的推销员。通常情况下，你能够说服自己，用诚信的眼光对待周围的人和事。但在和自身利益有冲突时，往往会采取急功近利的做法。世间许多事情的成败，往往在于能否于紧要处再坚持一下。让自己的眼光更高远些，胸怀更宽广些，你定会在个人修养上步入更高境界，进而使你的推销工作取得新的进展。

3．20～33分

可以说你将是一位虚伪的推销员，对外界设立了重重防线，为自己套上沉重的铁甲。但是我们不可能靠圆滑去获得朋友，也不可能靠圆滑去赢得成功。改变你的人生航向，做一个诚实守信的人，你才会抵达成功的彼岸。

项目工作小结

序　号	小结重点	主要内容	教师批注
1	工作业绩	1. 2. 3. 4.	
2	问题质疑	1. 2. 3. 4.	
3	项目报告	1. 2. 3. 4.	

子项目1.3 推销礼仪准备

项目解析

【项目目的】

能正确使用推销礼仪，促成推销活动。

【项目要求】

1．设计一套女推销员的服饰。
2．设计一套男推销员的服饰。

项目实施安排

组别： 组长： 日期：

项目实施人员分工	岗　　位	姓　　名	具 体 要 求
项目实施时间安排	项 目 阶 段	时间/天	具 体 要 求

项目教学方案设计

<table>
<tr><td>项 目 名 称</td><td>子项目 1.3：
推销礼仪准备</td><td>教 学 方 法</td><td>演示法与角色扮演法</td><td>建 议 课 时</td><td>4</td></tr>
<tr><td rowspan="2">项目目标</td><td>能力目标</td><td colspan="4">1. 能准确地完成名片递送、介绍、接待与送客和握手等商务活动礼仪
2. 能够正确地使用敬语、语调、眼神和倾听，并与客户沟通
3. 能根据不同的场合选择推销员规范服饰</td></tr>
<tr><td>知识目标</td><td colspan="4">1. 掌握推销员着装的基本要求和仪表规范
2. 了解不同国家的礼仪风俗
3. 掌握推销员拜访客户和接待客户的礼仪，了解推销工作的性质及重要性</td></tr>
<tr><td rowspan="2">项目准备</td><td>教师</td><td colspan="4">1. 课件及项目评分考核表
2. 准备推销拜访的场所</td></tr>
<tr><td>学生</td><td colspan="4">1. 推销人员的服饰
2. 布置推销拜访的场景及所需准备的推销工具</td></tr>
<tr><td>项目评价</td><td colspan="5">教师、学生共同依据评分表考核项目实施质量</td></tr>
<tr><td rowspan="5">项目过程</td><td>教学环节</td><td>教师活动</td><td>学生活动</td><td>教学目标</td><td>课时</td></tr>
<tr><td>一、项目介绍</td><td>1. 教师进行项目解析，提出项目要求
2. 布置项目实施安排</td><td>学生做项目分解笔记</td><td>学生能清晰地了解项目实施的目的与程序</td><td rowspan="2">1</td></tr>
<tr><td>二、理论知识</td><td>1. 讲授理论知识
2. 解释学生知识疑问</td><td>1. 接受项目理论知识
2. 提出疑问</td><td>学生掌握项目实施的相关知识</td></tr>
<tr><td>三、项目实施</td><td>1. 教师组织学生项目实施顺序
2. 观察项目实施情况</td><td>1. 分组
2. 小组实施该项目</td><td>学生能根据场合设计服饰、应用商务礼仪</td><td>4</td></tr>
<tr><td>四、项目评价</td><td>教师指出小组在实施过程中存在的问题</td><td>1. 自我评价
2. 小组互评</td><td>提高学生的评价能力</td><td>1</td></tr>
<tr><td rowspan="2">项目实施报告</td><td>教师</td><td colspan="4">检查学生项目实施报告，给出评价</td></tr>
<tr><td>学生</td><td colspan="4">填写项目实施报告</td></tr>
</table>

项目知识

推销员是企业的外交官，是企业与顾客沟通的友好使者，他们所代表的不仅仅是他们自己，他们的一言一行、一举一动都代表着企业的形象。为了树立良好的企业形象，以使推销工作顺利开展，推销人员应注重推销的基本礼仪，在推销商品之前，先把自己推销给顾客，顾客接受了你这个人，才可能接受你所推销的商品。推销自己，就是要推销自己的言谈举止、仪表风度、个性品质、处事原则和价值观念等。推销员的礼仪主要包括以下几个方面。

1.3.1 推销人员个人礼仪

1．仪表礼仪

推销员要保持面部清洁，男士不留胡须，女士面容要素雅明快；不允许留怪异发型；手和指甲保持干净，不蓄长指甲，且修剪整齐。

2．服饰礼仪

（1）着装朴素大方。推销员的着装是仪表美的一种形式，凡公司要求统一着装的，一定按要求去做；不统一着装的，最好入乡随俗，颜色、式样不浓艳、不华丽。穿西装制服者必须配衬衣和领带。

（2）鞋袜搭配合理。穿西装制服者要穿皮鞋。皮鞋以黑色为主，一定要擦亮，不带污垢。女士穿皮鞋应以中跟或平跟为宜。

资料库　推销员着装的参考标准

（1）一定要身着西装或者轻便西装，不可买品质低劣的衣服，因为穿这种衣服时，会被人视为是推销失败的象征。

（2）衣着的式样和颜色应该尽量保持大方、稳重。

（3）参加正式的商业洽谈或较严肃的销售会议，应穿深色的服装，越是严肃的场合，越需要注意服饰。

（4）浅色的衣服看起来较亲切，不会让人感到有压迫感，但只适合较轻松的商业会议或一般推销。

（5）不可以穿着代表个人身份或有宗教信仰标记的服饰。

（6）不要佩戴太多的饰品。

（7）不要穿绿色衣服和流行服装，因为这些服饰经常变化，会给客户以不稳定、不成熟和不可靠的感觉。

（8）不要穿双层针织裤和衬衫，因为双层针织款式感觉不专业，也会将缺点显露出来。

（9）可以佩戴某种能代表本公司的标志，或者穿上与产品形象相符合的衣服，以便使客户相信你的言行。

（10）绝对不要戴太阳镜或变色镜，否则会让客户看不到你的眼睛，这样很难赢得客户对你的信任。

3. 化妆礼仪

饰品和化妆要适当。女性推销员在推销工作中，可以根据自己的情况适当化妆和佩戴饰品。切不可浓妆艳抹，也不宜佩戴贵重或过于花哨的饰品。

总之，精干的外表、匀称的体型、得体的服饰会在顾客心目中形成一个良好的整体印象，它将对推销活动产生重大影响。

1.3.2 推销人员交往礼仪

除了仪表和服饰之外，推销礼仪还包括推销员的言谈举止和习惯。如果说仪表是取得与顾客交谈的钥匙，那么言谈举止是征服顾客心灵并取得其信任的推进器。透过一个人的言谈举止，可以看出这个人的自我修养水平。客户对推销员的良好印象，不但来自推销员亮丽、和谐的外表，更要靠推销员高雅不凡的谈吐举止。

1. 敲门礼仪

推销员到达拜访对象门前时，无论门是关闭的还是开着的，都应轻重适度地敲门。如果门是关闭的，敲门后，推销员应退后一步，等待客户开门。如果门是开启或虚掩的，应得到客户的同意后，方可进入室内。雨天拜访客户时，雨具不应带入室内而应放在室外或指定的地方。

看见客户时，应该点头微笑，表示友好。自此，微笑的表情应一直保持到拜访完毕离开客户时为止。

知识园　　微笑的魅力

微笑能促进人与人之间进行友善的沟通与了解，微笑是上帝赐给人们的一项专利，也是人类美化生活、美化自己的一剂神秘配方。学会微笑，对推销员的工作大有裨益，以一种轻松愉悦的心情与客户谈话，即便是过去棘手的问题，现在也可以变得容易很多。如果一个人善于用微笑来面对顾客，他将会获得更多的商机。对于一个推销员来说，笑容是一条铺在他与客户之间的康庄大道。

2. 自我介绍和递（接）名片的礼仪

自我介绍是推销员表明身份的常见方式。自我介绍时，要简单明了。一般情况下，推销员可先说声“您好”，然后报上自己的身份和姓名。如果有同行者，首先自我介绍，接着介绍同行者的身份和姓名。推销员可以在问候客户或自我介绍时递上自己的名片。

名片的正确递法：当双手均空时，以双手的食指弯曲与大拇指一起分别夹住名片的两只角，名片上的字体反向对己，正向朝对方，使对方接过名片就可正读。在一只手有空的情况下，应把右手的手指并拢，将名片放在掌上，以食指的根部与拇指夹住名片，恭敬地送向对方，字体朝向同上。

接受对方名片时应注意，必须双手去接，接过对方名片后，一定要专心地看一遍，切不可漫不经心地往口袋一塞了事。遇有冷僻字时，可向对方请教，这是谦虚有礼貌的表现，表示你很重视、很认真。不可将其他东西放在名片上，或下意识地摆弄名片，这是对对方不尊重的表现。有时候推销员想得到对方的名片，在对方忙于说话未主动给你时，你可主动要求，一般对方不会拒绝。

3．称呼礼仪

无论是面见客户，还是打电话、写信给客户，总少不了称呼对方。恰如其分地称呼对方是推销礼仪的内容之一，称呼对方要考虑场合、与对方的熟悉程度、对方的年龄、性别、职务等因素。

在比较正式的场合，一般用“姓”加“职务”称呼对方。如果推销员与客户很熟悉，且关系极好，自己的年龄、职务均低于对方，可称对方为“张大哥”、“李大姐”；如果自己的年龄、职务均高于对方，可直呼其名或“小张”、“小李”等。

通常情况下，也可称男性为“先生”，青年女性客户为“小姐”，中老年女性客户为“女士”。可在称谓前冠以对方的姓，对教育、新闻、出版、文艺界人士不论职务、职位可统称为“老师”，对蓝领工人可称为“师傅”。

4．问候礼仪

问候客户是推销礼仪的内容之一。打招呼时，一定要亲切、热情，应是发自内心的问候，而不只是一种表面的形式，要真正从情感上打动顾客。推销员应因人、因时、因地选择一个合适的话题与客户打招呼，而寒暄或问候客户是从相识、相见（老客户）到正式会谈的必要的过渡环节。它能起到缩短推销员与客户的感情距离，自然进入正式会谈的作用。

（1）新、老客户都适用的话题：关于时间的问候，即根据见面的时间特征问候客户，如“早晨好”、“下午好”等。关于天气的问候，即以见面时的天气情况为话题与客户寒暄，如“早上还下雨，这会儿出太阳了，真好”，“南方的空气湿润，感觉真好”。寒暄时以赞美为主，不要抱怨，以免破坏会谈气氛。

（2）仅对老客户适用的话题：关于客户兴趣爱好的问候，如“最近又有大作发表吧？”“最近股票炒得还好吧？”等。关于客户行动的问候，即根据客户最近的活动情况，找出适当的话题问候客户，如“北京之行收获大吗？”“去上海出差还顺利吧？”等。关于客户健康、容貌问题的问候，如“嗬！一年不见，您依然光彩照人”等。

5．握手礼仪

握手是现代人相互致意的最常见的礼仪，在推销活动中，推销员与客户见面或告别时应当握手。

握手时，双方应正视对方的脸和眼睛，面带微笑，双脚不能分得太开。推销员为了表示对客户的尊敬可稍稍欠身或双手握住对方。推销员与客户均为男性时，手应握满，并稍加用力地抖动一两下。握手时，如果手疲软无力，会给对方不够真诚热情、敷衍了事的印象；加力太大，则又有热情过度、鲁莽之嫌。所以，握手时，推销员应根据对方的个头、体质，适当把握加力程度。

女推销员与客户见面时，应主动伸手以示友好。男推销员面见女性客户时，应等女客户伸手时，才能伸出手去。男性与女性握手，通常只握一下女性手指部分，动作应轻柔。

握手的时间以两三秒为宜。

资料库　人们所在空间一般分为4个层次

（1）亲密空间，15～46cm，一般在最亲的人之间，如父母、子女、爱人。

（2）个人空间，46～120cm，一般在亲朋好友之间，促膝谈心，聊家常。

（3）社交空间，120～360cm，一般社交场合与人接触，上下级之间。保持此距离，会产生威严感、庄重感。

（4）公众空间，大于360cm。

6．面谈中的礼节

一般情况下，在客户未坐定之前，推销员不应该首先坐下。

面见新客户时，椅子或沙发不要坐得太满，背部与椅子或沙发的靠背自然贴靠，上身不宜大角度后仰，身体应尽量端正，两脚成平行放好。将腿向前直伸或向后弯曲，都会使人反感。

正确的站姿是两脚着地，两脚成45度，腰背挺直，自然挺胸，脖颈伸直，两臂自然下垂。

对客户提供的任何帮助或服务，如帮着提行李、敬茶等，均应随口而出地说“谢谢！”绝对不可任意取用或玩弄客户室内、桌上的东西，如确实需要使用，应先取得客户的同意。

以积极的心态认真听客户讲话，眼神注视对方，如果你赞同客户陈述的观点，应以欠身、点头或以语言“对，是这样”，“是的，您说得很对”等，表示同意和鼓励。如因对方语速快、声音小或其他原因没听清楚对方的意思，可以说：“对不起，我没听清楚，请再说一遍。”

推销员在陈述推销意见和进行现场示范表演时，态度要热情，语气要平和，动作要沉稳、有序，不要紧张、忙乱，否则会给人留下信心不足、业务不熟、缺少训练、不成熟的印象。

交谈结束时，要细心收拾在谈话中出示的文件资料和示范用品。如果是留给客户的文件资料、示范用品，要理在一起，明确告诉客户。如果确实占用了客户不少时间，告别前应该说：“对不起，今天占用了您那么多宝贵的时间。”然后握手告别。

推销员在面见客户时，除了遵守一些基本的推销礼节外，还应该尽量避免各种不礼貌或不文雅的习惯。例如，心不在焉，东张西望，不认真听客户讲话，脚不停地颤抖或用脚敲击地板发出响声，不停地看表，神不守舍，慌慌张张，把物品碰落在地上等。

资料库 交谈中有失礼仪的十种情况

（1）“闭嘴”：交谈之中的“闭嘴”，就是不说话，导致冷场。

（2）“插嘴”：在别人讲话过程中，突然插话，打断对方。

（3）“杂嘴”：使用语言不规范、不标准。

（4）“脏嘴”：说话不文明，出言不逊。

（5）“荤嘴”：交谈时经常谈及丑闻、艳事。

（6）“油嘴”：说话油腔滑调，不分场合的幽默。

（7）“贫嘴”：废话多，乱开玩笑。

（8）“犟嘴”：强词夺理，好与人争辩。

（9）“刀子嘴”：说话尖酸刻薄，恶语伤人。

（10）“电报嘴”：喜欢传闲话、搬弄是非。

7. 电话礼仪

电话已经成为推销员常用的一种推销工具。推销员可以通过电话进行市场调查、约见客户、直接进行电话推销或商谈具体的业务事项。可见，推销员也应注意一些使用电话方面的礼节。例如，应主动说明自己的身份、目的；讲话应层次清楚、逻辑性强，音量适度；通话过程中应使用“请”、“谢谢”等礼貌用语；打完电话应等对方挂断后，再轻轻地挂上电话；打错电话，应表示歉意。如果是接电话，应及时拿起听筒，无论是找自己还是别人，都应态度热情，不要冷冰冰的或冷嘲热讽。

8. 吸烟礼仪

推销员最好不要吸烟，因为吸烟有害身心健康，也容易分散自己与顾客的注意力，而且有些不吸烟的顾客（特别是女顾客）对吸烟者有厌恶情绪，从而影响产品的推销。当推销员自己吸烟，而你的客户不吸烟时，就不要在交谈时吸烟，以免因为吸烟而断送了本可达成的交易；如果推销员吸烟，你要走访的客户也吸烟，可以主动地递上一支烟，要是客户首先拿香烟招待，推销员应该赶快取出自己的香烟递给顾客，并说“先抽我的”，要是已经来不及，应起身双手接烟并致谢。在吸烟时，要讲究卫生，注意安全。吸烟时，要注意烟灰一定要弹入烟灰缸，烟头要掐灭，放入烟灰缸内，不要随意乱弹烟灰、乱扔烟头，要注意安全，不要烧坏客户的桌面、沙发、地毯等用具。

9. 进餐礼仪

在推销工作中，可能少不了必要的招待与应酬，但推销员在进餐时不要铺张浪费、大肆挥霍，要注意进餐礼仪，摒弃坏习惯。请客户进餐时，应注意以下几点。

（1）宴请地点要考虑顾客心理。

（2）菜肴要适合顾客的胃口，最好由顾客点菜。

（3）陪客人数要适度，一般不能超过顾客人数。

（4）不能醉酒，劝酒要适度，以客户酒量为限，要打破一些陈规陋习。

（5）最好自己单独去结账。

（6）宴毕应请顾客先走。

案例1.7 无声的介绍信

一位先生在报纸上登了一则广告，要雇一名勤杂工到他的办公室做事。大约有50多人前来应聘，但这位先生却选中了一个男孩。他的一位朋友问道："为什么选中了那个男孩？他既没有介绍信也没有人引荐。"这位先生说："他带来了许多'介绍信'。他在门口蹭掉了脚上的泥土，进门后随手关上了门，说明他做事小心、仔细。当看到那位残疾老人时，他立即起身让座，表明他心地善良、体贴别人。进了办公室他先脱去帽子，回答我提出的问题干脆果断，证明他既懂礼貌又有教养。其他所有人都从我故意放在地板上的那本书上迈了过去，只有他俯身捡起那本书，并放回桌上。当我和他交谈时，我发现他衣着整洁，头发梳得整整齐齐，指甲修剪得干干净净。难道这不是最好的介绍信吗？"

案例分析：礼仪成就大事，细节成就完美。推销人员应注重推销的基本礼仪，不仅推销商品，还要推销自己。

项目实施指导

第一阶段，项目准备和学习

1．将学生随机分组，每组学生8～10人，男女同学均分，每组内选出一名组长，负责本组工作。

2．选择某一特定的工作场景（如：化妆品推销、礼品推销、儿童用品推销、办公用品推销等）。

3．确定工作场景的特点，明确推销工作的重点内容和重点对象。

4．了解推销员着装的基本要求和仪表规范的主要内容。

5．根据工作场景确定推销员个人形象设计应突出的特点。

6．学习女士套裙，男士西装穿着要点。

第二阶段，推销员服饰设计

7．选择设计服装款式、颜色，并搭配鞋袜的颜色和款式。

8．画出服装设计图，总结设计思路和设计亮点。

9．试穿服装，征求其他同学的意见。

第三阶段，推销工作模拟

10．根据礼仪要求，每组针对拜访工作（或接待工作）设计相应的推销工作过程。

11．小组讨论，由组长负责组织，成员可以对本组的设计充分发表自己的意见。

12．组长组织分角色进行模拟演练。每组分出接待方和拜访方两部分成员，对推销工作进行模拟。

13．通过模拟练习，总结优缺点，并对设计方案进行改进。

项目评价表

女推销员服饰设计评分表

评价项目		评价要求	分值	得分
女士套裙的穿着	女士套裙的选择	（1）上衣与裙子要选择适当	5	
		（2）衬衫及内衣的选择也很重要	5	
		（3）衬裙的选择	5	
		（4）鞋袜要与套裙相配	5	
	女士套裙的穿着规范	（1）套裙穿着要符合规范	10	
		（2）衬衫的穿着要符合规范	5	
		（3）衬裙的穿着要符合规范	5	
		（4）鞋袜要穿好	10	
合计			50	

男推销员服饰设计评分表

评价项目		评价要求	分值	得分
男士西装的穿着	男士西装的选择	（1）西装的外套必须合体	10	
		（2）西裤要合体	5	
		（3）衬衫要合适	5	
		（4）领带要与西装相协调	5	
		（5）鞋与袜要与西装相配	5	
	男士西装的穿着要领	（1）西装的穿着要符合规范要求，服务人员切忌触犯禁忌	10	
		（2）领带的系法符合规范	10	
合计			50	

办公室拜访礼仪评分表

评价项目	评价要求	分值	得分
办公室拜访礼仪	（1）提前预约	15	
	（2）拜访有礼	20	
	（3）适时告退	15	
合计		50	

办公室接待礼仪评分表

评价项目	评价要求	分值	得分
办公室接待礼仪	（1）问候	10	
	（2）引见	10	
	（3）上茶	10	
	（4）交谈	10	
	（5）送客	10	
合计		50	

项目工作小结

序号	小结重点	主要内容	教师批注
1	工作业绩	1. 2. 3. 4.	
2	问题质疑	1. 2. 3. 4.	
3	项目报告	1. 2. 3. 4.	

项目知识小结

商品推销是指推销人员运用一定的方法和技巧，帮助顾客购买某种商品和劳务，以使双方的需要都能得到满足的行为过程。这一过程包括寻找顾客、推销接近、推销洽谈、处理推销障碍、成交五个阶段。推销行为的核心在于满足顾客的欲望和需求。在推销过程中，推销人员要运用一定的方法和技巧。

商品推销的功能可以概括为销售商品、传递商品信息、提供服务、反馈市场信息四个方面。

商品推销的基本原则：满足顾客需求的原则、互利互惠的原则、推销使用价值观念的原则、人际关系原则、尊重顾客的原则。

作为一名推销员，在思想素质上应具备强烈的事业心，高度的责任感，坚强的意志和毅力；在文化素质上，应掌握有关企业、产品、市场、顾客及竞争方面的知识；在身体素质上，应具有强健的体魄；在心理素质上，应了解自身的性格特征，增强推销的自信心，养成良好的个性品格。

从职业能力方面讲，推销人员还应具有敏锐的观察能力、较强的创造能力、良好的语言表达能力、较强的社交能力和快捷的应变能力等。

在推销过程中，推销人员所代表的不仅仅是自己，也代表着企业。为了树立良好的企业形象，以使推销工作顺利开展，推销人员应注重推销的基本礼仪，如自身的仪表与服饰，说话语气与交谈习惯，打招呼，吸烟，打电话，招待客户进餐，递（接）名片等方面的基本礼仪。

自我测验

测验 1

【测试目的】 通过做以下题目，可以让我们了解自己的创造力。

如果你基本上同意下面某项的见解，或者下面的某项见解中所讲的态度正是你对待生活和处理问题的态度，就在这一项的题号前面画“√”。

1．你不在乎去问那些显得无知的问题。

2．当一种解决问题的方法不能奏效时，你会轻易放弃这种想法。

3．你能经常在正常工作时间以后还继续坚持处理问题。

4．你认为本能的预感是处理问题的可靠向导。

5．幻想为你的许多较重要的设想提供了动力。

6．经常有思想萦绕在脑中，使你不能入睡。

7．当你做自己特别喜爱的工作时，如果有人打断你，你会恼怒。

8．你经常感到自己酝酿的思想不受自己意志的影响，而像自身生长出来的一样。

9．你经常在没有专门做什么事时就能得到最佳见解。

10．你喜欢处理问题。

11．在估价情报时，对于你来说，情报的内容要比它的来源更重要。

12．在着手解决一个重要问题前，你会把所有你能得到的关于这个问题的情况收集起来，装在脑子里。

13．当你着手研究一个新思想时，你会忘记周围的一切，完全进入另外一个世界。

14．遇到难题时，你会去尝试别人根本想不到去试的办法。

15．在得到灵感时，你可以比其他人更快地想出更多的主意。

16．灵感与问题的成功解决有很大的关系。

17．你比多数人更喜好新奇的事物。

18．你能像个小孩子那样思考。

19．不论情绪与身体情况好坏，你都能工作好。

20．你已经认定旧的和熟悉的事物，有时也会显得陌生和捉摸不透。

21．那些即使你认为没有什么实际价值的思想，也能使你兴奋起来。

22．在你头脑中可能浮现出生动、逼真的形象。

【评分标准】

每一个画“√”的题都得分，第4、5、11、12、22题每题得2分，其余每题得1分；满分是27分。

思考与练习

1．判断题（正确的打“√”，错误的打“×”并改正）

（1）推销是一门科学，又是一门艺术。（　　）

（2）推销的科学性在于推销的工作过程有一定的规律可循。（　　）

（3）推销的核心在于寻找顾客。（　　）

（4）推销是一个简单的工作过程。（　　）

（5）推销人员决不能忽视给消费者的第一印象。（　　）

（6）推销人员衣着的样式和颜色可以随个人喜好选择。（　　）

（7）女性推销人员不可以佩戴太多饰品。（　　）

（8）为了拉近与消费者的距离，推销人员可以选择时尚感较强的衣物，给消费者良好的第一印象。（　　）

2．单项选择题

（1）推销的三要素中，最具有能动性的因素为（　　）。

A．推销员　　B．顾客

C．推销品　　D．使用价值

（2）推销活动的客体是指（　　）。

A．推销员　　B．顾客

C．推销品　　D．使用价值

（3）在商务活动中，与多人交换名片，应讲究先后次序，正确的次序包括（　　）。

A．由内到外　　B．由远而近

C．左右开弓　　D．由职务高的到职务低的

（4）与西方人交谈时可以（　　）。

A．询问对方年龄　　B．关心对方婚姻

C．闲聊天气情况　　D．赞美对方美丽

（5）在商务场合下，下列介绍顺序，哪个是正确的？（　　）

A．将男性介绍给女性

B．将年轻的介绍给年长的

C．将客人介绍给自己的同事

D．将级别低的介绍给级别高的

3．多项选择题

（1）推销的功能主要有（　　）。

A．销售产品　　B．传递产品信息

C．提供服务　　D．反馈市场信息

（2）下面对握手礼节解释正确的是（　　）。

A．时间以三秒为宜

B．男推销人员见女顾客时，要主动握手

C．握手时应正视对方

D．握手的用力不宜过大

（3）招待顾客进餐的礼节解释正确的是（　　）。

A．宴请地点要考虑顾客的心理

B．最好由顾客点菜

C．最好自己单独去结账

D．宴毕推销人员应先走，为顾客带路

案例阅读

有一次，原一平和一位资深的同事一起去拜访客户。在访问一家百货店之后，那位同事觉得很累，好在预定的访问任务完成得不错，只剩下有限的几处。原一平决定自己单独前往，那位同事留在百货店休息。

完成了剩下的几处访谈之后，原一平已累得东倒西歪，连步子都迈不稳了。那天恰巧又比较热，原一平不由自主地放松了自己，帽子歪斜着，衣扣不整，敞着领口。他匆匆忙忙赶回那家百货店与同事会合，推开玻璃门，一边喊一边闯了进去。在原一平心里，和百货店的老板已经是很熟了，便把应该有的礼貌仪容全都抛在了一边。

那位同事已经先走了，百货店的小老板见了原一平的模样大为不满，愤怒地说："早知道你是这副模样，我压根儿不会投你们明治的保险。我是信任明治保险，没想到你们这些员工却是这么无礼、随便……"

一席话把原一平骂醒了，他完全没有料到自己一时的不修边幅，竟然会带来这么严重的后果，不仅损害了公司的信誉，没准还会使已经达成的协议前功尽弃，甚至还会影响附近其他的准客户。

想到这里，原一平大汗淋漓。他急中生智，立即跪倒在小老板面前，伏地向他道歉。

这个动作有些夸张，百货店的小老板愣住了，但这最彻底地表达了原一平的诚意。

这件事的结果终于发生改变，原一平和小老板消除了不愉快，更加亲近了。小老板主动提出把保险金额提高，比已商定的数额高了好几倍。

虽然最终原一平通过了自己的诚意挽回了败局，而且还取得了出乎意料的结果，但原一平的心里并不轻松，好多天都被自责和羞愧缠绕着，这是根本不该发生的事！那一刻，原一平的自制力、人格修养、事业心都到哪去了！跪下道歉是万不得已的举动，他已感到无路可走。可无论怎么说，那对人的自尊仍然是一种伤害。从此以后，原一平时刻注意保持自己的风度和礼仪，再也不敢有一丝懈怠。

项目2

目标顾客寻找

项目实施背景

寻找目标顾客是推销工作成败的关键环节，找不到目标顾客和找不准目标顾客均不能达成交易。因而，要学会使用正确的方法找到准顾客，并对目标顾客进行审查，提高推销效率。目标顾客寻找过程分为 3 个子项目，顾客需求调研、顾客资料整理和顾客资格审查。项目分解设计如下：

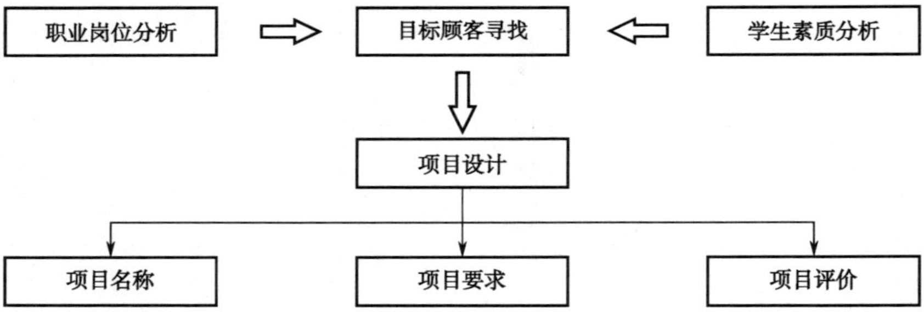

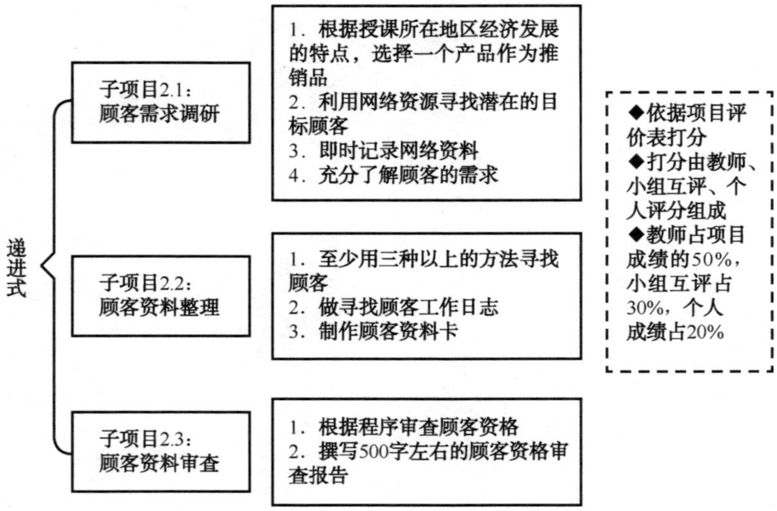

子项目 2.1 顾客需求调研

项目解析

【项目目的】

能够根据企业环境，分析顾客的需求状况，有针对性地进行推销。

【项目要求】

1. 根据授课所在地区经济发展的特点，选择一个产品作为推销品。
2. 利用网络资源寻找潜在的目标顾客。
3. 即时记录网络资料。
4. 充分了解顾客需求。

项目实施安排

组别： 组长： 日期：

	岗　　位	姓　　名	具 体 要 求
项目实施人员分工			
	项 目 阶 段	**时间/天**	**具 体 要 求**
项目实施时间安排			

项目教学方案设计

<table>
<tr><td>项目名称</td><td>子项目2.1
推销岗位准备</td><td>教学方法</td><td>资料查阅法</td><td colspan="2">建议课时</td><td>4</td></tr>
<tr><td rowspan="2">项目目标</td><td>能力目标</td><td colspan="5">1．能运用寻找顾客的基本原则确定推销对象的范围
2．能够根据企业环境，分析顾客的需求状况，有针对性地进行推销</td></tr>
<tr><td>知识目标</td><td colspan="5">1．熟悉寻找顾客的基本原则
2．掌握准顾客的基本条件
3．了解准顾客的基本类型、了解推销工作的性质及重要性</td></tr>
<tr><td rowspan="2">项目准备</td><td>教师</td><td colspan="5">1．课件及项目评分考核表
2．拟定学生可以选择推销品的范围</td></tr>
<tr><td>学生</td><td colspan="5">1．根据地区经济发展特点，选择特定的推销品
2．准备纸笔</td></tr>
<tr><td>项目评价</td><td colspan="6">教师、学生共同依据评分表考核项目实施质量</td></tr>
<tr><td rowspan="5">项目过程</td><td>教学环节</td><td>教师活动</td><td colspan="2">学生活动</td><td>教学目标</td><td>课时</td></tr>
<tr><td>一、项目介绍</td><td>1．教师进行项目解析，提出项目要求
2．布置项目实施安排</td><td colspan="2">学生做项目分解笔记</td><td>学生能清晰地了解项目实施的目的与程序</td><td rowspan="2">0.5</td></tr>
<tr><td>二、理论知识</td><td>1．讲授理论知识
2．解释学生知识疑问</td><td colspan="2">1．接受项目理论知识
2．提出疑问</td><td>掌握项目实施的相关知识</td></tr>
<tr><td>三、上网收集顾客资料</td><td>教师在实验室检查学生上网寻找顾客的情况</td><td colspan="2">1．上网寻找顾客资料
2．调查推销品信息
3．做好网上记录</td><td>会根据产品特点选择顾客</td><td>1</td></tr>
<tr><td>四、总结顾客需求特征</td><td>1．检查学生的上网记录
2．对项目进行点评</td><td colspan="2">1．总结顾客需求情况
2．课堂交流</td><td>学生能分析顾客需求特点，为推销接近做准备</td><td>0.5</td></tr>
<tr><td rowspan="2">项目实施报告</td><td>教师</td><td colspan="5">检查学生项目实施报告，给出评价</td></tr>
<tr><td>学生</td><td colspan="5">填写项目实施报告</td></tr>
</table>

项目知识

2.1.1 顾客选择概述

进行顾客的寻找工作是推销实践的开始，在推销活动中占有重要的位置。刚从事推销工作的销售人员，80%的失败来自于对“消费群体”的定位和对潜在客户的搜索不到位。对客户的定位不准确，目标消费群体不明确，成功机会就很小。也就是常说的“选择不对，努力白费”。推销员要找的不仅仅是客户名单、联系方式、家庭地址等简单的客户信息，更多的是搜索到合格的潜在客户。

寻找潜在顾客使推销活动有了开始工作的对象，掌握与潜在顾客进行联系的方法与渠道，就使以后的推销活动有了限定的范围与明确的目标，避免推销工作的盲目性。寻找顾客的工作是推销事业不断取得成绩的源远流长的源泉，是推销人员保持不间断的产品销售与不断扩大市场的保证。日本“推销冠军”——汽车推销大王奥诚良治曾反复强调：客户就是我最宝贵的财富。可见寻找顾客的重要性。但是，如何在成千上万的企业和人海茫茫的消费者中找到准顾客，又是推销活动的难点。因此，每个推销人员都应学习掌握一些寻找顾客的技巧与方法，苦练基本功，才能突破这个难点，获得丰富的顾客资源。

案例2.1　成功的秘密

乔治·吉拉德是吉尼斯世界纪录里最顶尖的业务人员，他连续11年在吉尼斯世界纪录里被排名为世界上最伟大的推销员，其辉煌的业绩至今仍是许多推销员所望尘莫及的。

当记者访问乔治·吉拉德为什么能出色的连续11年获得世界上最伟大推销员的头衔时，乔治·吉拉德笑着说，其实业务工作非常简单，只要每天比别人多努力一点点儿就可以了。记者追问，那怎样才能比别人多努力一点点儿呢？乔治·吉拉德说，方法很简单，每天比别人早一个小时出来做事情，永远比公司里的同事每天多打通一个电话，每天多拜访一位顾客。乔治·吉拉德总结道，成功非常简单，没有窍门，每天早一个小时出门，每天多打通一个电话，每天多拜访一位顾客就可以获得成功。

乔治·吉拉德认为销售非常简单而又容易，只要销售人员肯比别人更努力，就一定会取得好的业绩，获得丰富的收入。

天道酬勤，多一分耕耘也势必多一分收获。以乔治·吉拉德为榜样，只要销售人员肯付出，努力的工作一定会带来相应的报酬，业绩也会越来越优秀、越来越卓越。

案例分析：一个成功的推销员只有努力地去寻找自己的顾客，才有可能取得推销的成功。

顾客，即推销对象，是推销三要素的重要要素之一。在竞争激烈的现代市场环境中，谁拥有的顾客越多，谁的推销规模和业绩就越大。但顾客又不是轻易能获得和保持的。要保持和发展自己的推销业务，就要不断地进行顾客开发与管理。推销人员的主要任务之一就是采用各种有效的方法与途径来寻找与识别目标顾客，并实施成功的推销。可以说，有效地寻找与识别顾客是成功推销的基本前提。从上述案例中可以看出：重视并科学地寻找、识别顾客对推销工作的成功至关重要。

在现代市场营销理念指导下，顾客始终是任何营销和推销活动的中心。对于企业来说，顾客就是衣食父母，没有顾客的购买就没有企业的利润，企业就无法生存；对于推销人员来说，其工资是由顾客发的。没有顾客的认可，推销员的工作就无法顺利开展，也就无法取得事业的成功。

1. 准顾客

寻找顾客是指寻找潜在可能的准顾客。准顾客是指既有购买所推销的商品或服务的欲望，又有支付能力的个人或组织。

有可能成为准顾客的个人或组织则称为“线索”或“引子”。在推销活动中，推销人员面临的主要问题之一就是把产品卖给谁，即谁是自己的推销目标。推销人员在取得引子之后，要对其进行鉴定，看其是否具备准顾客的资格和条件。如果具备，就可以列入正式的准顾客名单中，并建立相应的档案，作为推销对象。如果不具备资格，就不能算一个合格的准顾客，也不能将其列为推销对象。一个尚未找到目标顾客的企业或推销员，就开始进行狂轰滥炸式的推销，其结果只能是大炮打蚊子似的悲哀。所以，寻找顾客是推销工作的重要步骤，也是推销成败的关键性工作。

现代推销学认为，“引子”要成为准顾客，应具备下列三个条件：

- 有购买某种产品或服务的需要；
- 有购买能力；
- 有购买决定权。

案例2.2　两个推销员

这是营销界尽人皆知的一个寓言故事：两家鞋业制造公司分别派出一个业务员去开拓市场，一个叫杰克逊，一个叫板井。在同一天，他们两个人来到了太平洋的一个岛国，到达当日，他们就发现当地人全都赤足，不穿鞋！从国王到贫民，从僧侣到贵妇，竟然无人穿鞋子，当晚，杰克逊向国内总部的老板拍了电报，“上帝啊，这里的人从不穿鞋子，有谁还会买鞋子呢？我明天就回去。”板井也向国内公司的总部拍了电报，“太好了，这里的人都不穿鞋子。我决定把家搬来，在此长期驻扎下去！”

两年后，这里人都穿上了鞋子。

案例分析：许多人常常抱怨难以开拓新市场，事实是新市场就在你的面前，只不过你没有发现这个市场而已。推销员要发现顾客的需求，培育顾客的需求，引导顾客的需求，还要能够创造顾客的需求，顾客的需求是一切推销活动的原动力。

推销人员按照以上条件可对“引子”进行资格鉴定，把不符合上述三个条件的“引子”予以剔除，筛选出真正的准顾客，既可避免不必要的时间与精力的浪费，又可以集中精力重点拜访真正的、有潜力的准顾客，以减少推销活动的盲目性，降低推销费用，提高交易的成功率，从而大大地提高推销工作的效率和效益。

推销人员拥有顾客的多少，直接关系到其推销业绩的大小。在当今的市场环境中，想要获得并保持稳定的顾客群并非易事。这是因为：第一，在同类产品的目标市场区域中，同行业的竞争者采取各种营销策略，千方百计地争夺顾客，顾客的"忠诚度"日益降低；第二，随着顾客消费知识的日渐丰富与市场法律环境的完善，顾客越来越懂得怎样更好地满足自己的各种需求和维护自己的合法权益，变得越来越精明，越来越理性；第三，因推销品生命周期的改变，顾客收入、地位的变化，企业的关、停、并、转等，多年老顾客的流失是经常的、不可避免的。由此可见，推销人员既要稳定老顾客，更要不断地开发新顾客，以壮大自己的顾客队伍。

寻找潜在顾客，推销员首先必须根据自己所推销的产品特征，提出一些可能成为潜在顾客的基本条件，再根据潜在顾客的基本条件，通过各种可能的线索和渠道，拟出一份准顾客的名单，采取科学适当的方法进行顾客资格审查，确定入选的合格准顾客，并做出顾客分类，建立顾客档案，妥善保管。

知识园　**不愿访问顾客的代价**

《行为科学研究》的一个研究表明，销售人员中不愿访问顾客的现象总是非常普遍的，其代价也是很高的。下面是达拉斯研究和销售培训公司的一些研究成果。

- 第一年从事销售工作的人员中，80%失败的人是因为寻找潜在顾客的活动不到位。
- 40%的老推销员都有一段或数段受不愿访问情绪困扰的经历，严重到威胁他们能否在推销中继续干下去的程度。这种困扰可能随时发生。
- 不愿访问的推销员每月要丢给竞争者 15 个以上的新客户。
- 在有些情况下，不愿访问顾客的推销员每月在总销售额中丧失 10 800 美元。
- 在另一些情况下，不愿访问顾客使推销员每年损失 10 000 美元的佣金。

2．准顾客类型

在推销活动中，一般可将准顾客分为以下三种类型。

（1）新开发的准顾客。推销人员必须经常不断地寻找新的准顾客。一般来讲，开发的准顾客数量越多，完成推销任务的概率就越大。根据公式（掌握的准顾客数量/推销区域内的顾客总数量×100%），可以知道自己所掌握的潜在顾客数量在推销区域内所占的比例。推销人员手上的准顾客不论是属于哪种类型的企业、组织和个人，都有可能成为自己的新客户，所以平时要在这些新开发的准客户身上多下工夫。

（2）现有客户。无论哪一种类型的企业，一般均有数百家甚至上千家现有小客户，推销人员应该时常关注这些客户并请他们再度惠顾。利用这些既有的老客户，可实现企业一半以上产品的销售目标。在这些老客户中，有一些客户由于业务量小而被企业忽视了，推销人员应该多拜访这些顾客，调查过去发生的业务量、顾客对产品使用情况以及对售后服务的满意状况、新的成交机会等。一旦发现问题，就要设法解决，尽量捕捉产品销售的机会。一般来说，现有客户是新产品最好的潜在客户。

（3）中止往来的老客户。以往的客户由于种种原因没有继续购买本企业产品，但仍是推销人员重要的潜在顾客。事实上，许多老顾客都在期待推销人员的再度拜访，推销人员必须鼓起勇气再次拜访他们，并从中探究他们不再购买本企业产品的真正原因，制定满足他们需求的对策。

3. 寻找顾客的基本准则

客户无处不在，潜在客户来自人群，始终维持一定量的、有价值的潜在客户，方能保证长时间获得确实的收益。寻找顾客看似简单，其实并非易事。在整个推销过程中，寻找顾客是最具有挑战性、开拓性和艰巨性的工作。推销人员需遵循一定的规律，把握科学的准则，使寻找顾客的工作科学化、高效化。

（1）准确定位推销对象的范围。在寻找顾客之前，首先要确定准顾客的范围，使寻找顾客的范围相对集中，提高寻找效率，避免盲目性。准顾客的范围包括以下两个方面：

一是地理范围，即确定推销品的推销区域。推销人员在推销的过程中，需要将该区域的政治、经济、法律、科学技术及社会文化环境等宏观因素与推销品结合起来，考虑该区域的宏观环境是否适合该产品的销售，以便有针对性、有效地开展推销工作。在人均收入低的地区就不适宜推销像豪华家具、高档家电之类的产品。

二是交易对象的范围，即确定准顾客群体的范围。这要根据推销品的特点（性能、用途、价格等）来确定。不同的产品，由于在特征方面的差异，其推销对象的群体范围也就不同。例如，如果推销品是老年保健食品、滋补品、老年医疗卫生用品（如药物、眼镜、助听器等）、老年健身运动器材、老年服装、老年娱乐用品和老年社区（敬老院、养老院）服务等，则推销的对象应是老年人这一顾客群体；而药品、医疗器械等产品，其准顾客的群体范围应为各类医疗机构以及经营该产品的经销商。

例如，2006年台湾地区开放大陆赴台游三试点城市，北京、上海及广东作为首批开放的试点地区，一至两年后再考虑更大范围的开放。中国台湾当局仅对上述三地开放，除了政治因素以外，也是考虑了这三个地区的民众对台湾游的需求旺盛，经济发达等原因。

（2）树立随时随地寻找顾客的强烈意识。作为推销人员，要想在激烈的市场竞争中不断发展壮大自己的顾客队伍，提升推销业绩，就要在平时（特别是在“业余时间”）养成一种随时随地搜寻准顾客的习惯，牢固树立随时随地寻找顾客的强烈意识。推销人员要相信顾客无处不在，无时不有，顾客就在你身边，不放过任何一丝捕捉顾客的机会，也决不错过任何一个能扩大销售，为顾客提供更多服务的机会。这样，你就会寻找到更多的准顾客，推销业绩也会随之攀升。机会总是为那些有准备的人提供的。

我们常说：“机会总是为有准备的人提供的”，看到苹果落地的人不计其数，但是只有牛顿从中悟到了真理，最终发现了万有引力定律；炉子上的水壶盖子被蒸汽顶起，大家都熟视无睹，而瓦特却从中找到了运用蒸汽力量的方法，最终发明了蒸汽机。推销员每天都面对许多人，好的推销员可以从中找到大量的、合格的顾客，而有的推销员却为没有顾客而烦恼，优秀的推销员一定要时刻保持一种像饥饿的人寻找面包一样的意识寻找顾客，才可能取得成功。

知识园 机　　会

当问及日本三菱财阀的创始人岩崎弥太郎事业成功的秘诀时，他是这样回答的："临渊羡鱼，鱼儿永远也不会跑到你的手中。尽管有时鱼儿成群游来，但若没有准备，赤手空拳是捕不到鱼的。鱼儿不是能够应招即来的，什么时候出现是由鱼的本身习性所决定的。因此，要想捕鱼，平时就必须准备好渔网。可以说，这与人们在一生中捕捉良机完全是一码事。"

案例2.3 抓住机会　寻找顾客

弗兰克·贝特格，20 世纪最伟大的推销大师、美国人寿保险创始人、著名演讲家。他赤手空拳、毫无经验地踏入保险业，凭着一股激情，凭着一种执著，开创出人寿保险业的一片新天地，成为万人瞩目的骄子。他每年承接的保单都在 100 万美元以上，曾经创下了 15 分钟签下了 25 万美元的最短签单纪录，在 20 世纪保险行业初创期创造出了令人瞠目的奇迹。他 60 岁高龄还在美国各地进行演讲，因鼓舞人心和大受启迪而深受欢迎，连戴尔·卡耐基先生都为之惊叹，多次在其著作和演讲中作为经典案例加以介绍，并鼓励他著书立说，流传后世。

案例分析：弗兰克·贝特格成功的秘密，除对保险推销事业的激情和执著外，另一个主要原因是他善于把握每一个机会，具有随时随地寻找顾客的强烈意识。

作为推销员要向出租车司机学习，出租车司机大多是开车到处跑寻找顾客。推销员要时刻留意接触的人，从中发现和找到目标顾客。在目前买方市场的情况下，顾客一般不会主动找上门来的。

（3）多途径寻找顾客。对于大多数商品而言，寻找推销对象的途径或渠道不止一条，究竟选择何种途径、采用哪些方法更为合适，还应将推销品的特点、推销对象的范围及产品的推销区域结合起来综合考虑。例如，对于使用面极为广泛的生活消费品来说，运用广告这一方法来寻找顾客就比较适宜；而对于使用面较窄的生产资料而言，则宜采用市场咨询法或资料查阅法。因此，在实际推销工作中，采用多种方法并用的方式来寻找顾客，往往比仅用一种方法或途径的收效要好。这就要求推销人员在寻找顾客的过程中，应根据实际情况，善于发现，善于创新并善于运用各种途径与方法，以提高寻找顾客的效率。

案例2.4 小火柴大功效

被誉为丰田汽车"推销大王"的椎名保久，从生意场上人们常用火柴为对方点烟得到启发，在自制的火柴盒上印上自己的名字、公司名称、电话号码和交通线路图等，并投入使用。椎名保久认为，一盒 20 根装的火柴，每吸一次烟，名字、电话和交通图就出现一次，而且一般情况下，吸烟者在吸烟间隙习惯摆弄火柴盒，这种"无意识的注意"往往成为推销人员寻找顾客的机会。椎名保久正是巧妙地利用了这小小的火柴，寻找到了众多的顾客，推销出了大量的丰田汽车。其中许多购买丰田汽车的用户，正是通过火柴盒这一线索实现购买行为的。

案例分析：推销员不仅要把握好现有的销售渠道，也要发挥创新能力多途径寻找顾客，增加客源，提高销售业绩。

（4）重视老顾客。对于商家而言，想方设法开发新客户固然重要，但更应采取积极有效的措施留住老客户，只有在留住老客户的基础上，再发展新客户才是企业发展壮大之道。国外客户服务方面的研究表明：开发一个新客户的费用（主要是广告费用和产品推销费）是留住一个现有老客户费用（主要是支付退款、提供样品、更换商品等）的6倍。

美国可口可乐公司称，一听可口可乐卖0.25美元，而锁定1个顾客买1年（假定该顾客平均每天消费3听可口可乐），则一个顾客1年的销售额约为300美元。

有的推销员也许会说："我今天不必再浪费时间去看李先生了——他在以后5年中不会再买我们的产品。"但是如果你真正想为客户服务，那么你仍须前往访问，以便随时处理售后服务等问题。虽然这种工作是相当繁重的，但要记住，你的竞争者是不会怕繁重的，他们仍会不断地前往访问。全世界的推销经验都证明，新生意的来源几乎全来自老顾客。几乎每一种类型的生意都是如此。假如顾客买了一部新车，他会觉得自己是"次"代理商。由于对新车的热情，他会跟邻居、朋友及相关的人不断提及买车的事，结果成了车商的最佳发言人，他们就是推销人员的最佳公关！再度拜访是很重要的工作，即使不做售后服务，打一个友谊性的问候电话也可以，养成再度回去探望顾客的习惯，就会拥有无尽的"人脉链!"

资料库

利用"有望客户"（PROSPECT）、"寻找有望客户"（PROSPECTING）的英文字母，来说明如何开发潜在的客户：

P：PROVIDE，"提供"自己一份客户名单；

R：RECORD，"记录"每日新增的客户；

O：ORGANIZE，"组织"客户资料；

S：SELECT，"选择"真正准客户；

P：PLAN，"计划"客户来源及访问对策；

E：EXERCISE，"运用"想象力；

C：COLLECT，"收集"转手资料；

T：TRAIN，"训练"自己挑客户的能力；

P：PERSONAL，"个人"观察所得；

R：RECORD，"记录"资料；

O：OCCUPATION，"职业"上来往的资料；

S：SPOUSE，"配偶"方面的协助；

P：PUBLIC，"公开"展示或说明；

E：ENCHAIN，"连锁"式发展关系；

C：COLD，"冷淡"的拜访；

T：THROUGH，"透过"别人协助；

I: INFLUENCE，“影响”人士的介绍；

N: NAME，“名录”上查得的资料；

G: GROUP，“团体”的销售。

2.1.2 顾客的基本条件

决定推销活动能否成功的因素很多，但最根本的一点，是要看推销的产品能否与顾客建立起现实的关系。这种现实的关系表现在三个基本方面，即顾客是否有购买力（Money），是否有购买决策权（Authority），是否有需求（Need），这也是衡量潜在客户的“MAN 法则”。只有三要素均具备者才是合格的顾客。顾客资格鉴定是顾客研究的关键，鉴定的目的在于发现真正的推销对象，避免徒劳无功的推销活动，确保推销工作做到实处。通过顾客资格鉴定，把不具备条件的对象予以除名，既避免了推销时间的浪费，又可以提高顾客的订（购）货率和订（购）货量，从而提高整个推销工作效率。

1．购买力

顾客的购买力是指顾客是否有钱，是否具有购买此推销品的经济能力（现在或将来），亦即审核顾客有没有支付能力或筹措资金的能力。

支付能力是判断一个潜在顾客是否能成为目标顾客的重要条件。单纯从对商品的需求角度来看，人们几乎无所不需。但是，任何潜在的需求，只有具备了支付能力之后，才能成为现实的需求。因此，支付能力是大众能否成为顾客的重要条件。

顾客支付能力可分为现有支付能力和潜在支付能力两类。具有购买需求及现有支付能力的人，才是企业的顾客，是最理想的推销对象。其次是具有潜在支付能力的顾客，一味强调现有支付能力，顾客群就会变小，不利于推销局面的开拓，掌握顾客的潜在支付能力，可以为推销提供更为广阔的市场。当准顾客值得信任并具有潜在支付能力时，推销人员应主动协助准顾客解决支付能力问题，建议顾客利用银行贷款或其他信用方式购买推销产品，或对其实行赊销（偿还货款的时间不宜过长），使其成为企业的顾客。

总而言之，没有支付能力的潜在顾客，不可能转化为目标顾客。对推销人员来说，这是一个需要慎重对待的问题。例如，在我国的消费市场上，轿车推销人员不会把低收入家庭作为推销的对象。

2．购买决策权

潜在的顾客能否成为顾客，还要看其是否具有购买决策权。潜在的顾客或许对推销的产品具有某种需求，也有支付能力，但他若没有购买决策权，就不是真正的顾客。了解谁有购买决策权无疑能节省推销人员确定目标顾客的时间。推销要注重推销效率，向一个家庭或一个团体进行推销，实际上应是向该家庭或团体的购买决策人进行推销。因此，购买决策权是衡量潜在顾客能否成为顾客的一项重要内容。若事先不对潜在顾客的购买决策状况进行了解，不分青红皂白，见到谁就向谁推销，很可能事倍功半，甚至一事无成。

例如，人们感冒的时候，很多人去药店自己购买感冒药，但是人们只能购买 OTC（非处方药），而对于处方药，则必须凭医生的处方才有购买资格。

案例2.5

北京市一位正在读初三的15岁女生用积攒下来的压岁钱给自己购买了一部手机。家长知道后，认为孩子还未成年，购买手机的行为没有经过家长同意，因此这位女生的母亲将销售商北京某通信设备销售有限公司告上法庭，要求双倍返还货款2400元，并赔偿经济损失。最后法院依法一审判决确认未成年人购买手机买卖合同无效，被告返还原告货款1200元。

案例分析：推销人员必须了解顾客的权限，向具有决策权或对购买决策具有一定影响力的当事人进行推销。推销给正确的人才能够推销成功。

在消费者市场中，消费一般以家庭为单位，而决策者常常是其中的一两位成员。而不同的家庭、不同的文化背景、不同的社会环境，使各个家庭的购买决策状况不尽相同。除一些大件商品或高档商品购买决策权比较集中外，一般商品购买决策权呈逐渐分散趋势。尽管如此，正确分析准顾客家庭里的各种微妙关系，认真进行购买决策权分析，仍是非常必要的。

美国社会学家按家庭权威中心的不同，把家庭分为四类：丈夫决定型、妻子决定型、共同决定型、各自做主型。根据消费品在家庭中的购买决策重心不同，可将其分为三类：丈夫对购买决策有较大影响力的商品，如汽车、摩托车、烟酒等；妻子对购买决策有较大影响力的商品，如服饰、饰品、家具、化妆品、洗衣机、吸尘器、餐具等；夫妻共同决策的商品，如住房、旅游等。

对生产者市场或政府市场来说，购买决策权尤为重要。若不然，潜在顾客范围太大，势必造成推销的盲目性。一般而言，企业都有严格的购买决策分级审批制度，不同级别的管理者往往有不同的购买决策权限。例如，部门经理、副总经理和总经理就有着不同的购买权限。推销人员必须了解团体顾客内部组织结构、人际关系、决策系统和决策方式，掌握其内部主管人员之间的相对权限，向具有决策权或对购买决策具有一定影响力的当事人进行推销。唯有如此，才能形成有效的推销。

3. 购买需求

推销成功与否还要看大众到底对推销产品是否有购买需求。如果人们对推销产品没有需求，即便是有钱有权，也不会购买，也就不是顾客。推销是建立在满足顾客某种需求的基础上的，所以推销人员必须首先了解所推销的产品是否能真正满足潜在顾客的需求。推销人员应该记住这样一句古老的经商格言：不要货回头，但要客回头。是否存在需求，是推销能否成功的关键，是潜在顾客能否成为顾客的重要条件。显然，如果推销对象根本就不需要推销人员所推销的产品或服务，那么对其推销只会是徒劳无功。不可否认，实际生活中存在通过不正当方式推销，把产品卖给了无实际需要的顾客。这种做法不是真正意义上的推销，任何带有欺骗性的硬性或软性推销方式，强加于人的推销，不符合推销人员的职业道德规范，违背推销的基本原则。它只会损害推销人员的推销人格，败坏推销人员的推销信誉，最终堵死推销之路。

顾客的购买需求，既多种多样又千变万化。同时，需求又是一个极富弹性的东西。因此，要想准确把握潜在顾客的购买需求，并非轻而易举之事，需要推销人员凭借丰富的推销经验和运用有关的知识，进行大量的调查研究。如果推销人员确认某潜在顾客不具有购买需求，或者所推销的产品或服务无益于某潜在顾客，不能适应其实际需要，不能帮助其解决任何实际问题，他就不是推销目标，就不应该向其进行推销。一旦确信潜在顾客存在需要且存在购买的可能性，而自己所推销的产品或服务有益于顾客，有助于解决他的某种实际问题，他就具备顾客资格，就应该信心百倍地去推销，而不应该有丝毫犹豫和等待，以免坐失良机。

需要说明的是，需求是可以培育和创造的。推销工作的实质，就是要探求和创造需求。随着科学技术的发展和新产品的大量问世，使得潜在顾客中存在大量尚未被认识的需求。此外，潜在顾客中往往也存在出于某种原因暂时不准备购买的情况。对属于这样两类情况的潜在顾客，推销人员不应将其作为不合格顾客而草率除名。正是由于存在尚未被顾客所认识的需求，才为推销人员去大胆探求和创造顾客需求提供了用武之地；也正是由于潜在顾客中存在某种困难，才有赖于推销人员去帮助顾客改善生产和生活条件并解决其潜在的问题。推销人员应勇于开拓、善于开拓，透过现象看实质，去发掘顾客的潜在需求。

当某一潜在顾客存在购买需求时，推销人员还必须进一步了解其购买时间和购买需求量，以便从推销时间和费用等多方面进行权衡，合理安排推销计划。

案例2.6 “宝洁”也有教训

世界各地基本消费需求——例如诱人的肤色、干爽的婴儿，或者牙齿防蛀等，很少会有不同。但是消费者认知的独特性与当地市场的特殊性，将会左右不同的营销策略。宝洁在美国以外的市场推销其产品失败的一些教训便是很好的说明。

第二次世界大战之后，宝洁不顾当地消费者的习惯与口味，采取直接引进产品的做法，迅速地向国际市场扩张。例如，宝洁在英国引进一种香料油味道的牙膏，但并不受欢迎。因为英国人很讨厌香料油的味道。香料油在当地被用做药膏，而不被用于食物或牙膏。宝洁在英国推出“杜恩”洗发精后的冬天，使用者开始接连不断地抱怨在洗发精瓶中发现有结晶的情形。宝洁忽略了英国家庭的浴室温度通常低于结晶温度。

数年后，宝洁进入日本市场将过去的教训抛在脑后。“起儿”洗衣剂是宝洁打入日本市场的第一个产品。这个产品直接从美国进口。它拥有一项产品优势，即可依据各式洗涤温度，即热洗、温洗或冷洗等来清洗衣物。但是日本妇女一向用自来水洗涤衣服，三种温度的洗衣方法对于她们毫无意义。因此，产品销售量不佳。

案例分析：企业和推销人员要充分考虑顾客的不同需求，有针对性地满足顾客的需求，才能使推销品有用武之地。

潜在顾客只有满足上述三个条件才能成为合格顾客。选择顾客虽然始于推销工作正式开始之前，但必须在寻找顾客、获得准顾客名单之后才能进行。同时，顾客选择不仅要事先研究，而且是贯穿于整个推销过程中的一项重要工作，这是此项研究的特殊之处。推销人员应根据自己的实际情况，制定一些具体的鉴定标准，随时根据所定标准对推销对象进行全面的鉴别，一旦发现问题，立即采取措施或停止推销。对于合格的顾客，推销人员应尽一切努力，消除推销障碍，帮助顾客解决实际问题，促成交易。

项目实施指导

1. 根据本地的经济发展特点，选择一个产品作为推销品。
2. 选择有网络资源条件的场所，要求学生对推销品资料进行收集。
（1）推销品的基本情况，如产地、品牌、主要功能、主要特点或优点。
（2）推销品的主要顾客群体情况。
（3）推销品的主要销售渠道和价格。
（4）推销品在本地区的市场占有情况和主要竞争对手。
（5）了解一些竞争对手的情况。
（6）其他资料。
3. 整理记录的网络资料，总结客户需求总体情况。
4. 同学之间互相交流，取长补短。

项目评价表

评价项目	评价要求	分值	得分
推销品	选择恰当，所在地域有一定的代表性，熟悉推销品情况	20	
准顾客选择	准顾客选择准确，具备准顾客的三个条件	30	
竞争对手	竞争对手分析准确，能全面了解产品的优势和劣势	10	
需求情况	掌握准顾客的需求特点、采购周期或采购数量	40	
合计		100	

项目工作小结

序号	小结重点	主要内容	教师批注
1	工作业绩	1. 2. 3. 4.	
2	问题质疑	1. 2. 3. 4.	
3	项目报告	1. 2. 3. 4.	

子项目2.2 顾客资料整理

项目解析

【项目目的】

能够根据不同产品选择恰当的寻找方法，并能对顾客信息进行筛选和分析。

【项目要求】

1. 至少用三种以上的方法寻找顾客。
2. 做寻找顾客工作日志。
3. 制作顾客资料卡。

项目实施安排

组别：　　　　　　　　　　　　　　组长：　　　　　　　　　　　　　　日期：

项目实施人员分工	岗　位	姓　名	具体要求
项目实施时间安排	项目阶段	时间/天	具体要求

项目教学方案设计

<table>
<tr><td>项 目 名 称</td><td>子项目 2.2:
顾客资料整理</td><td>教 学 方 法</td><td>讨论法与实地调研法</td><td>建 议 课 时</td><td>4</td></tr>
<tr><td rowspan="2">项目目标</td><td>能力目标</td><td colspan="4">1．能运用不同的方法寻找顾客
2．能够根据不同行业、不同产品选择寻找顾客的方法
3．能对顾客信息进行筛选和分析</td></tr>
<tr><td>知识目标</td><td colspan="4">1．掌握各种寻找顾客的方法
2．理解各种寻找顾客方法的含义、优缺点和应注意的问题</td></tr>
<tr><td rowspan="2">项目准备</td><td>教师</td><td colspan="4">1．课件及项目评分考核表
2．拟定学生可以选择推销品的范围</td></tr>
<tr><td>学生</td><td colspan="4">1．根据地区经济发展特点，选择特定的推销品
2．准备纸笔</td></tr>
<tr><td>项目评价</td><td colspan="5">教师、学生共同依据评分表考核项目实施质量</td></tr>
<tr><td rowspan="5">项目过程</td><td>教学环节</td><td>教师活动</td><td>学生活动</td><td>教学目标</td><td>课时</td></tr>
<tr><td>一、项目介绍</td><td>1. 教师进行项目解析，提出项目要求
2. 布置项目实施安排</td><td>学生做项目分解笔记</td><td>学生能清晰地了解项目实施的目的与程序</td><td rowspan="2">1</td></tr>
<tr><td>二、理论知识</td><td>1. 讲授理论知识
2. 解释学生知识疑问</td><td>1. 接受项目理论知识
2. 提出疑问</td><td>掌握项目实施的相关知识</td></tr>
<tr><td>三、项目实施</td><td>教师检查和监督各组的项目实施情况</td><td>1. 确定寻找顾客方法
2. 做寻访日志
3. 制作顾客资料卡</td><td>会根据产品特点选择寻找顾客的方法</td><td>2</td></tr>
<tr><td>四、项目评价</td><td>1. 点评各组寻找顾客的方法
2. 点评各组顾客资料信息</td><td>1. 总结本小组收集的顾客资料
2. 课堂交流</td><td>学生能分析与整理顾客资料</td><td>1</td></tr>
<tr><td rowspan="2">项目实施报告</td><td>教师</td><td colspan="4">检查学生项目实施报告，给出评价</td></tr>
<tr><td>学生</td><td colspan="4">填写项目实施报告</td></tr>
</table>

项目知识

案例2.7 最短与最快

一位乘客上了出租车，并说出自己的目的地。司机问：“先生，是走最短的路，还是走最快的路？”

乘客不解：“最短的路，难道不是最快的路？”

司机回答：“当然不是，现在是车流高峰，最短的路交通拥挤，弄不好还要堵车，所以用的时间肯定要长。你要有急事，不妨多走点路，反而会早到。”

其实，现在企业中的员工在推销过程中往往扮演了乘客的角色，例如，在制订推销计划时，他们往往忽视了寻找推销对象时有可能正处于“车流高峰”或“堵车”状态，而在寻找顾客时，甚至总是异想天开地想走“最短的路线”。

案例分析：推销员在寻找顾客时，应运用一定的方法，知道什么时候走“最短的路”，什么时候不该走“最短的路”，以提高寻找顾客的效率。

不同行业的推销人员寻找潜在顾客的方法有所不同。例如，寻找房地产、汽车、机械设备等产品的顾客，显然要比寻找冰淇淋、服装、食品的顾客困难得多。在表2.1中，我们列举了计算机行业推销人员获得潜在顾客的基本渠道，从表中发现，寻找潜在顾客的方法非常多。实际上，没有任何一种方法能够普遍适用，只有通过不断总结，推销人员才能摸索出一套适合自己的方法。

表2.1 计算机推销人员寻找顾客的方法

寻找顾客的方法	经常或偶尔使用此法的推销员（%）	认为此法十分有效的推销员（%）
从企业内部销售其他产品的推销员处获得信息	93	48
老顾客的介绍	91	50
从企业内部销售同类产品的推销员处获得信息	88	24
与潜在顾客生产部门的人员联系	85	21
从亲朋好友等个人渠道获得信息	63	25
看到广告后顾客主动求购	59	4
通过展销会发现潜在顾客	57	8
在各种社交场合认识潜在顾客	49	2
与潜在顾客采购部门的人员联系	48	3
查阅公司内部的潜在顾客档案	48	12
查阅企业名录	45	8
阅读报刊	31	1
代理商提供的线索	27	0
顾客所在行业协会或商会提供的线索	21	3
非竞争性企业推销员提供的线索	9	1

资料来源：《Selling Principles and Methods》，1988年版（美）

2.2.1 “卷地毯”寻找法

“卷地毯”寻找法也称“地毯式”访问法、普访法、贸然访问法或逐户寻找法，在企业实践中，也有人称之为“扫街”。其方法的要点是推销人员在特定的市场区域范围内，针对特定的群体，用上门、邮件或者电话、电子邮件等方式对该范围内的组织、家庭或者个人无遗漏地进行寻找与确认的方法。比如，将某市某个居民新村的所有家庭作为普遍寻找对象、将上海地区所有的宾馆、饭店作为“地毯式”寻找对象等。

这一方法的理论依据是“销售平均法则”，即认为在被访问的所有对象中，必定有推销人员所要寻找的潜在顾客，给它的定义是“拜访的客户越多，成交的比率越大”。根据一位销售人员电话拜访的实际记录，电话拜访100位顾客时，他获取顾客约为36人，即成功率为36%；电话拜访200位顾客时，他获取顾客约为89人，即成功率为44.5%；电话拜访500位顾客时，他获取顾客约为285人，即成功率为57%。你会发现，同样一个人，销售成功率却能提升。反过来，“拜访的客户越少，成交的比率越小”，同样是你，销售成交的比率却在降低。

平均法则还说明一个道理，那就是销售中的非平均概率。例如：你拜访100位顾客时，成交10位顾客，成交率为10%，表示10个顾客中有1位成交顾客。但你只访问10位顾客，就一定有1位成交吗？答案是不可能的！

知识园　　平均法则

平均法则掌控着我们生活中每件事情的成功，平均率的意思是：在相同的条件下，用同样的方法反复做同一件事情，所产生的是一组同样的结果。

比如保险营销的平均率是20∶1，就是说如果你向20个人讲保险，就会有一个人投保，那么，如果你向40个人讲，就会签到2份保单。

如果你上门推销商品（每件可赚10元钱），你的平均率为10∶7∶4∶2，就是说你每敲响10户门，7户会有人打开，4户会听你讲解，2户会购买你的商品，于是你就赚了20元钱。如果你敲响更多的门，就会赚到更多的钱，这就是平均率的效用。所以你不用担心有几户不开门，几户不听你的讲解，几户不买商品。你只要记住，每敲响10户门，就会赚到20元钱，所以即使有人不愿意开门，不愿意听你讲解，不愿意购买，对此，你不要在意，只要你敲响了很多户门，尽力讲解，你就成功了。记录自己的平均率，就能保持积极的心态，这是获得持续动力，应对拒绝的关键所在，当你的关注点是平均率时，你就不会受其他事情的干扰，你就会积极应对，尽快约见下一位客户，如果不了解平均率，你就担心接下来将发生什么事情，并且被这个问题困扰，碰到有人拒绝，你就会万分沮丧，门没有打开，你就会意志消沉。当你领悟了平均法则后，这些就会变得无足轻重了。

1．方法

按照“平均法则”，在用“卷地毯”寻找法寻找潜在顾客时，推销人员首先要根据推销商品的特性和用途，进行推销区域可行性研究，确定一个大致的推销地理范围或者推销对象范围，选择一块合适的“地毯”，就像清洗地毯和扫街一样，对区域范围内的所有人员进行调查、访问、推销。如果我是一个洗涤用品的推销员，可以将某市某个居民小区的所有家庭作为普遍寻找对象，也可以将该地区所有的宾馆、饭店等作为“地毯式”寻找对象，这个范围应尽可能与目标市场一致。例如，国外某企业发明了一种试纸，能在10 分钟内检测出患者血液中的毒品含量。推销初期，销售人员把准顾客范围确定为医院的所有医生，结果销售效率很不理想。后来经过对产品特性的再研究，发现该试纸的主要特点是能快速得出检测结果，特别适合紧急诊断的需要，因此推销人员把准顾客的范围缩小到急诊科的医生，结果大大提高了销售效率。

2．优点

“卷地毯”寻找法是一种古老的顾客寻找方法，对新推销员来说，是一种最常用的顾客寻找方法，这一方法具有以下优点。

（1）用“卷地毯”寻找法寻找顾客，不会遗漏任何潜在顾客，有利于争取更多的顾客。

（2）能够全面、客观地反映顾客的需求情况。推销人员原来不认识顾客，顾客可以坦诚地表明自己的真实看法，而且在这种寻找顾客的过程中，由于接触面广、信息量大，各种意见、需求和客户反应都可能收集到，是分析市场的一种方法。

（3）有利于扩大推销品的影响，由于区域内的每个人都接受过推销，即使没有成为顾客，也会使大家形成共同的商品印象，让更多的人了解自己的产品和企业。

（4）可以锻炼和培养推销人员，积累产品推销工作经验。

在外国的市场中，“卷地毯”寻找法被广泛地应用于各行各业。例如，比较固定范围的推销活动，各种家庭用品的推销，带有普遍适用性的产品的推销，如洗涤用品、服务保险业务、书籍等。

3．缺点和注意事项

“卷地毯”寻找法虽然具有上述许多优点，但是，其缺点也是很明显的。

（1）成本高，费时费力。“卷地毯”寻找法要访问目标范围内的所有人，比较费时费力，寻找顾客的盲目性比较大，效率很低。

（2）容易导致顾客的抵触情绪。由于难以进行充分的推销准备，以及有些顾客只与比较熟悉的人进行交易，像一些咨询服务业等，推销成功率比较低，常会受到顾客的拒绝，给推销工作带来阻力。因此，如果活动可能会对客户的工作、生活造成不良的干扰，一定要谨慎进行。

（3）这种方式的访问对象之间有较紧密的联系，应尽量减少盲目性，即首先应该选定合适的区域和范围进行寻找；否则，一旦失误，就会影响整个推销计划的进行。

“卷地毯”寻找法要做好普访的准备工作，以减少被拒之门外的可能性；可以采用业务员亲自上门、邮件发送、电话或与其他促销活动结合进行的方式展开。

案例2.8

海拉尔啤酒是内蒙古自治区的一个地方名牌产品，2006 年春天开始进入黑龙江省的齐齐哈尔市场，但是，一年多过去了，其市场占有率还是很低，消费者的认可程度不高。2007 年春天，海拉尔啤酒集团齐齐哈尔销售处的陈经理主动找到了齐齐哈尔大学应用技术学院市场营销专业的教师，想通过市场营销专业同学的推销课程实习，帮助他们扩大产品的知名度，提高销售量。

负责推销教学和实习指导的教师们经过对市场的调查研究，制订了海拉尔啤酒的推销计划和实习方案。把 2005 级市场营销专业 2 个班的学生分为 4 个大组，第 1 组负责饭店，第 2 组负责商场、超市，第 3 组负责歌厅、洗浴等夜场，第 4 组负责重点居民小区，每组又分为若干二三人的小组。实施为期 2 周的“地毯式”推销，要求每个大组对所负责地域的所有顾客进行访问调查和推销，做好记录，不能有任何的遗漏。经过同学们认真努力的工作，海拉尔啤酒的知名度迅速提高。

后来，又通过其他年级学生的推销课程实习，在短短一年时间内，海拉尔啤酒在齐齐哈尔市场的销售终端由不到 100 家猛增到 1200 多家，销售量提高了近 20 倍。利用普通寻找法，海拉尔啤酒的市场营销获得了成功。

案例分析：这种方法能够比较全面地找到顾客，有利于新品牌植入人心，增加顾客对产品的认知度。

2.2.2 介绍寻找法

销售行业有句名言——“每个顾客背后都隐藏着 49 个顾客”。在寻找新顾客时，可以从现有的顾客开始：完成每一单销售或接触潜在顾客后，询问他们的亲朋好友是否对公司产品感兴趣，由此产生一批潜在顾客。因为现有顾客感受到了产品给他带来的好处，对推销员和产品都产生了信赖，一般很乐意与自己的亲友分享。

介绍寻找法也称无限连锁介绍法、链式引荐法，是指推销人员在访问现有顾客时，请求顾客为自己推荐、介绍可能购买同种推销商品或服务的其他潜在顾客的方法。

介绍寻找法源于链传动原理，齿链之间是一环紧扣一环的啮合状态，以此带动物体的移动。作为推销人员，就必须从现有顾客这一环去联系潜在顾客的下一环，不断延伸，以至无穷，形成无限长的顾客链，扩大推销员与准顾客之间的联系面，使推销人员所掌握的准顾客源无限发展下去。

1. 方法

介绍寻找法的应用方式主要有以下两种：

（1）间接介绍。所谓间接介绍，就是推销人员在现有顾客的交际范围内寻找新的顾客。推销人员应主动加入介绍人的社交圈，同一社交圈的人可能都有某种共同的需求，可能是一类顾客，如果推销人员能成为他们的朋友、熟人，就能消除陌生拜访带来的困难。

（2）直接介绍。所谓直接介绍，就是通过现有熟人直接介绍与其有联系的新客户，即由介绍人把自己的熟人或可能的用户介绍给推销人员作为潜在顾客。请赵顾客介绍钱顾客和孙顾客，然后再请钱顾客介绍李顾客和周、吴、郑、王等顾客。介绍的内容主要有名单、联系线索、需求、顾客的其他具体特点，介绍的内容越具体、越详细越好。

例如，阿凯是一个保险推销人员，他卖了5万元的人寿保险给艾尔工程师；然后，他请艾尔介绍几名可能需要保险的亲朋好友，艾尔向阿凯提供了3个人，只有比尔愿意购买4万元的保险；然后，阿凯又请比尔介绍几名潜在顾客……通过这一方式，阿凯最终完成了价值47.5万元的人寿保险。

案例2.9

美国寿险推销大王贝吉尔曾经讲了这样一个故事。

一个意志消沉的年轻人，向他请教，他说自己搞寿险推销已经十四个月了，刚开始做得还不错，但后来就不行了，感觉到没有市场了。贝吉尔向他提了几个问题，发现年轻人对许多准客户都浅尝辄止，浪费了许多“资源”。贝吉尔告诉他：“你只做到了事情的一半，回去找那些买过你保险的客户，由每个客户那里至少得到两个介绍名单。”

“记住，在你卖给一个人保险之后，再没有比请求他介绍几个人更重要的事，此外，不管你和准客户面谈结果如何，你都可以请他们给你介绍几个朋友或亲戚。”年轻人高兴地告辞了。六个月后，他又来到贝吉尔的办公室，他热切地告诉贝吉尔说：“这些日子，我紧紧把握一个原则——不管面谈结果如何，我一定从每个拜访对象那里至少得到两个介绍名单，现在，我已得到五百个以上的好名单，这比我自己四处去闯所得的客户要多出许多。”

“你的业绩如何？”

“今年六个月我完成23.8万元的任务，以目前我手中的保单来推算，今年我的业绩应该会超出50万元。”

案例分析：介绍具有无限极倍增的魔力，可以改变你的行销模式。

2．优点

（1）利用介绍寻找法寻找新顾客，可降低推销人员的盲目性。一般情况下，由于顾客之间的共同特点与相互之间的联系，介绍人了解潜在顾客的情况，所获得的信息准确、详细，使销售更具有针对性，因此，寻找顾客与推销的成功率很高。

（2）利用介绍寻找法寻找顾客，容易取得被介绍顾客或新顾客的信任。经过熟人介绍所接触的新顾客，不易产生对推销人员的排斥心理，容易消除心理上的戒备，既是推销人员了解潜在顾客情况的好方法，又是推销人员接近新顾客的好途径。

（3）利用介绍寻找法寻找新顾客，可以降低费用、时间等推销成本。例如，我们现在只有10个客户，如果请求每个现有客户为自己推荐2个可能的客户的话，客户马上就增至30个了，这新增的20位客户每人再为我们介绍2个客户呢？这样发展下去的结果就是

10、10＋20、30＋40…那么，到了第二轮推荐时我们就有 70 位客户了，连锁介绍法真是有效！

因此，介绍寻找法几乎被推销界认为是寻找无形产品（旅游、教育、金融和保险等）潜在顾客的最好方法。

3．缺点和注意事项

（1）采用介绍寻找法寻找顾客，事先难以制订完整的推销访问计划。每个推销员都希望像上述所讲那样，请求每个现有客户推荐 2 名或者更多的可能客户，但事实上，顾客能够推荐几个顾客是不确定的，我们的推销访问计划可能只是一厢情愿。

（2）采用介绍寻找法寻找顾客，现有顾客的心理因素左右其成功。推销人员不能完全寄希望于现有顾客，因为介绍新顾客不是他的义务，是否介绍要受很多其他因素的影响。有的现有顾客不太愿意增加麻烦，更不愿意因介绍不当而给朋友或熟人带去麻烦，所以是否愿意介绍或是否尽全力介绍是此法能否取得良好作用的关键。有的现有顾客顾及情面给销售人员介绍了顾客，但对销售人员的评价并不太理想。如果访问失败，给顾客留下不好的印象，不但会牵连现有顾客，还有可能失去许多客户。

（3）采用介绍寻找法寻找顾客，要建立良好的信誉和人际关系。人们一般愿意给信誉良好的推销人员介绍新客户，而信誉不好的推销人员则难以取得顾客的合作。同时要感谢或回报介绍人。推销人员应该随时向原介绍者汇报介绍推销的结果，一方面表示谢意，另一方面可引起介绍者的关心，继续进行连锁介绍，尤其是介绍人的帮助产生了销售额时，最好能给予介绍人意想不到的回报，这样介绍人会很乐意继续为推销人员介绍顾客。

如遇顾客较忙，或者不适合当时打电话介绍其他顾客时，推销员可以制作一个介绍卡片，如图 2.1 所示，请客户签字后，为寻找其他客户做铺路石。

客户介绍卡

兹介绍__________（先生 / 女士）（业务员姓名）前往__________先生 / 女士（准客户姓名）处推销××产品，请予接待。谢谢！

祝好！

__________（介绍人签名）

图 2.1　客户介绍卡

2.2.3　中心开花寻找法

中心开花寻找法又称名人介绍法、中心人物法、中心辐射法，就是指推销人员在某一特定的推销范围内，发掘一些具有影响力和号召力的名人、核心人物，并且在这些中心人物的影响和协助下，把该范围内的个人或组织发展成为推销人员的准顾客的方法。

一般来说，这些中心人物可能是推销人员的顾客，也可能是推销人员的朋友，前提是这些中心人物愿意合作。实际上，中心开花寻找法也是介绍寻找法的一种推广运用，推销人员通过所谓“中心人物”的连锁介绍，开拓其周围的潜在顾客。

中心开花寻找法所依据的理论是心理学的名人效应法则。名人所达成的引人注意、强化事物、扩大影响的效应，或人们模仿名人的心理现象统称为名人效应。名人一般都具有较高的知名度和相当的美誉度，以及特定的人格魅力，借此参与推销活动特别是直接代言产品，更具有吸引力、感染力和说服力，有助于引起顾客的注意、兴趣和购买欲望。

1. 方法

利用中心开花寻找法寻找顾客，关键是取得“中心人物”的信任和合作。一般来说，核心人物或组织往往在公众中具有很大的影响力和很高的社会地位，他们常常是消费者领袖，如政界要人、企业界名人、文体界巨星、知名学者、资深的专家教授、名牌大学、星级酒店、知名企业等。篮球飞人迈克尔·乔丹是NBA历史上最耀眼的明星之一，他在美国拥有的崇拜者是任何一位明星都无法比拟的，凡印有乔丹肖像的产品销路极好，所有与之合作的公司无不赚取数亿美元的利润。

再如，有些学术会议，组织者往往都会邀请诺贝尔奖得主以及政界、商界的名流到会，实际上就是利用“中心人物”的吸引力。

2. 优点

利用中心开花寻找法寻找顾客，首先推销人员可以集中精力向少数中心人物做细致的说服工作，避免推销人员重复、单调地向每一个潜在顾客进行宣传与推销，节省了时间与精力；其次，它既能通过中心人物的联系了解大批新顾客，还可借助中心人物的社会地位来扩大商品的影响；最后，它可以提高销售人员、推销品和企业的知名度、美誉度。人们并不愿意在各方面花很多精力去研究，一般大家都愿意听从专家的意见，专家寻找到的客户，可能更利于成交。

名人效应相当于一种品牌效应，它可以带动人群，它的效应可以如同疯狂的追星族那么强大。

3. 缺点和注意事项

中心人物往往较难接近和说服。许多中心人物事务繁忙、难以接近，每个推销人员所认识的中心人物有限，若完全依赖此法，容易限制潜在顾客发展的数量；另外，一定领域内的中心人物是谁有时难以确定。如果选择的中心人物在消费者心目中有不良印象，就有可能弄巧成拙，难以获得预期的销售效果。

例如，一保健品企业邀请某影视明星作为代言人，广告刚一播出，此明星由于偷税漏税被公安机关审查，结果便可想而知了。

中心开花寻找法主要适用于金融服务、旅游、保险等无形商品和时尚性较强的有形商品的准顾客的寻找。

2.2.4 广告寻找法

广告寻找法又称广告拉引法、广告开拓法、广告吸引法，是指推销人员利用各种广告媒体来发布产品信息，并对产品进行宣传，由推销人员对被广告吸引来的顾客进行推销。

通常，推销主体与推销对象之间存在交易信息方面的阻隔，广告拉引法运用现代化的传播手段，使推销人员与准顾客之间的信息沟通在短时间内得以完成，并且使信息的传递面大大拓宽，缩短了推销时间，拓展了市场，从而大大提高了推销效率。如果一则推销广告被 100 万人看到或听到，就等于推销人员对 100 万人进行了“地毯式”的访问，这是其他任何推销手段所无法比拟的。因此，广告被喻为“印在纸上的推销术”。

广告寻找法是根据广告学原理，利用大众宣传媒介，把有关产品推销的信息传递给顾客，刺激和诱导顾客购买。

1. 方法

广告的方法与策略很多，常用的广告方式有广播、电视等声像广告；印刷广告，如单页广告、小册子、说明书、信函贺卡、报纸杂志等。推销广告多属告知广告，主要内容是说明推销产品内容，约见时间、地点和联系人姓名，以及联系方式等。

在西方国家，推销人员用来寻找顾客的主要广告媒介是直接邮寄广告和电话广告。例如，一位女性推销员认为潜在的准顾客太多，她希望把自己宝贵的时间花在一些最佳的准顾客身上，于是她向所辖推销区域内的每一个人都寄去推销信，然后首先拜访那些邀请她的顾客。再如，一位房地产经纪人，定期向所辖推销区里每一个居民寄去一封推销信，打听是否有人准备出售自己的房屋，每一次邮寄都会发现新的准顾客。除了邮寄广告之外，西方推销人员还普遍利用电话广告寻找顾客。推销人员每天出门访问之前，先给所辖推销区里的每一个可能的顾客打电话，询问当天有谁需要推销品。西方推销员的这些做法，不一定完全符合我国的国情，但是作为一种推销技术，我们可以借鉴。

利用广告寻找法寻找顾客，关键在于正确地选择广告媒介，以比较少的广告费用恰到好处地发挥广告效果。选择广告媒介的基本原则是因时、因地，对不同的推销对象推销不同的产品，最大限度地影响潜在的顾客。例如，若推销人员决定利用报纸广告来寻找顾客，就应该根据所推销产品的特性做出选择，既要考虑各种报纸的发行地区和发行量，又要考虑各种报纸读者对象类型。若决定选用直接邮寄方式来寻找顾客，最好是先弄到一份邮寄名册。

知识园　　**总统与书商**

一出版商有一批滞销书久久不能脱手，他忽然想出了一个非常妙的主意：给总统送去一本书，并三番五次去征求意见。忙于政务的总统不愿与他多纠缠，便回了一句：“这本书不错。”出版商便大做广告，“现有总统喜爱的书出售”。于是，这些书被一抢而空。不久，这个出版商又有书卖不出去，又送了一本给总统。总统上了一回当，想奚落他，就说：

"这本书糟透了。"出版商脑子一转，又做广告，"现有总统讨厌的书出售"。又有不少人出于好奇争相购买，书又售尽。第三次，出版商将书送给总统，总统接受了前两次教训，便不作任何答复。出版商又大做广告，"现有令总统难以下结论的书，欲购从速。"居然又被一抢而空。总统哭笑不得，商人大发其财。

2．优点

广告寻找法的优点：可以借助各种现代化手段大规模地传播推销信息；推销员可以坐在家里推销各种商品；广告媒介的信息量之大、传递速度之快、接触顾客面之广，是其他推销方式所无法比拟的；广告不仅可以寻找顾客，还具有推销说服的功能，说服顾客购买；能够使推销人员从落后的推销方式中解放出来，节省推销时间和费用，提高推销效率。

3．缺点和注意事项

广告寻找法的缺点，是推销对象的选择不易掌握，广告费用日益昂贵。现代广告媒介种类很多，各种媒介影响的对象都有所不同。如果媒介选择失误，就会造成极大的浪费；有些产品不宜或不准使用广告开拓法寻找顾客；在大多数情况下，利用广告开拓法寻找顾客，难以测定实际效果。

利用广告寻找法寻找顾客，关键在于正确地选择广告媒介。现代广告媒介形式多样，如印刷媒介、电子媒介、户外媒介、展示媒介等。在具体运用时，推销人员要根据推销品、推销对象、推销区域、广告媒介等情况，合适地选择广告媒介，恰到好处地发挥广告宣传的效果。如推销生活消费品、营养保健品等，选择老少皆宜的电视、广播和通俗性报纸杂志作为广告媒介，而对于生产资料、机器设备等工业品，则选择报刊目录、专业杂志等广告手段。

2.2.5 资料查阅寻找法

资料查阅寻找法又称文案调查法，是指推销人员通过收集、整理、查阅各种现有文献资料，获取潜在顾客线索，以寻找可能的买主的方法。这种寻找准顾客的方法，实际上是一种市场调查的方法，它着重于现成资料（或称为第二手信息资料）的收集、整理和分析，以确定准顾客。第二手信息资料来源于历史的或现有的各种参考文献，可分为内部资料与外部资料两部分。内部资料是指企业内部报告系统所提供的反映企业内部情况的资料；外部资料是指由企业外部有关机构所保存的全部资料、年鉴、报纸杂志、电话簿，以及信息中心、行业协会、调研机构的资料等。总之，企业应建立数据库或市场营销信息系统，不断输入和更新内、外部资料，以供包括推销人员在内的企业各类人员查询，寻找顾客"引子"。

1．方法

运用资料查询法寻找顾客，应把握以下资料。

（1）企业内部资料，主要包括以下内容。

● 企业财务账目表；

- 服务部门的维修记录；
- 销售部门的销售记录。

从以上资料中可以查询相关行业或企业的情况，如名称、地址、经营范围、通信方式等，然后通过合适的途径进行联系和追踪。

（2）企业外部资料，主要包括以下内容。

- 互联网的搜索引擎；
- 电话号码簿；
- 通信录；
- 产品目录；
- 工商企业名录；
- 各类统计资料；
- 信息书报杂志；
- 各类广告及公告；
- 年鉴及定期发布的经济资料；
- 各种专业性团体的成员名册；
- 政府及各级主管部门可供查阅的资料；
- 各类信息咨询部门、行业协会、调研机构的资料；
- 各种大众传媒公布或报道的财经信息、市场信息等。

2．优点

（1）资料查阅法可减少推销工作的盲目性。针对推销产品的特点和用途，寻找相应的资料，每个单位的名称、地址、销售和服务电话、经营范围等资料，在其网站、宣传资料等材料上都是公开的，根据这些公开资料所提供的线索去寻找顾客，一般都比较可靠，可以减少寻访顾客的盲目性。

（2）资料查阅法可以降低信息获取的成本。随着互联网的普及，资料的查询变得非常便捷，可以节省寻找顾客的时间，一经查阅，可以直接进行推销访问，节省推销费用。

3．缺点和注意事项

（1）采用资料查阅法时要注重时效性。由于现代市场瞬息万变，供求关系十分复杂，加上各种现代化的情报传递和处理手段普遍运用，使得大量情报资料的有效时限日益缩短。推销员要尽可能收集时效性强的资料。

（2）采用资料查阅法时要注重收集内容的容量。有些公开发布的资料，资料内容简略，信息容量小，使这种寻找顾客的方法具有一定的局限性。有时因为商业或其他方面因素的限制，推销员无法查阅许多重要的情报资料，包括各种统计资料、人事档案、企业档案等，或者信息量大而且杂乱，使相当一部分推销人员不会或不方便查阅。

（3）采用资料查阅法时要注重资料收集的手段。推销人员不应该仅仅满足于纸质材料的查询，更要充分利用现代化的资料查寻技术，尽可能利用计算机、网络进行资料查寻，对查寻到的资料，要进行分类、组织、鉴定和甄别，以保证资料的准确性和时效性。

知识园　在互联网上寻找顾客

据中国信息产业部的数字显示，2005 年，中国互联网用户数量比上一年可能增长近三成，达到1.2亿户。种种迹象表明，企业发展电子商务的潜力巨大，中国网上前景不可限量。商务电子网络所载信息的广泛性和传递的快捷性，为推销员寻找顾客提供了新的方法与途径。

（1）与以往寻找顾客的方法相比，网上寻找顾客具有以下特点。

① 成本低，速度快。企业在网上为广大用户提供大量的信息在线服务，不仅大大节省了推销员的差旅费和时间，而且当潜在客户看到自己需求的产品时，在几分钟内就可以做出反应。利用网上寻找顾客，具有经济和快速的优势。

② 双向、互动的信息交流方式。网络信息的提供者在发布信息的同时，可以及时收集信息获取者的反馈信息；信息获取者在收集信息时可对众多的信息进行选择接收。企业推销员就可以根据潜在客户的反馈信息寻找自己的推销目标。

③ 更大范围地寻找顾客。通过国际互联网，推销员可以发现世界各地的潜在用户，尤其对一些顾客较分散的产品，更加体现出网上寻找顾客的优势，这是以往寻找顾客的方法所无法比拟的。

④ 产品介绍生动形象，增强吸引力。利用互联网来介绍推销品，集图、文、声、像、虚拟效果等于一身，增加潜在客户的好奇心与注意力，使企业的广告宣传达到更好的效果。

（2）网上寻找顾客的方式。

①“推”的方式。利用这种方式寻找顾客，一是根据已掌握的潜在客户的 E-mail 地址，及时传递产品信息；二是利用搜索引擎（如一搜、Google、网易、中经网等）查询经济或商业类别的信息。

②“拉”的方式。在这种方式下，企业可以通过设置自己的网站或主页，及时发布产品信息，以吸引广大潜在客户访问自己的网站，及时了解消费者的购买意向。

2.2.6　寻找顾客的其他方法

随着企业推销事业的发展，高素质推销人才的大量涌现，除了上述常见的几种方法外，还产生了很多关于寻找顾客的其他方法。

1. 电信寻找法

电信寻找法是指从电话簿、电子邮件列表中选出自己商品最易于销售的人员范围，然后一个接一个地依次使用电话、传真、手机短信和电子邮件进行访问。这一方法是电信技术发展的结果。例如，从电话簿的单位、职业分类中，找出特定行业、职业的人，然后通过电信手段来销售某类商品。电话推销在西方发达国家已成为一种主要的推销方法，随着因特网技术和电子商务的迅猛发展，越来越多的公司利用因特网寻找潜在客户并推销产品，其推销成交率正在逐年增加。

（1）优点：一是节省时间，二是成本较低。电话、手机和电子邮件作为一种现代化的沟通、通信手段，逐渐被人们所广泛使用。因此利用它们进行推销，也成为工作中快捷、廉价的推销方式之一。

（2）缺点：一是易遭拒绝。因不了解潜在客户的情况，遭到拒绝的可能性较大；二是推销形式受限制，只能使用对话或网上文字来推销，无法在关键的时候利用其他方式来协助推销活动。

（3）注意事项：采用该方法时一定要注意谈话技巧，应该讲究打电话的礼仪与效果。要能抓住对方注意力并引发其兴趣，否则极易遭到拒绝。注意通话的时机和时间长短也非常重要。要避开使用电话的高峰期，避免顾客因为忙碌而不能很好地沟通。

案例2.10　群发一万人，网住七八人

“本公司常年代办驾驶证、身份证、学历证书等一切证件，联系人×××，电话×××……”曾几何时，我们大家都收到过诸如此类的“垃圾短信”。

“垃圾短信”被央视“3·15”晚会曝光后，“分众”、“中国移动”、“中国联通”均设立了免费举报热线及免费短信平台，接收垃圾短信投诉。

在短信发出后，骗子们就开始等待“自愿”上钩者。据介绍，随着大众对短信诈骗认识越来越多，短信诈骗生意也是越来越难做，但是，即使这样，在发出一万条短信后，仍有七八人上当。

随着通信技术的发展，利用短信、电信手段发布广告，寻找顾客的方法曾一度十分流行，其效果也很好。但是随着消费者权益保护意识的增加，在利用电信手段寻找顾客时，一定要严格遵守法律、法规的相关规定。

案例分析：本案例通过电信寻找法的方法寻找顾客，低成本广撒网，其中有少数顾客购买便能收回成本。

2. 个人观察法

个人观察法也称现场观察法，是指推销人员在可能存在潜在顾客的现场，通过对在场人员的直接观察和判断，寻找潜在的顾客。个人观察法是依据推销人员个人的职业素质和观察能力，通过察言观色，运用逻辑判断和推理来确定准顾客。这是一种古老且基本的方法。

利用个人观察法寻找准顾客，关键在于培养推销员的职业素质。潜在的顾客无处不在，有心的推销人员随时随地都可找到自己的顾客。例如，汽车推销员整天开着新汽车在住宅区街道上转来转去，寻找旧汽车。当他发现一辆旧汽车时，就通过电话和该汽车的主人交谈，并把旧汽车的主人看成一位准顾客。在利用个人观察法寻找顾客时，推销人员要积极主动，既要用眼，又要用耳，更要用心。在观察的同时，运用逻辑推理。

（1）优点：它可以使推销人员直接面对现实，面对市场，排除一些中间干扰；可以使推销人员扩大视野，跳出原有推销区域，发现新顾客，创造新的推销业绩；可以培养推销人员的观察能力，积累推销经验，提高推销能力。

（2）缺点：推销仅凭推销人员的直觉、视觉和经验进行观察和判断，受推销人员个人素质和能力的影响；由于事先完全不了解顾客对象，失败率比较高。

案例2.11

故事发生在日本。一个23岁的小伙子赤手空拳和同伴们一起到东京闯天下。到了东京后他们惊讶地发现：人们在水龙头上接凉水喝都必须付钱。同伴们失望地感叹道："天哪！这个鬼地方连喝冷水都要钱，简直没办法待下去了。"言罢都纷纷返回故乡了。

这个小伙子也看到了这幕情景，但他却想：这地方连冷水都能够卖钱，一定是挣钱的好地方嘛！于是他留在东京，开始了创业生涯。后来，他成为日本著名的水泥大王，他的名字叫浅田一郎。

案例分析：通过不同人对于同一事物的不同看法来获取销售机会。

3．委托助手法

委托助手法，就是推销人员委托有关人员寻找顾客的方法。推销人员雇用有关人员寻找准顾客，自己集中精力从事具体的推销活动。一旦发现潜在的准顾客，立即通知推销人员安排推销访问。这些受雇人员被称为推销助手。

如果推销助手帮助推销人员做成了一笔生意，推销人员要立即向推销助手支付报酬，而且要感谢推销助手的友好合作。当推销助手提供一位准顾客的信息时，推销人员应该立即告诉推销助手，这位顾客是否已经列在自己的顾客名册上；尤其要告诉他是否已经被其他推销人员所掌握。为了寻找准顾客，拓展市场，企业可以以各种形式招聘推销业余信息员、兼职信息员等。由于这些业余推销员分布面广，并且熟悉本地本行业情况，了解当地顾客消费需求和市场行情，所以他们往往能找到大批顾客，开辟新的市场。

（1）优点：此方法可以使推销人员把时间和精力用于有效的推销工作；可以节省推销费用；可以使专业推销员获得更多的推销信息，有助于开拓新的推销区域。专业推销员可以利用分布在全国各地的推销助手传递市场信息，发现原有推销区域里的新顾客；可以借助推销助手的力量，扩大产品的知名度。如果选择某一个特定领域的行家里手或名人作为推销助手，不仅可以找到大批新顾客，而且可以发挥中心人物的影响作用来推销产品。

（2）缺点：推销助手的人选难以确定。推销助手必须热心于推销工作，积极负责，善于交际，信息灵通，而实际工作中，理想的推销助手难寻。推销人员往往处于被动状态，其推销绩效在很大程度上取决于推销助手的合作，不利于市场竞争。如果推销员与推销助手配合不够默契，或者推销助手同时兼任几家同类公司的信息员，都会给本公司产品带来不利的竞争因素。另外，推销人员必须给推销助手提供必备的推销用具和必要的推销训练，如果推销助手更换频繁，就会增加培训费用。

4. 市场咨询法

市场咨询法，是指推销人员利用市场信息服务机构所提供的有偿咨询服务来寻找顾客的方法，或者利用国家行政管理部门所提供的咨询信息来寻找顾客的一种方法。使用该法的前提是存在发达的信息咨询行业，目前中国市场的信息咨询业正处于发展阶段。

这些市场信息咨询服务公司，专门从事市场调查和市场预测工作，收集各方面的市场供求信息，为社会上各行各业的推销员提供市场咨询服务，便于推销员利用咨询信息寻找顾客。推销人员可以通过咨询公司来寻找准顾客，只需花费少量的咨询费，即可得到许多有价值的信息资料。例如，服装推销员可以通过咨询业者来寻找顾客，婴儿用品推销员可以通过育儿咨询业者寻找顾客等。此外，国家有关行政管理部门，如工商局、统计局及各行业协会或商会等，也是理想的信息咨询单位。

（1）优点：方便迅速，费用低廉，信息可靠。专业咨询人员拥有丰富的经验和知识，能够提供较可靠的准顾客名单，收取的咨询信息服务费比较低，与推销人员自己寻找顾客所需费用相比较，可以节省推销费用开支；可以节省推销时间，使推销人员全力以赴进行实际推销。

（2）缺点：推销人员处于被动地位。若推销人员过分依靠咨询人员提供信息，则容易丧失开拓精神，失掉许多推销机会。咨询人员所提供的信息具有间接性，其中有的信息是第二手资料，会存在许多主观片面的因素，甚至出现一些与实际情况大相径庭的错误信息。再者，有许多重要的市场信息是咨询人员无法提供的。因此，市场咨询法的适用范围有一定局限性，它主要适用于寻找某些选择性较强的准顾客。

5. 交易会寻找法

国内外每年都有很多交易会，如广交会、高交会、中小企业博览会等，这是一个绝好的商机，要充分利用，交易会不仅能实现交易，更重要的是寻找客户、联络感情、沟通了解。

除以上方法外，寻找顾客的方法还有“展示寻找顾客法”、“有奖游戏收集法”、“喜庆填单寻找法”等。

案例2.12　找　马

从前，有个秀才去京城应试。途中，在一小店投宿，将马套在门口的木桩上，天亮准备上路时，马却不知去向。从此，秀才开始四处找马。

他找了一整天也没见着马的踪影；第二天，他远远看见前面好像有一匹马，但走近一看，却是一头驴，他失望地摇了摇头，继续往前走。

第三天，他又见到前面有匹马，心中暗喜；这回该是我的那匹马了吧，但走进一看，还是一头驴。他又继续走，仍然每天都能看见一头驴。但他一直没有理睬这些驴，只是在寻找自己的马。考试的时间一天天临近，而这位秀才终因精疲力竭而死在找马的路上。

案例分析：寻找顾客是每个推销员每天所做的首要工作，但是每天做这项工作时，首先应思考这一问题：顾客可以为我们带来什么？我们需要的是什么顾客？怎样找到顾客？因循守旧、缺乏权变思维的推销员是不会找到自己的顾客的。

资料库　**顾客资料卡**

顾客资料卡是用于记录顾客基本情况和公司业务往来情况的，是推销人员对客户进行管理的重要工具。推销人员要为每一位顾客建立一个独立的顾客资料卡，用于分析和掌握顾客与公司业务发展情况。资料卡可以是纸质卡或是电子卡。

1．顾客资料卡的内容

（1）基础资料。基础资料包括客户名称、地址、电话、联系人、账号、税号、法人代表、经营状况、结算规定等，同时也可记录客户个人的性格、爱好、学历、年龄、家庭、与本公司的起始交易时间、企业组织形式、业种、资产等。

（2）业务状况。业务状况主要包括经营管理者和销售人员的素质，销售业绩，与本公司的业务关系及合作态度等。

（3）交易现状。交易现状主要包括在对顾客进行销售时出现的状况、问题、优势以及未来销售对策、声誉、信用交易条件等方面。

（4）评价栏。对客户在信用保证、发展潜力、销售能力、对公司支持度等方面进行综合评价，有的公司还定期对客户进行评级。

2．顾客资料卡的作用

通过客观、准确地填写及有效地管理顾客资料卡，推销人员能够进一步了解目前市场的业务发展状况，发掘市场中的潜力客户，并对优质客户进行重点关注，从而提高公司的销售业绩。与此同时，对于问题客户及时进行处理，以规避销售中的风险，减少公司不必要的损失。

所以，客户资料卡的建立和管理是企业提高经营业绩的一项重要工作，对发现并解决问题、总结业绩成果、发展良好的客户关系、保证货款回收等都具有重要意义。

项目实施指导

1．将全体学生分成若干小组，每组4～6人，选出一名同学担任组长。
2．每个小组选择一种产品作为推销品。
3．确定寻找顾客的方法，寻找方法应在三种以上。
4．小组讨论。
5．应用每种方法寻找顾客，并记录工作日志。
6．总结工作日志内容，提出对各种方法的使用情况评价。
7．对找到的顾客信息进行筛选和分析。
8．由组长收齐每人的工作日志，交给实训指导教师。

项目评价表

评价项目	评价要求	分值	得分
项目执行	团队分工合理，执行进度合理	20	
寻找方法	方法运用得当，能根据推销品的特点，确定相应的目标顾客	30	
工作日志	内容记载全面、认真	20	
顾客资料卡	设计精美、项目齐全、资料真实有效	30	
合计		100	

项目工作小结

序号	小结重点	主要内容	教师批注
1	工作业绩	1. 2. 3. 4.	
2	问题质疑	1. 2. 3. 4.	
3	项目报告	1. 2. 3. 4.	

子项目 2.3 顾客资格审查

项目解析

【项目目的】

能对顾客的需求状况、支付能力、购买资格进行全面审查。

【项目要求】

1．根据程序审查顾客资格。
2．撰写 500 字左右的顾客资格审查报告。

项目实施安排

组别： 组长： 日期：

项目实施人员分工	岗　　位	姓　　名	具 体 要 求
项目实施时间安排	项 目 阶 段	时间/天	具 体 要 求

项目教学方案设计

<table>
<tr><td>项目名称</td><td>子项目2.3：
顾客资格审查</td><td>教学方法</td><td>讨论法</td><td>建议课时</td><td>2</td></tr>
<tr><td rowspan="2">项目目标</td><td>能力目标</td><td colspan="4">1．能对顾客的需求状况、支付能力、购买资格进行全面审查
2．能够确定目标顾客</td></tr>
<tr><td>知识目标</td><td colspan="4">1．明确顾客资格审查的内容
2．了解顾客需求审查的主要内容
3．掌握顾客支付能力审查的方式</td></tr>
<tr><td rowspan="2">项目准备</td><td>教师</td><td colspan="4">1．课件及项目评分考核表
2．提供推销商品的选择范围</td></tr>
<tr><td>学生</td><td colspan="4">1．分组，小组选择特定的推销商品
2．准备纸笔</td></tr>
<tr><td>项目评价</td><td colspan="5">教师、学生共同依据评分表考核项目实施质量</td></tr>
<tr><td rowspan="5">项目过程</td><td>教学环节</td><td>教师活动</td><td>学生活动</td><td>教学目标</td><td>课时</td></tr>
<tr><td>一、项目介绍</td><td>1．教师进行项目解析，提出项目要求
2．布置项目实施安排</td><td>学生做项目分解笔记</td><td>学生能清晰地了解项目实施的目的与程序</td><td rowspan="2">1</td></tr>
<tr><td>二、理论知识</td><td>1．讲授理论知识
2．解释学生知识疑问</td><td>1．接受项目理论知识
2．提出疑问</td><td>掌握项目实施的相关知识</td></tr>
<tr><td>三、项目实施</td><td>教师检查和监督各组的项目实施情况</td><td>1．确定目标顾客
2．小组收集顾客资料
3．进行顾客资格审查</td><td>学生能学会顾客资格审查的方法</td><td>2</td></tr>
<tr><td>四、项目评价</td><td>1．点评各组寻找顾客的方法
2．点评各组顾客资料信息</td><td>1．总结本小组收集的顾客资料
2．课堂交流</td><td>学生能正确评价顾客价值</td><td>1</td></tr>
<tr><td rowspan="2">项目实施报告</td><td>教师</td><td colspan="4">检查学生项目实施报告，给出评价</td></tr>
<tr><td>学生</td><td colspan="4">填写项目实施报告</td></tr>
</table>

项目知识

在产品推销实践中，并非每一位准顾客都能成为推销人员的目标顾客。从准顾客到目标顾客还需要对其资格进行鉴定、选择，分析其是否具备成为目标顾客的条件。只有准顾客具备了一定的资格条件，才能正式将其列入目标顾客的名单中，建立客户资料卡，作为产品的推销对象。

在对潜在顾客进行评估审查时，必须明确三个问题：第一，目标顾客是否具有能够被你满足的需求；第二，在你满足了其需求之后，他们是否具有提供适当回报的能力；第三，本公司是否具有或是能够培养比其他公司更能满足其顾客需求的能力。

顾客资格审查是推销人员开展市场调研的重要内容之一，审查鉴定的目的在于发现真正的产品推销对象，避免徒劳无功的推销活动，确保将推销工作落到实处。通过顾客资格审查，可以使推销人员节约大量宝贵的时间，也可以提高顾客的订货率和增加顾客的订货量，提高推销人员的工作绩效。通过顾客资格审查鉴定，可以规避推销风险，提高推销活动的安全性。

顾客资格审查通常包括顾客购买需求审查、顾客支付能力审查和顾客购买资格审查等三个方面。

2.3.1 顾客购买需求审查

人类的需求可以概括为三大类，即生存消费需求、享受消费需求和发展消费需求。推销人员要充分认识顾客的需求内容与具体形式，将顾客需求和推销形式紧密联系起来，奉行以顾客需求为中心的指导原则，对顾客现实的、潜在的需求进行审查。顾客需求审查是指对潜在顾客是否存在对推销产品的真实需求做出审查与结论，从而确定具体推销对象的过程。在某种意义上说，顾客需求审查就是寻找现实顾客的过程。现代推销学始终坚持应该向顾客推销他们需要的而不是不需要的产品。因此，推销活动开始前，推销人员首先要把对产品没有需求的顾客从准顾客的名单中排除。顾客购买商品的主要原因在于推销品能够给购买它、拥有它、消费它的顾客带来某种益处，解决某种问题或困难，从而满足某种需求。正如IBM公司前营销副总裁巴克·罗杰斯所说："人们购买某种产品，是因为产品能够解决问题，而不是因为产品本身。IBM不出售产品，它只出售解决问题的办法。"

1. 对现实需求的审查

所谓现实需求，是指消费者对现实生活中已经存在的产品的需求。例如，下雨天消费者会有购买雨伞的需求。实际上，很多消费者往往是"口是心非"，他们所称的需求，可能不是实际的现实需求，有时候顾客对他们的需求是比较模糊和不准确的，有可能他们认为自己需要的某些产品或服务并不一定适合他们，而有时他们先前不看好的产品或服务才真正可以满足其需要。

企业的经营活动被看成是一个不断满足市场需求的过程，而不仅仅是一个纯粹的产品生产过程。作为推销人员，在推销的过程中，首先要弄清楚顾客的真正需求是什么，弄清楚自己所推销的产品能否满足顾客的这种需求，这是推销活动得以顺利进行的前提。一般说来，没有驾驶执照的人是不会去购买新车的。在表2.2中，列出了几种产品形式及其可以满足的顾客需求。

表2.2　产品形式及其可以满足的顾客需求

产 品 形 式	顾 客 需 求
买保险	免遭经济损失
看电影	休闲娱乐
复印机	改进办公效率
空调器	提供舒适的环境
海飞丝洗发水	去头皮屑

当然，需求常常具有很大的弹性，也就是说，在一定的条件下，需求能够被创造。推销工作的实质，就是探求需求和制造需求。

2. 对需求特点和预测购买数量的审查

顾客需求审查不仅包括对顾客需求可能性的审查，还应包括对顾客的需求量进行评价。因为有些顾客虽然对推销品的需求可能性较大，但需求数量很少且只是一次性购买，前去推销得不偿失，不能给公司带来利润，甚至会导致负效益，这些顾客便不能成为合格的目标顾客。而那些对推销品需求数量大，又是长期需求的顾客，则是推销人员首选的并应将其列为重点的目标顾客。按照“ABC顾客管理法”的要求，应将顾客分为主次优劣、重轻急缓的不同级别的顾客群。

所谓ABC顾客管理法，是指推销人员根据一定的具体标准对顾客进行分级管理和重点推销的科学方法。这些具体的标准可以根据不同行业的具体情况来制定，如顾客的规模大小，需求量大小，购买能力大小，顾客商誉高低，购买概率大小以及距离远近、可能长期合作关系等标准。根据标准所得到的不同级别（A级、B级、C级）的顾客之后，推销人员可以按照级别的先后顺序制订推销计划。采用ABC顾客管理法，可以使日常推销工作计划化、程序化、条理化、系统化，有助于推销人员开展重点推销和目标管理，保证以较小的推销投入量取得较大的推销业绩。

3. 对潜在需求的审查

潜在需求又称隐性需求，就是指客户对某类产品或服务因为产品或市场的某些因素，会随时拒绝或使用别的替代品的情况下产生的需求行为。现实需求指的是已经体现出的需求，潜在需求则是指尚未表现出来的、将来的需求，它需要通过一些市场行为进行引导才会体现出来，进而向现实需求转化。

住校大学生对商品房的需求就是潜在需求，虽然现在可能没有现实需求，但是存在着未来的需求或引致需求，所以大学生也是商品房的潜在顾客，如“把梳子卖给和尚的故事”。

推销人员，连同社会上的其他因素，只是影响了人们的欲望，并试图向人们指出何种特定产品可以满足其特定需要，进而通过使产品富有吸引力、适应消费者的支付能力且使之容易得到，来影响和创造需求。推销员应该加强“创造需求”方面的训练，通过创造需求来促进销售；强化顾客的潜在需求，使顾客了解潜在需求的必要性和迫切性，促进潜在需求向现实需求转化，变潜在顾客为现实顾客。目前，有轿车的大学生不多，但是有驾驶执照的却大有人在，这些人中就有大量的轿车潜在顾客。

2.3.2 顾客支付能力审查

支付能力是指偿还债务、支付应交款项的能力，即居民现有资金加上所能获得的贷款及今后若干年内能否偿还的能力。客户支付能力可分为现有支付能力和潜在支付能力两种。支付能力审查是了解对方当事人的注册资金、资金来源、银行存款数量、能否交付贷款等情况。

1. 审查的目的

（1）寻找合格的顾客。如果客户仅仅具有购买的需要，而支付能力不足，潜在的风险就很大。无论某些单位或个人得到某种产品的心情多么迫切，也不管这些产品将能为其带来多大的利益，只要他们无足够的财力购买，就不能被称为客户，因此，推销人员绝不能在此类客户身上浪费时间。

（2）能更好地满足顾客需求，提高推销效率。影响需求的因素是多方面的，除了消费者的收入、偏好，相关商品的价格，消费者对商品价格的预期等因素外，商品本身价格是最重要的。具有不同支付能力的顾客，其需求也不同。收入高、支付能力强的顾客，对商品价格的敏感性相对较低，他们更注重品牌、质量；收入低、支付能力差的顾客，对商品价格更为关注，他们往往喜欢物美价廉的产品。针对不同支付能力的顾客，应采取不同的商品组合，不仅可以更好地满足顾客需求，而且能够提高推销效率。

（3）防止与避免货款损失。当前我国的市场经济还处在发展阶段，诚信的缺失导致商业欺诈行为时有发生。推销人员对推销对象的支付能力审查不够，对没有足够支付能力的顾客进行赊销，往往会造成货款损失。

客户支付能力审查的目的在于开展有针对性的推销活动，提高推销工作的实际效果，可以打击商业诈骗活动，防止欠账、货款无法收回现象的发生。

2. 支付能力审查内容和方法

进行支付能力审查时，首先是鉴定客户现有支付能力，具有购买需求及现有支付能力的客户，是推销员在推销时的最佳选择。其次，应注意对客户潜在支付能力的鉴定。一味强调现有支付能力，容易使市场拓展工作受到阻碍；掌握客户潜在支付能力，可以为推销提供更为广阔的市场。当客户可以信任并具有潜在支付能力时，你应尽可能地协助客户解决支付能力的问题，建议客户利用银行贷款或其他信用方式购买推销品，或对其实行赊销。

如果推销对象是企业，那么对顾客实际支付能力的审查通常要考虑三个方面：第一，企业的经营状况，尤其是财务状况和产品销售状况；第二，企业支付能力的周期变化；第三，企业的信誉。在实际的鉴定过程中，要准确地确定客户的支付能力并非易事，绝大多数客户不愿向别人透露自己的财力状况，很多企业内部财务资料对外保密，在实际操作上是一件比较困难的事情。无论国内还是国外，美国的安然事件、世通丑闻，中国的蓝田股份、银广夏、东方电子等造假事件说明了企业有意隐瞒真实财务状况的现象。因此，要做好客户支付能力分析，也需要推销员做大量的调查工作，以便从各方面的资料中对客户的支付能力做出推算。例如，通过对客户收入水平、家庭人口、生产规模、经营状况等情况的调查去推断其支付能力，就是一条有效的途径；另外，还可以通过统计部门、一级单位或内部成员等得到真实资料。

3. 个体顾客购买能力的审查

个体顾客的购买能力审查主要是从影响消费者购买力的各种因素，如实际收入、购买支出、消费储蓄与信贷等几个方面进行审查。

消费者收入主要指的是消费者的实际收入。消费者收入的多少决定消费者市场购买水平的高低。消费者收入的可任意支配部分是影响消费需求构成最活跃的经济因素，也是影响高档耐用消费品、旅游等商品销售的主要因素。这部分收入越多，人们的购买力就越强，人们的消费水平也越高，企业的营销机会也就越多。

顾客的购买力除了受消费者收入的影响外，还要受消费者储蓄和信贷因素的直接影响。居民个人收入在一定时期内不可能全部花费掉，总有一部分以银行存款、公债、股票和不动产等其他形式储蓄起来，这是一种推迟了的潜在的购买力。当消费者的收入一定时，储蓄数量与现实支出数量是呈反比关系的。推销人员必须了解影响居民储蓄的诸多因素和储蓄目的的差异，以便准确地预测消费需求的发展趋势和发展水平，寻找市场机会。

消费信贷对顾客的购买力影响也很大。有些经济学家认为，各种形式的赊销、分期付款、延期付款是经济增长的主要动力之一，因为它允许人们购买超过自己现实购买力的商品，可以创造更多的就业机会、更多的收入和更多的需求，为企业创造更多的营销机会，从而刺激经济增长。

另外，也可以运用恩格尔系数来衡量居民家庭的贫富程度，进而评价和衡量顾客的购买能力。

知识园　**恩格尔系数**

20 世纪以来，经济学家们常常运用恩格尔定律来分析消费模式和消费结构。德国统计学家 E. 恩格尔在 1875 年研究劳工家庭支出构成时指出：当家庭收入增加时，多种消费品的比例也会相应地增加，但用于购买食物支出的比例会下降，而用于服装、交通、保健、文娱、教育的开支及储蓄的比例将上升，这种趋势被称为“恩格尔定律”。恩格尔系数的计算公式如下：

$$恩格尔系数=\frac{食物支出变动的百分比}{收入变动的百分比}$$

这个公式通常称为食物支出的收入弹性，它反映了人们收入增加时支出变化的一般趋势，已成为衡量家庭、地区以及国家贫富强度的重要参数。恩格尔系数大体可进行以下的划分：

- 59%以上，称为绝对贫困；
- 50%～59%，称为勉强度日；
- 40%～50%，称为小康水平；
- 20%～40%，称为富裕；
- 20%以下，称为最富。

4．团体顾客的购买力审查

推销人员对团体顾客购买力的审查，主要涉及团体顾客的生产状况、经营状况、资金状况、财务状况、信用状况等方面。这里主要介绍团体顾客短期偿债能力和营运能力的分析，借以评价其财务状况和经营成果，预测未来的经营报酬和风险，为推销人员审查团体顾客购买力提供帮助。

（1）短期偿债能力分析。短期偿债能力又称支付能力，是企业以其流动资产偿还流动负债的能力。它反映了企业偿付日常到期债务的实力。企业能否及时偿还到期的流动负债，是反映企业财务状况好坏的重要标志。企业如果短期偿债能力较弱，供应商将很难甚至无法收回货款。

反映企业短期偿债能力的财务指标主要有以下几种。

① 流动比率——企业流动资产与流动负债的比率，即：

$$流动比率＝流动资产÷流动负债 \quad (2\text{-}1)$$

流动比率表明企业每一元流动负债有多少流动资产作为偿还的担保，反映企业用可在短期内转变为现金的流动资产偿还到期流动负债的能力。一般情况下，流动比率越高，说明企业短期偿债能力越强，债权人的权益有很好的保证，遭受损失的风险小；反之，如果流动比率过低，则企业短期偿债能力弱，难以偿还到期债务。一般认为 2∶1 的比例是比较理想的标准。

② 速动比率——企业速动资产与流动负债的比率，即：

$$速动比率＝速动资产÷流动负债 \quad (2\text{-}2)$$

速动比率是衡量企业流动资产中可以立即用于偿付流动负债的重要指标，它比流动比率更能准确地反映企业的短期偿债能力。一般来说，速动比率越高，企业的短期偿债能力就越强；反之，就越弱。根据经验，一般认为速动比率 1∶1 较为合适，企业债务偿还具有安全性。速动比率小于 1∶1，表明企业支付能力不足，面临较大的偿债风险；速动比率大于 1∶1，说明企业的债务偿还的安全性较高。

③ 现金比率——又称即付比率，是企业现金类资产与流动负债的比率，即：

$$现金比率＝现金类资产÷流动负债 \quad (2\text{-}3)$$

现金比率是衡量企业即时偿付债务能力的比率，在反映企业短期变现能力方面，可以弥补以上两个指标的不足，能更为稳健地衡量企业的短期偿债能力。一般说来，现金比率在 20%以上为好。现金比率越高，说明现金类资产在流动资产中所占比例较大，企业应急能力较强，举债能力则较大。

上述三个指标，都能反映企业短期偿债能力。但企业的经营状况总是在不断变化的，要科学、合理、准确地评价企业的短期偿债能力，必须将上述三个指标结合起来加以综合考察。

（2）营运能力分析。营运能力通过企业生产经营资金周转速度的有关指标反映企业资金利用的效率。企业生产经营资金周转的速度越快，表明企业利用资金的效果越好，效率越高，企业短期偿债能力越强。反映企业营运能力的主要指标如下。

① 应收账款周转率——企业赊销收入净额与应收账款平均余额之比，即

应收账款周转率＝赊销收入净额÷应收账款平均余额　（2-4）

这一指标用以测定企业在一定时期内收回赊销账款的能力，反映企业应收账款变现速度的快慢。该比率高，表明收账迅速，账龄较短，收账费用少且坏账损失小，资产流动性强，企业短期偿债能力强。

② 存货周转率——一定时期企业的销货成本与存货平均占用额之比，即

存货周转率＝销货成本÷存货平均占用额　（2-5）

这一指标用以衡量企业存货资金占用情况，并可测定企业的销售状况。在正常情况下，存货周转率越高，相应的周转天数就越少，存货资金周转越快，资金利用效率越高。

5. 审查支付能力时应注意的事项

在对顾客进行支付能力审查时，应避免因为审查错误而失去顾客，更应该避免因为疏忽而遭受损失。一些推销人员由于对顾客支付能力的审查工作做得不细，造成大量货款不能按时归还的现象时有发生。其根本原因，一是个人收入减少，企业经营状况变坏，资金紧张，支付能力不足；二是推销人员的问题，如不及时回收货款等；三是顾客的恶意欺诈。

有些推销人员由于种种原因，存在着不重视顾客支付能力审查的做法。正是由于推销人员放松了应有的警觉性，疏于对顾客支付能力进行审查，致使企业遭受各种各样拖欠与丢失货款的损失，甚至上当受骗。

（1）忽视对老客户的审查。根据“二八”定律，企业 80%的利润来源于 20%的忠实顾客。推销人员由于种种原因往往忽视对老顾客的支付能力的审查，有的骗子惯于用“放长线钓大鱼”的伎俩，在开始进行小额交易时，按时付款，等双方熟悉后，推销人员放松警惕，便骗取一笔大的货物或货款逃跑。所以，当老顾客购买数量或价值出现重大变化时，一定要谨慎审查。

（2）对有“来头”的顾客不审查。对于不认识的持有某大公司、某领导介绍信的人员，不要轻易相信。推销人员不要盲目乐观，认为钓着了大鱼，要多问几个为什么，事实上一些骗子正是利用人们对所谓有“来头”的人的信任进行欺骗。

（3）忽视程序。推销人员一定要严格按照公司制度和推销程序进行工作，不能因为怕麻烦、不好意思等，不按程序办事，允许顾客不在收货单上签字、盖章等，这样一旦出现货款纠纷，就很难主张自己的权利。

资料库　电路城破产　供货商的灾难

2008 年 11 月 10 日，美国第二大电器产品零售连锁企业——电路城（Circuit City），根据破产法第 11 章，向其总部所在地弗吉尼亚州里士满法庭申请破产保护。在向法院提交的破产申请中，该公司首席财务官布鲁斯·贝赞可承认，供货商信心衰减、流动性问题及全球金融危机是导致公司破产的主要原因。

电路城是全球 500 强成员企业，是北美地区最大的电器与数码产品专业店零售商之一，旗下拥有 3C 店、专业数码连锁、通信连锁及音像制品连锁等多种业态。1999 年之前，电路城一直是美国第一大家电连锁零售商，此后被百思买公司（BestBuy）超越；它在美国及加拿大分别有 721 家和 770 家门市，主营家用电器产品、家庭及办公产品、娱乐软件及相关服务，其分布在世界各地为顾客提供服务的员工超过 40 000 名。

由于电路城在全球 15 个国家拥有 7500 个电子产品供货商，这一破产保护消息让许多企业措手不及。国外媒体称，电路城目前积欠供货商应收账款合计高达 6.5 亿美元，供应商包括惠普、三星、索尼、东芝等巨头。

（资料来源：中国家电网）

2.3.3　顾客购买资格审查

对推销品具有购买需求和支付能力的顾客，如果不具备购买资格，也不是合格的目标顾客。因此，推销人员要对潜在顾客的购买资格进行审查，审查购买人是否具有作为市场经营主体的行为能力以及对推销品的购买是否有某些限制。

市场经营主体的行为能力是由国家法律赋予的，这种行为能力是通过有无国家行政机关颁发的相关证照来体现的。一切从事经营活动的个人、组织、法人，都需持有国家工商部门颁发的营业执照，无照经营便是非法经营。持照人在营业执照规定的经营范围内从事经营活动，是国家法律赋予持照人的权利能力和行为能力，超越规定的经营范围的经营行为是无效的、非法的，且不受国家法律的保护。某些特殊行业还必须持有特殊行业经营许可证照或专营证照，一般称为许可证。例如，食品行业需有卫生主管部门颁发的“卫生许可证”，生产药品的行业要有“药品生产许可证”，卷烟行业必须有“烟草专卖许可证”，等等。国家对一些行业还进行了等级划分和资质规定，如建筑企业、设计企业分为甲级、乙级、丙级等。不同等级的企业从事经营活动的资质是不同的。例如，按国家规定要求，属于丙级的设计单位，只能承担 1 万平方米以下的建筑设计任务，不能越级，否则将视为设计资质不合格而带来不良后果。

推销人员在审查市场经营主体的各种证照时，还要注意其时间效力，过期失效、吊销、撤销的证照更要引起重视，以免发生问题。

由于购买者主要有个体购买者和组织购买者，所以购买人资格审查的主要内容，是审查以家庭为主和以法人资格进行购买的购买者的角色和影响因素。

1．家庭和个人的购买人资格审查

（1）家庭购买决策类型。家庭是一个社会的经济细胞，它与消费的关系极为密切。据统计，家庭消费几乎控制了80%的消费者行为。家庭不仅对其子女的价值观、行为取向、生活方式、消费习惯的形成产生重要影响，同时，它还影响着家庭成员的购买决策与购买投向。购买一件商品可能是根据家庭中某一成员的提议或是根据共同的决断，反之也可能因家庭成员反对而终止某项购买活动。

消费者的购买活动一般以家庭为单位，尤其在我国这样一个受传统家庭伦理观念影响较深的国家更是如此。但是购买的决策者，通常不是家庭的全体成员，而是家庭中的某一个成员或几个成员。

根据我国的传统习惯，一般家庭的角色分工是男主外、女主内。但在消费上，不同家庭成员对购买决策的影响却不能这样简单地划分，它要受到家庭类型，所购商品类型、特点，商品价值与购买风险大小等因素的影响。购买不同的商品，每个家庭成员所起的作用是不一样的。家庭购买决策类型有丈夫做主型、妻子做主型、各自做主型和共同协商决定型四大类。

除此之外，还有很多因素决定了家庭购买决策类型，如文化水平、居住地、信仰、价值观念、性格等。

（2）购买角色。在家庭或者个人的购买行为决策过程中共有五个角色参与其中，即购买行为的提议者、影响者、决策者、购买者和使用者。

提议者是最先提出要购买某种商品的人。由于他的提议引起家里其他人对这一商品的注意与兴趣，而这个人可以是父母双方中的某一人，也可以是家庭中的其他人。影响者是提供商品信息或购买建议的人。虽然他并不一定是最终决策人，但却可以影响人们对商品的评价和看法以及对具体商品的选择，如购买的品牌、型号、性能等。决策者是有权独立或与家庭其他成员共同做出买与不买决策的人，他通常是家庭中的权威人物或掌管着家庭经济大权。购买者是负责到商店完成购买任务的人，他也会影响对具体商品的选择。使用者是商品的最终受益者，它可能是家庭中的某一位成员，也可能是全体成员。

日本的一项研究表明：购买汽车时，由丈夫决定的占56.1%，主要由丈夫决定的占29.9%，合计86%由丈夫参与决策；购买电冰箱时，由妻子决定的占38.9%，主要由妻子决定的占43.3%，合计82.2%由妻子参与决策；购买电子微波炉时，由妻子决定购买的占43.1%，主要由妻子决定购买的占40%，合计83.1%由妻子参与决策；购买吹风机时，由妻子决定购买的占51.5%，由丈夫决定购买的占22.2%，妻子在购买决策上起主要作用。

知识园　购买权限

消费者有权利购买和消费所需的商品，但是并非所有的商品都是可以不受限制地自由买卖的，例如下列这些情况。

所有处方药必须凭医师处方才能购买，销售处方药的药店必须配备执业药师或经过资格认定的药学技术人员。2005年年底之前，我国所有县级和县级以上城市药店必须达到上述要求。

北京对限价房的购买资格做出了限制：具有本市（北京）常住户口；本市中低收入家庭优先；解危排险、环境整治、文保危改、城中村整治及其配套设施等重点项目的本市被征地、拆迁家庭优先。已经取得经济适用住房购买资格的家庭如放弃经济适用房购买资格，可以申请购买。

瑞士法律规定，18 周岁以下不能购买强酒精饮料，而啤酒、葡萄酒和苹果酒不能卖给 16 周岁以下的少年；英国法律规定，18 周岁以下者不得在公众场合饮用酒精饮料；等等。

推销员在向顾客推销有限制性要求的商品时，要对顾客的购买资格进行认真的审核，以防止发生违法行为。

2．法人购买的决策者资格审查

在对法人的法律资格、营业执照、许可证、资质等级等审查通过后，大量的审查工作是对顾客内部各种“购买决策角色扮演者”的资格审查。

不同企业的规模大小差异很大，小企业购买中心的成员可能只有一两个人，大企业则可能由一位高级主管率领一大批人组成采购部门。另外，根据所购产品的不同，购买部门的人员组成也不同。例如，购买低值易耗品，即便是一家大企业，购买中心也只要一个人就够了；如果购买的是生产装备，涉及技术问题和大笔投资，那么，除专业的采购人员之外，购买中心成员还应包括技术员、工程师，甚至最高主管，以做出投资上的重大决策。

（1）法人购买决策特点。与家庭购买决策者相比，法人购买决策具有两个特点：

① 参与购买的决策者众多，有技术专家、高级管理人员、采购专家、财务主管，有时还有最高管理者或产品的实际操作使用者。

② 采购人员多经过专业训练，对所购产品的技术细节有充分的了解。因此，法人用户的购买更容易做到理智、科学、经济。

（2）购买角色。参加采购中心的所有人员具有同一采购目标，并分担决策的风险，但其中每种角色又不同，这些角色可概括为以下几种：

① 实际使用者。通常首先由他们提出购买建议，如一线工人对生产工具的需求。

② 影响者。企业内外一切对最后购买决策有影响的人，如使用者、技术人员、推销员均可能是影响者。

③ 决策者。拥有决定权的人，一般情况下，决策者就是采购者，但在交易大而复杂的情况下，决策者可能是企业主管，由他批准采购人员的采购方案。

④ 采购者。被企业正式授权具体执行采购任务的人。

⑤ 控制者。能阻止卖方推销人员与企业采购中心成员接触，或控制外界与采购有关的信息流入企业的人，如采购代理人、接待员、电话员、秘书等。

针对上述情况，推销人员应具体了解在法人用户中，谁是购买决策的主要参与者，他们各自的影响程度如何，他们的评价标准是什么，等等，然后才能制定出有效的推销对策。

知识园　**寻找顾客就像钓鱼**

有过钓鱼经验的人都知道，要想钓到鱼，光有鱼线和钓竿还不行，还得知道哪里有鱼，得准备鱼儿喜欢吃的饵。怎样找到鱼？什么饵才是合适的？美国《创业家》杂志发表的文章《发现顾客的简易方法》（Smart,Easy Ways to Find Customers），介绍了几种帮助推销员找到顾客的方法。

找到鱼多的地方。在寻找顾客前先回答一个问题：理想的顾客是什么样子的？至少要列出理想顾客的五个特征，比如：年龄25到35岁之间；是否已婚；居住的地方在什么区域；孩子是否已经上学；每周至少开车走30英里（1英里=1.6093千米）；等等。

如果连五个特征都列不出来，那么企业就不可能发展得很快，走得很远。为了回答这个问题，想想你的三个比较优质的顾客，他们有什么共同特征。然后开始描绘你的顾客，想想他们属于哪个群体，是老年人呢，还是年轻人？如果产品是针对小孩子的，那么付钱的是谁？奶奶、妈妈还是爸爸？为此，你可能需要制定几个市场寻找战略。

给顾客合适的优惠待遇。接着，你需要知道在哪里可以接触到这些人。如果你的顾客是喜爱足球的妈妈们，那么除了足球场，还可以到哪里找到她们？零售店、加油站还是体育用品店？你可以在零售店外竖广告牌，但更好的地方是在足球场附近。

你也可以问问你的顾客："是否有其他的足球妈妈需要这种产品？"或者，用折扣或奖励的手段，鼓励顾客将产品推荐给其他人。有的推销员承诺，如果顾客带来了三个新顾客，那么他将享受10%的折扣或免费接送的优惠。当然，你还可以使用更省钱的方法。和附近的商家合作，由他们提供优惠券，你则负责将优惠券派给顾客。其他的商家都会比较愿意接受这种互惠互利的合作。关键是，你提供的优惠一定要让顾客觉得有价值。

项目实施指导

1. 将全体学生分成若干小组，每组4～6人，选出一名同学担任组长。
2. 收集整理顾客基本资料。
3. 根据顾客资格审查要求，分析整理顾客的支付能力、需求状况、购买资格等信息。
4. 确定推销品的目标顾客。
5. 撰写500字左右的顾客资格审查报告。
6. 提交报告，教师对学生进行评价。

项目评价表

评价项目	评价要求	分值	得分
项目执行	团队分工合理，执行进度合理	20	
顾客资格审查报告	顾客需求表述清晰	30	
	在报告中充分体现顾客购买能力	20	
	购买决策权判断正确	30	
合计		100	

项目工作小结

序　号	小结重点	主要内容	教师批注
1	工作业绩	1. 2. 3. 4.	
2	问题质疑	1. 2. 3. 4.	
3	项目报告	1. 2. 3. 4.	

项目知识小结

寻找顾客是推销工作的第一个步骤和基础性工作，有利于保障基本顾客队伍的稳定和发展，有利于明确推销活动的目标，提高推销效率。寻找顾客要坚持对推销对象的范围进行准确定位，多途径寻找顾客，以及养成随时随地寻找顾客的习惯等原则。常见的寻找顾客的方法有“卷地毯”寻找法、介绍寻找法、中心开花寻找法、广告寻找法、资料查阅寻找法等。

顾客资格审查贯穿于寻找顾客的全过程，顾客资格审查包括顾客需求审查、顾客支付能力审查、顾客购买资格审查等方面的内容。

自我测验

回答下列问题，测试自己在哪个环节还需要改进？

1．在推销过程中，你有明确的推销目标吗？　有□　没有□

2．在推销过程中，你总是充满活力吗？　是□　否□

3．在推销过程中，你开发顾客的能力强吗？　是□　否□

4．在推销过程中，你自信能说服顾客吗？　是□　否□

5．在推销过程中，你曾经回答不出顾客所提出的问题吗？　是□　否□

6．在推销过程中，你善于找出顾客的需求吗？　是□　否□

7．在推销过程中，你能言简意赅地进行产品说明吗？　是□　否□

8．在推销过程中，你擅长处理顾客的反对意见吗？　是□　否□

9．你经常与老客户保持联系吗？　是□　否□

10．你能否顺利收到货款？　是□　否□

思考与练习

1．判断题（正确的打“√”，错误的打“×”并改正）

（1）在寻找顾客之前，首先要确定准顾客的范围，使寻找顾客的范围相对集中，提高寻找效率，避免盲目性。（　　）

（2）没有支付能力的潜在顾客，不可能转化为目标顾客。（　　）

（3）介绍寻找法比较费时费力，寻找工作的效率比较低。（　　）

（4）中心开花寻找法是一种比较普遍的寻找顾客的方法，它可以大大地避免推销人员的盲目性。（　　）

（5）购买力审查的重点对象是组织与企业购买者。（　　）

2．单项选择题

（1）既有购买所推销的商品或服务的欲望，又有支付能力的个人或组织，被称为（　　）。

A．线索　　B．准顾客　　C．顾客　　D．推销对象

（2）（　　）主要适用于金融服务、旅游、保险等无形商品和时尚性较强的有形商品的准顾客的寻找。

A．介绍寻找法　　B．中心开花寻找法

C．广告寻找法　　D．资料查阅寻找法

（3）向目标顾客群发送广告，这是（　　）法运用的步骤。

A．介绍寻找法　　B．中心开花寻找法

C．广告寻找法　　D．资料查阅寻找法

3．多项选择题

（1）准顾客应具备（　　）。

A．购买需求　　B．购买力

C．人际关系好　　D．具有购买决策权

（2）顾客资格审查的方法有（　　）。

A．市场调查法　　B．资料查询法

C．集体访谈法　　D．推销人员同行调查法

案例阅读

一个化妆品推销员的经历

我曾经是某外贸公司的办公室文员，由于公司生意不景气，我辞掉了公职，加盟雅芳公司，做了一名职业推销员。加入一个新行业，一切都必须从头开始，我为自己没有客户而发愁，不得不每天挎着一个大背包，里面装满了各种眉笔、唇膏、粉饼等化妆品，一家家地敲着陌生人的大门。可是能开门见我的人很少，多数人只是在门镜里看了看，就很不客气地在门里说："我们不需要，快走吧!"一连几个月我的收入虽然有所提高，但仍不足以维持温饱，这深深刺痛了我那颗骄傲的心，我不相信在别人干得有声有色的行业中，自己只是一个"脓包"，我一定有办法开创自己的新天地。

我先向我的同学、亲友介绍雅芳化妆品，先请她们试用，并借机向她们推销产品，很快我的业绩有了提升，之后我又请她们把我介绍给她们的同事，但是当用这些常规方法发展到近50人时，我的业务又出现了停滞。

接下来我决定先在自己住的小区里展开推销活动。我写了几百封信："×号的李女士，您好!我是您的邻居王小丽，在雅芳公司工作，我很希望与您交个朋友。能在晚上6至8点钟之间给我打个电话吗？我的电话是××××××××。"并附上一些化妆品的说明书，然后把信件塞进了各户的信箱。以后几天晚上陆续接到5个电话，卖出了3只口红、4个保湿粉饼和1瓶收缩水。

就这样做了几个月，我的推销成绩又有了很大进步，但我仍觉得销售增长的速度慢。怎样才能提高效率呢？我苦思冥想了很长时间也不得要领。后来在儿子的家长会上我偶然得知有一个孩子的妈妈是某单位的工会主席，姓王，我突然有主意了，决定试一试。

机会来了，有一天下着大雨，工会主席还没来，看着孩子们一个个被家长接走了，她的孩子很着急。我就主动上前安慰他，告诉他说："阿姨可以送你回家。你先给妈妈打个电话，告诉她不要着急，××（我的儿子）的妈妈送你回家。"小家伙照办了。我把他送到家，记住了他家的地址。

我们成了好朋友，我给她做了全套护肤美容和化妆，边做边讲解，并针对她的肤质特点提出建议，工会主席发现化妆后比平时漂亮多了，大家的赞美使她很高兴，自然成了我的顾客。她也帮助我介绍了一些同事，在她的影响下，她们单位的不少女士也都开始使用雅芳化妆品了，我的顾客数量也达到了300人，收入大有增长。

王主席后来又帮我和另外几个大企业的工会主席取得了联系，建立了友谊。通过这种方法，我发展了几个公司的大量顾客。她们中有的人买全套化妆品，有的人只买单件，不论怎样，我对她们一视同仁，不厌其烦，周到服务，大家对我非常满意。因此我的顾客量像滚雪球般越来越大，销售量直线上升，收入也有了极大的提高。

项目3

推销约见和接近

项目实施背景

作为一名优秀的销售人员，在确定目标顾客之后，就要准备和顾客见面，洽谈销售相关事宜。为顺利进入推销洽谈环节，推销人员有必要事先约见客户，在顾客允许的情况下进行拜访能提升推销效率。约见前要注意做好顾客资料的准备工作，同时注意使用恰当的方法接近顾客。本项目划分成两个子项目：推销约见和推销接近。这两个子项目之间属于递进式关系，项目的实施顺序按照推销工作流程是不能改变的。项目分解设计如下：

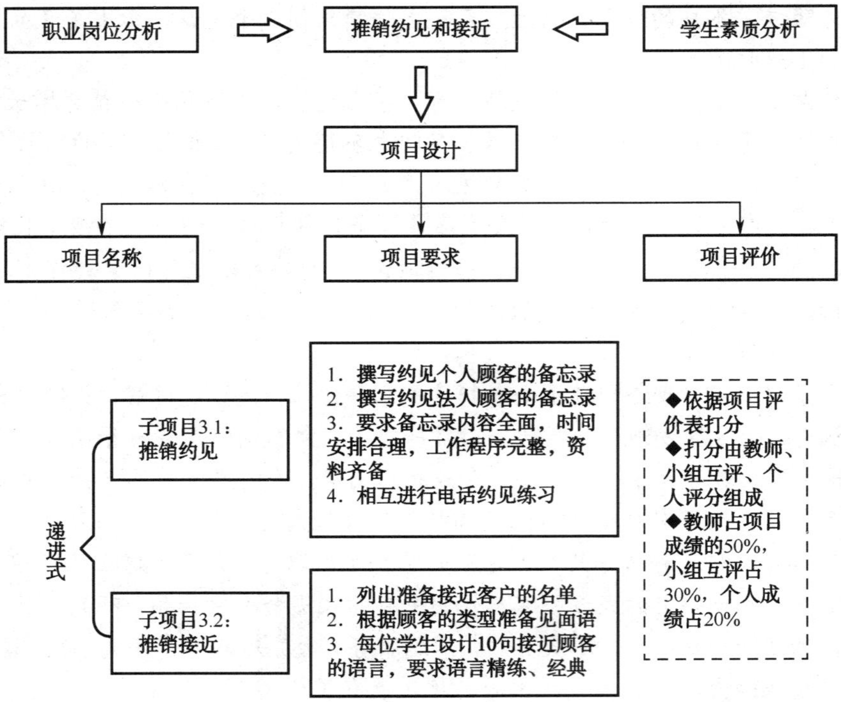

子项目3.1 推销约见

项目解析

【项目目的】

会收集顾客信息，做好推销约见前的准备工作。

【项目要求】

1．撰写约见个人顾客的备忘录。
2．撰写约见法人顾客的备忘录。
3．要求备忘录内容全面，时间安排合理，工作程序完整，资料齐备。
4．相互进行电话约见练习。

项目实施安排

组别： 组长： 日期：

项目实施人员分工	岗　　位	姓　　名	具 体 要 求
项目实施时间安排	项 目 阶 段	时间/天	具 体 要 求

项目教学方案设计

<table>
<tr><td>项目名称</td><td>子项目3.1：
推销约见</td><td>教学方法</td><td>讨论法与角色扮演法</td><td>建议课时</td><td>2</td></tr>
<tr><td rowspan="2">项目目标</td><td>能力目标</td><td colspan="3">1．能够做好约见个人顾客、法人顾客的准备
2．能运用约见顾客的方法顺利的约见顾客</td><td rowspan="2">培养学生能够站在对方的角度考虑问题，理解他人并与人和谐沟通的能力</td></tr>
<tr><td>知识目标</td><td colspan="3">1．理解约见准备的重要性
2．掌握约见个人顾客应准备的内容
3．掌握约见法人顾客应准备的内容
4．明确约见顾客的内容
5．掌握约见顾客的方法</td></tr>
<tr><td rowspan="2">项目准备</td><td>教师</td><td colspan="4">课件及项目评分原则</td></tr>
<tr><td>学生</td><td colspan="4">1．分组
2．纸笔及相关推销约见的准备工具，如电话</td></tr>
<tr><td>项目评价</td><td colspan="5">教师、小组互评项目</td></tr>
<tr><td rowspan="5">项目过程</td><td>教学环节</td><td>教师活动</td><td>学生活动</td><td>教学目标</td><td>课时</td></tr>
<tr><td>一、项目介绍</td><td>1．教师进行项目解析，提出项目要求
2．布置项目实施安排</td><td>学生做好项目要求笔记</td><td>学生能清晰地了解项目实施的目的与程序</td><td rowspan="2">1</td></tr>
<tr><td>二、理论知识</td><td>1．讲授理论知识
2．解释学生知识疑问</td><td>1．接受项目理论知识
2．提出疑问</td><td>掌握项目实施的相关知识</td></tr>
<tr><td>三、项目实施</td><td>教师观察与指导学生实训</td><td>1．组长负责
2．商讨约见个人及企业用户要准备的内容
3．撰写约见备忘录
4．电话约见顾客</td><td>学生能做好约见前的准备，能顺利的约见顾客</td><td>2</td></tr>
<tr><td>四、项目评价</td><td>教师打分与评价</td><td>1．小组互评进行打分
2．计算小组平均成绩</td><td>学生能评价约见顾客方法的优缺点</td><td>1</td></tr>
<tr><td rowspan="2">项目实施报告</td><td>教师</td><td colspan="4">检查学生项目实施报告，给出评价</td></tr>
<tr><td>学生</td><td colspan="4">填写项目实施报告</td></tr>
</table>

项目知识

3.1.1 推销约见的意义

资料库

美国推销员协会针对推销员的拜访进行了一项长期的调查研究，结果发现：48%的推销员，在第一次拜访遭遇挫折之后，就退却了；25%的推销员，在第二次遭受挫折之后，也退却了；12%的推销员，在第三次拜访遭到挫折之后，也放弃了；5%的推销员，在第四次拜访碰到挫折之后，也打退堂鼓了；只剩下10%的推销员锲而不舍，毫不气馁，继续拜访下去。结果80%推销成功的个案，都是这10%的推销员连续拜访5次以上所达成的。通常推销员效率不佳，多半是由于一种共同的毛病，就是惧怕客户的拒绝。心里虽想推销却又裹足不前，所以纵有满腹知识与技巧也无从发挥。真正的推销家则有顽强的耐心，有“精诚所至，金石为开”的态度，视拒绝为常事，且不影响自身的情绪。

1．有利营造推销人员与顾客的信任氛围

推销产品实际是在推销自己，为了在第一次接触顾客时赢得顾客好感，初步建立信任氛围，做好接触前的准备工作至关重要。如果事前不做准备而贸然拜访客户，不但浪费了顾客的时间，也使顾客产生一种被轻视的感觉，这会伤害彼此之间的关系。很多推销员在去见顾客之前常常会出现一种莫名的恐慌感，原因在于他不了解对方，常常因为一个不经意的错误，如顾客的忌讳、客户讨厌的习惯等，而增加推销阻力。所以，为了提升推销效率要做好顾客资料的整理工作。

2．有利于进一步审核顾客资格，补充顾客资料

顾客约见是进一步确定客户是否具备购买需求、购买能力及购买决策权的行为。这样可以避免接近顾客的盲目性，降低推销成本。同时在约见过程中，可以通过面谈获得更多的顾客资料。

3．有利于推销人员制订具有针对性的面谈计划，提高推销效率

推销约见能够再次了解顾客的需求特点及性格特点，推销人员在介绍商品时，可以根据顾客的资料，采取恰当的切入话题，建立和谐融洽的推销环境，并根据消费者的性格特点，选择恰当的推销方法，从而做到有侧重、有针对性的推销活动，提高推销效率。

3.1.2 约见个人顾客前的准备工作

知识园

美国大西洋石油公司的一份调查资料显示：在交通、时间等条件相同的情况下，业绩优秀的推销人员用于接近准备的时间占全部推销活动时间的21%，而表现一般的推销人员用于接近准备的时间只占全部推销时间的13%，两者相差8%。这说明准备工作与推销业绩是有关联性的。因此，应当避免对约见前准备工作重要性认识的不足。

1. 个人基本情况

个人的基本情况包括姓名、年龄、性别、兴趣爱好、人生经历、籍贯、职业、学历、居住地、邮编、联系方式、宗教信仰等。

如果能在一见面时就准确地叫出其姓名称谓的话，会缩短推销人员与顾客之间的距离感，产生一见如故的感觉。而年龄能够体现出不同的性格特点和需求特点。其他的基本资料，主要是建立轻松、愉快的谈话氛围，找到推销人员和顾客的共同话题。

2. 家庭及成员情况

家庭主要成员及其成员所属单位、职业、职务、收入情况，以及家庭成员的价值观念、生活方式、兴趣爱好、购物习惯等。另外，还要认真分析家庭生命周期阶段及配偶、子女在家庭购物活动中各自所起的作用。

资料库　家庭生命周期

序　号	时　期	描　述	消费重点
1	青年单身期	参加工作—结婚	休闲、娱乐、住房等
2	家庭形成期	结婚—新生儿诞生	休闲、娱乐、家庭高档用品等
3	家庭成长期	新生儿诞生—子女上大学之前	保健医疗、学前教育、幼儿保险等，财务负担重
4	子女教育期	子女上大学期间	子女教育费

3. 个人需求情况

这是顾客资格审查的重要内容之一，也是顾客接近前必须要掌握的内容。推销人员应尽量了解顾客购买的主要动机、需求的详细信息，对商品需求的排列顺序，可能支付的价格、是否具有购买决策权，购买的时间、地点和方式等，便于有针对性地做好推销工作。

案例3.1

一位推销人员急匆匆地走进一家公司，找到经理室敲门后进入。

推销员："您好，李先生。我叫李明，是美佳公司的推销员。"

曲经理："我姓曲，不姓李。"

推销员："噢，对不起。我没听清楚您的秘书说您姓曲还是姓李。我想向您介绍一下我们公司的彩色复印机……"

曲经理："我们现在还用不着彩色复印机。即使买了，可能一年也用不上几次。"

推销员："是这样……不过，我们还有别的型号的复印机。这是产品介绍资料。"（将印刷品放到桌上，然后掏出烟与打火机）"您来一支？"

曲经理："我不吸烟，我讨厌烟味。而且，这个办公室里不能吸烟。"

案例分析：在推销约见前，要熟悉推销对象的基本信息，如姓名、职务、年龄、需求特点等。这样才能与消费者建立信任的推销氛围，展开有针对性的面谈。

3.1.3 约见法人购买者前的准备工作

法人购买者，也称团体购买者。团体准顾客是包括工商企业、政府行政机关、事业社团等的购买者。对于团体购买者，推销人员面临的难度会更大，所以，准备的资料应比个体准顾客更充分。

1. 基本情况

基本情况包括法人购买者机构的全称及简称、所属行业、所有制形式、注册资金、隶属关系、所处地点及运输条件、联系方式、拥有的职工人数。同时还要了解公司的成立时间、演变经历；更为重要的是要记住团体顾客企业曾经获得的引人注目的成绩；以及公司目前的法人代表。

2. 生产经营情况

团体顾客的生产经营情况对其购买行为有着较为直接的影响。因此，在接近团体顾客之前，推销人员应全面了解该企业的生产经营情况，包括产品类型、品种与产品项目；生产能力；设备技术水平及技术改造方向；产品主要的目标市场；目标顾客及其市场情况；市场占有率及利润情况；管理风格与水平及企业的公众形象；组织的经营战略及营销策略；等等。

3. 采购惯例

采购惯例，包括采购对象的选择标准及购买途径、购买周期、购买批量、结算方式等方面的内容。在做准备工作的过程中，推销人员要对团体顾客的采购惯例进行认真、全面、细致的分析，再结合推销品的特征和性能，确定法人采购推销品的可能性。

4．组织人事情况

推销人员不仅要了解法人顾客的近、远期目标，组织结构，组织规章制度及职权范围和人事状况。尤其要了解购买决策人是谁？重要决策影响人是谁？从而提升推销效率。

5．机构联系方式

应了解法人顾客所在地及各分支机构所在地详细地址、邮政编码、联系电话、传真机号码、公司网址，以及法人顾客主要决策人的手机号码，以及前往约见与接近时可以利用的交通路线及交通工具，进入的条件和手续等情况。

6．其他情况

对影响顾客购买的其他情况也要了解。例如，了解法人团体顾客的购买决策影响因素；目前供应商的情况；目前主要竞争对手的情况；等等。

3.1.4　约见熟人前的准备工作

案例3.2

推销人员小马给从前的老顾客某医院郝院长打电话，内容如下。

小马："郝院长您好！好长时间没见了，今晚有空吗？我请您吃饭。"

郝院长："不，谢谢。"

小马："我们公司从国外刚进口一种新的心脏起搏器，我想向您介绍一下。"

郝院长："有业务想起找我啦？"

小马："当然，我们是老朋友了嘛。"

郝院长："我恐怕让你失望了。"

小马："为什么？"

郝院长："一年前我就改任书记，从事党务工作了。"

案例分析：小马的推销一定是不成功的，虽然郝院长是熟人，但他长时间没有与客户保持联系，对老顾客的变动情况也不了解，容易产生老顾客的流失。因此在推销约见老客户前，要及时补充和调整其已经发生变化的资料。

老顾客又称熟人、熟客、常客，是推销人员熟悉的、比较固定的买主。保持与老顾客的密切联系，是推销人员保证顾客队伍的稳定，取得良好推销业绩的重要条件。

对熟悉顾客的接近准备工作，不同于对新寻找的目标顾客的准备工作，因为推销人员对原有顾客已经掌握了一定的情况，主要是对原有资料的补充和调整，是对原有资料错漏、不清楚、不确切等方面进行的及时修订和补充，是对原有客户关系管理工作的延续。

1. 重温熟人的基本情况

在与老顾客见面之前，应该对其原有的情况进行温习与准备。通过充分的准备，在与老顾客见面时，可以准确地叫出对方的名字或非常清楚对方的爱好，等等，这样会让顾客感到很亲切，进一步密切与顾客的关系。

2. 变动情况

由于顾客的资料可能会发生某些变化，因此，在拜访前应对原来档案中顾客的资料进行审查，并加以核对，看是否发生变化。审核的重点是经营与财务状况有无变化，主要领导人员有无变化，最近有无涉嫌诉讼案件、经济案件等。

3. 顾客反映的情况

对于熟人而言，在推销人员再一次拜访接近之前，应该了解老顾客（无论是个体顾客还是团体顾客）上一次成交之后所反映的情况。顾客反映的内容是多方面的，主要包括产品质量、使用效果、供货时间、产品价格、售后服务等。重新检查上次成交后有无需要订正的地方，有无需要加以处理和补充的事情，等等。

3.1.5 约见顾客前的准备工作

案例3.3

电话响起。

顾客：“喂，您好!”

销售人员：“您好，麻烦您，能请尤根·克拉莫布先生亲自接电话吗？”

顾客：“我就是！您有什么事吗？”

销售人员：“您好，克拉莫布先生！我叫格拉索，海尔曼-格拉索！是‘宝卡’公司的专业咨询师，我们的公司位于富里达，是专门从事办公室以及仓库资源合理化业务的。克拉莫布先生，有关您扩大卡塞尔仓库面积的计划，我们‘宝卡’公司早有耳闻了。所以我想给您看一些东西，这也许能够帮助您在新仓库里节省空间和人力消耗！您觉得咱们的这次见面安排在什么时候最合适？是下周二上午好，还是周三下午好？”

顾客：“那好吧，您星期二上午过来吧!”

销售人员：“我记一下时间，克拉莫布先生。您记住我的名字了吗？我叫格拉索(Glasow)！拼写是G—L—A—S—O—W！那咱们下星期二上午见。克拉莫布先生，真高兴能有机会和您见面!”

案例分析：成功的电话约见，确定约见对象之后，要进行自我介绍及公司介绍，介绍完成后，指明能引起顾客兴趣的约见事由，主动提出约见时间。

约见是整个推销过程中的一个环节，推销人员如忽视了约见这一必要环节，直接拜访，会让顾客感觉自己不被尊重，推销人员会成为被拒之门外的不速之客。同时推销约见又能掌握顾客对此次购买及推销人员的态度，从而提高推销效率。

在约见顾客的过程中要讲究约见的内容和约见的方法，即推销人员应采用恰当的方法，对推销对象讲明约见的时间、地点和约见事由，使该推销环节能够顺利进行。

约见作为推销接近的前期准备工作，它的内容取决于接近和面谈的需要。在推销中，根据推销人员与顾客之间关系的不同，约见的内容会有所差异，老顾客可能随意些，而新顾客就要考虑他的性格、职位以及采购的目的等。在约见过程中要充分考虑顾客各方面的情况，它具有一定的规律，一般来说，约见的主要内容有以下几项。

1．明确约见对象

进行推销约见，首先要明确具体的约见对象。约见对象应该是对购买行为具有决策权或对购买活动具有重大影响的人。一般来说，推销人员在开始约见之前就已经选定了约见对象。但在实际推销工作中，推销人员往往发现自己无法直接约见这些大人物，而需要事先和他们的下属或接待人员接触。

确定访问对象时应注意以下几点。

（1）设法直接约见决策人及其他对购买决策具有重大影响的人，避免在无权或无关人员身上浪费时间。

（2）尊重接待人员，尤其在约见法人顾客时。无论约见何人，推销人员都应该一视同仁，不可厚此薄彼。有些要人将接待来访人员的任务全盘交给下属，他将按照下属的安排会见来宾，有时难以分清谁是真正的“要人”。因此，为了顺利地约见主要顾客，推销人员必须争取接待人员的支持与合作，使他们乐于帮助推销人员约见其领导或购买决策人，而不是为难或阻挠。

（3）做好约见的准备工作。推销人员应准备好必要的推销工具和推销辅助用品，如样品、照片、鉴定书、光盘以及必要的企业合法证件或其复印件、介绍信、名片、身份证等，约见前要调整好自己的情绪及态度。

案例3.4

一名推销员与四川某电机公司的购货代理商接洽了半年多的时间，但一直未能达成交易，这位销售员感到很纳闷，不知问题出在哪里。反复思忖之后，他怀疑自己是否与一个没有决定权的人打交道。为了证实自己的猜疑，他打了一个电话给这家机电公司的总机，询问公司哪位负责机电订货事宜，最后了解到进货决定权在公司总工程师，而不是那个同自己交往多次的购货代理商。

案例分析：约见对象应该是具备购买决策权或者对购买具有重要影响的人。约见对象找错了，不仅浪费推销人员的时间，而且直接降低推销效率。

2．选择约见地点

拜访地点的确定，应与被访顾客、访问目的、访问时间相适应。选择约见地点的基本原则是方便顾客，有利于推销。

通常下述地点可供推销人员在选择访问地点时参考。

（1）工作地点。若目标顾客是企业，最佳访问地点一般是目标顾客的工作地点。在约见顾客之前，推销人员必须彻底调查企业相关情况，了解顾客所在的工作地点、工作环境、岗位职责与兴趣爱好等。

（2）居住地点。若推销对象为个体顾客，则最佳的访问地点是居住地点。在此处面谈，可缩短双方的距离，显得亲切和自然。在实际推销工作中，以居住地点为约见地点，一般应由顾客主动提出邀请，或者在顾客乐于接受的情况下由推销人员提出约请。如果顾客不同意或不乐意，则应更改约会地点，绝对不可强求。

（3）社交场合。美国著名的营销学家斯科特·卡特利普曾说过："最好的推销场所，也许不在顾客的家里或办公室里。午餐会上、网球场边或高尔夫球场上，对方可能更容易接受你的建议，而且戒备心理也比平时要淡薄得多。"因此，推销人员不仅是一个推销员，还必须成为一个社交活动家，要和顾客交朋友，做顾客的知心人。推销人员要谨记：八小时工作时间是推销时间，八小时之外也是推销时间。

（4）公共场所。对于有些顾客来说，工作地点和居住地点都不便于会见推销人员，又不愿意出现在社交场合。那么，推销人员就可以考虑把一般的公共场所作为约见地点。

3．设计约见时间

约见准顾客的一项内容就是与其约定一个见面的时间。选择一个对推销人员和准顾客都合适的访问时间，直接关系到整个推销的成败。因此，推销人员在确定访问时间时，应注意以下事项。

（1）根据访问顾客的特点选择最佳访问时间，尽量考虑顾客的职业特点、作息时间和活动规律，设身处地地为顾客着想，共同商定约会时间。

（2）根据访问目的选择最佳访问时间。尽量使访问时间有利于达到访问目的。不同的访问对象，应该约定不同的访问时间。即使是访问同一个对象，访问的目的不同，访问的时间也有所不同。如访问目的是推销产品，就应选择顾客对推销产品有需求时进行约见；如访问目的是市场调查，则应选择市场行情变动较大时约见顾客。

（3）根据访问地点和路线选择最佳访问时间。推销人员在约见顾客时，应该使访问时间与访问地点和访问路线保持一致，要充分考虑访问地点、路线以及交通工具、气候等因素的影响，保证约见时间准确可靠，尽量使双方都方便、满意。

资料库　**推销员拜访约见客户的最佳时间**

下面几种情况，可能是推销人员最佳拜访约见客户的时间：

- 客户刚开张营业，正需要产品或服务的时候；
- 对方遇到喜事吉庆的时候，如晋升提拔、获得某种奖励等；
- 顾客刚领到工资，或增加工资级别，心情愉快的时候；

- 节日、假日之际，或者碰上对方厂庆纪念、大楼奠基、工程竣工之时；
- 客户遇到暂时困难，急需帮助的时候；
- 顾客对原先的产品有意见，对你的竞争对手最不满意的时候；
- 下雨、下雪的时候。

通常情况下，人们不愿在暴雨、严寒、酷暑等气候恶劣的时候前往拜访，但许多经验表明，这些时间正是推销人员上门访问的绝佳时机，因为在这样的环境下前往推销访问，往往会感动顾客。

不同职业的最佳访问时间：

会计师：切勿在月初和月尾，最好是月中。

医　生：上午11时后和下午2时前，最好的日子是雨天。

推销员：上午10时前后或下午4时后，最热、最冷或雨天会更好。

行政人员：上午10时前后到下午3时止。

股票行业：避免在开市后，最好在收市后。

银行家：上午10时前或下午4时后。

公务员：工作时间内，切勿在午饭前或下班前。

饮食业：避免在用餐时间，最好是下午3时至4时。

建筑业：早晨或收工后。

律　师：上午10时前或下午4时后。

教　师：大约在下午4时后，放学的时候。

零售商：避开周一或周末，其他时间最好是下午2时至3时。

（4）尊重访问对象的意愿，充分留有余地。在约定访问时间后，推销人员应把困难留给自己，把方便让给顾客。除非有十足的把握和周密的安排，推销人员不应该连续约定几个不同的访问顾客，以免一旦前面的会谈延长使后面的约会落空。

总之，推销人员应选择有利时机约见顾客，讲究推销信用，准时赴约，合理安排推销访问时间，提高推销访问的效率。

4．确定约见事由

确定了访问对象，接着就要向对方说明访问事由。任何推销访问的目的只有一个，就是向顾客推销产品或服务。但是，具体到每次访问的目的却因推销的进展、难度和具体情况不同而有所不同。推销人员约见顾客，总要有充分的理由，使准顾客感到有会见推销人员的必要。一般说来，约见顾客的目的和事由不外乎以下几种。

（1）推销产品。推销访问的主要目的是直接向顾客推销产品。在约见顾客时，推销人员应该向顾客说明访问的真实意图，要设法引起准顾客的注意和重视，着重说明所推销产品能给准顾客带来的好处。

（2）市场调查。市场调查是推销人员职责之一。推销人员既要为直接推销进行准备，又要为企业经营活动提供制定决策的情报依据。推销人员把市场调查作为访问事由来约见顾客，比较容易被准顾客所接受，这既有利于收集有关资料和信息，为进一步推销做好准备，又可以避免强行推销，甚至由市场调查转变为正式推销产品，以至当面成交。

（3）提供服务。各种推销服务与推销活动密切相关，顾客十分关注，服务亦成为推销的保证。服务在市场竞争中起着越来越重要的作用，所以各企业和推销人员都应重视为顾客提供服务。利用提供服务作为访问事由来约见顾客，比较受顾客欢迎。既可完成推销任务，又可扩大企业影响，树立企业和推销人员的信誉。

（4）签订合同。在实际推销活动中，有时当面成交，当面签约，当面交货，当面付款。

3.1.6 推销约见的方法

案例3.5

XF 冰箱销售代表小陈坐在刚入住的 S 市宾馆的沙发上，心里犹如打翻了五味瓶。自己几乎在每个片区都和客户搞不好关系。领导为了照顾他，又给他换了个区域。

小陈想：“自己说什么也要给领导争个面子，不能再犯同样的错误。”

想着想着，小陈浑身热血沸腾，干脆先给 S 市最大的客户周总打个电话，一来表示尊重；二来争取给他留个好印象，有利于今后工作的开展；三来可以显示自己专业。

小陈拿出手机：“您好，周总，我是 XF 电器新调来的区域经理小陈，公司最近人事调整，我现在负责管理 S 区域的业务。我现在已经到达 S 市，能否约您下午 3 点钟见个面呢？主要谈一下本月的产品订货、回款工作、库存处理以及您卖场促销问题。您看怎么样？周总！”

周总：“噢，你是新来的陈经理啊，真不好意思，我这两天有几个会议要开，事情特别多，你看改天吧！”

小陈：“怎么会这样呢？那您说个具体时间吧！”

周总：“这样吧，你没事就到我办公室门口来看看，如果我在你就进来和我谈谈吧！”

小陈一听就火上心头，心中暗骂：“刚来就给我个下马威，看我以后怎么整你。”但又怕和周总因“话不投机半句多”，影响以后的相处。小陈强忍不满说：“好的，周总，谢谢你，那我准备三顾茅庐了，呵呵。”

小陈在随后两天在周总的卖场、办公室附近溜达，希望来个“瓮中捉鳖”。可是总看不到周总的身影，心中不免急躁。

他又给周总打了电话：“周总啊，真不好意思，又打扰您了，会开得怎么样啦？”

周总：“陈经理啊，恐怕还要开一天。”

小陈：“哎呀，周总啊！您总不能让我天天等您吧！这怎么行呢？您得抽个时间，我刚来这里也有很多的事情要做，这已经是月中了，您的货款如果再不办出来，这个月的促销政策可能真没什么指望啦，我也要考虑一下您的忠诚度了！”

案例分析：销售人员与客户的沟通不仅仅局限在死板的例行公事上。首先，应先和客户做朋友，后谈业务。在这里，小陈在周总根本不了解他的情况下，采用一种专业的、例行公事的语气和客户沟通，结果遭遇了“闭门羹”。其次，话不要说得太过。第三，把握客户感兴趣的话题。销售人员同客户沟通的时候，能够激起他兴趣的最好办法莫过于谈论他最感兴趣、最在意的事情。

1. 电话约见法

电话是人与人必不可少的沟通工具，用电话与准客户进行约谈，既可以省时省力，又可以免去不必要的尴尬。但电话约见准顾客，因为顾客接触不到产品或正在忙于自己的工作以及对推销人员的不信任，电话约谈极易遭到客户的拒绝，因此，如何正确、有效地利用电话进行约谈，是推销人员必修的科目。

资料库 电话约见礼节

（1）推销人员要保持轻松愉快的心情。推销人员的情绪状态和声音能感染和影响准顾客的情绪，让推销人员更容易接近顾客。推销人员要具备微笑的声音。当你微笑时，你的声音也是微笑的，美国数据公司曾用“微笑的声音”来做广告。

（2）推销人员在前期约访量要大且有持续性。

（3）推销人员要找到合理便于顾客接受的约见事由，并用简短直接的方式确定约见的时间、地点。

（4）电话约见中，推销人员要进行亲切的问候与自我介绍。你必须让准客户感到友善、有礼貌、尊重与诚心。

（5）引起准客户的兴趣。诱之以“利”，必须提到对准客户有利的事情。

（6）做出适度的反馈。不要一味地诉说或倾听。

（7）3分钟内结束约访。结束时，等对方先挂断电话。要愉快地结束对话。例如：“很高兴与您通话，再见。”

案例3.6

例1:“您好，×先生，我是××，是××公司的，我们想了解一下贵公司的保险情况，不知您今天是不是方便……那么明天上午还是下午？我下午3点钟准时到，不见不散。”

例2:“您好，×先生，我是××公司的××。我们这里有些不错的理财规划，希望能为您服务。只需要您30分钟时间，不知您明天上午还是下午有时间？”

案例分析：电话约见时，为了增加顾客约见的效率，可以根据顾客的职业特点，推销人员直接给出两个时间让其选择。

2. 信函约见法

信函约见法是指推销人员通过信函或电子邮件来约见顾客。多数人认为信函比电话更显得尊重他人。常见的约见顾客的信函方式主要有个人信件、单位公函、会议通知、请帖、便条、电子邮件等。另外，使用信函约见还可将广告、商品目录、广告小册子等一起寄上，以增加对顾客的关心。但这种方式也有一定的局限性，如：信函约见不适于快速约见；许多顾客对推销约见信函不感兴趣，不去拆阅，约见效率低。

一般而言，推销约见信的写作和设计原则是简洁扼要、重点突出、内容准确。语气应中肯、可信、文笔流畅。约见信的主要目的在于引起顾客的注意和兴趣，必要时可以在信里留下一些悬念，让顾客去体会言外之意，但不可故弄玄虚，以免弄巧成拙，贻误大事。

在信函发出一段时间后，要打电话联系，询问顾客的想法与意见，把电话约见与信函约见结合起来使用，可大大提高约见效率。

案例3.7

某补钙保健品的经销商给某一小区的居民每户送了一封信，其内容如下。

尊敬的女士/先生:

我公司为答谢贵小区居民多年来对我公司的支持，特邀请著名健康专家王教授于本月18日上午9:00在10号楼老年活动中心举办健康知识讲座，现场免费提供健康咨询，测量血压、血糖，并对60岁以上的老人免费赠送我公司的××牌老来乐强力钙一瓶。

欢迎您届时光临！祝您健康、快乐！

联系电话：×××××××× 联系人：李大夫

×××保健品公司

××××年×月×日

案例分析：在信函约见中，要注意书写格式，在信函中写明约见的时间、地点、人物和事由，以及联系方式，以方便客户咨询。

3. 当面约见法

当面约见法是推销人员对顾客进行当面联系拜访的方法。这种约见简便易行，极为常见，是一种较为理想的约见方式。推销人员通过这一约见方式不仅能对顾客有所了解，而且便于双向沟通，缩短彼此的距离，易就有关约见的时间、地点等事宜达成一致。

知识园

要懂得抓住当面约见的机会。主要包括：在展销会或订货会上遇见；在社交场所不期而遇；在推销旅途中偶然相遇；其他见面的场合等。

案例3.8

在订货会上，质量控制仪业务员小张，碰到了某丝绸有限公司的王工程师。王工程师主要负责该公司质量控制仪的采购，小张了解到这个情况后，认为王工程师可以成为本企业的准顾客，于是走到王工程师的面前，说：“王工程师，我是南京仪器仪表公司的推销员。今年，我们公司开发试制了一种质量控制仪，专供丝绸纺织行业使用。目前，全国已有多省市的100多个企业采用，使用后反馈效果都很好，可以有效地减少次品率，而且安装简单，使用方便。因此，我很想把这种质量控制仪推荐给你们厂，现在您能否抽出半小时时间，让我给您详细介绍一下？如果今天没有时间，明天下午4:00我可以去您的办公室，给你做一次详细的介绍。"

案例分析：当面约见时，注意自我介绍的方式，主要是讲出能引起顾客兴趣的约见理由，为了提高工作效率，不要在约见环节做过多的产品介绍。

4. 委托约见法

委托约见法是指推销人员委托第三者约见顾客的方式，也称托约。委托约见可以借助第三者与推销对象的特殊关系，克服目标顾客对陌生推销人员的戒备心理，取得目标顾客的信任，有利于进一步的推销接近与洽谈。

知识园

（1）委托的第三者，可以是推销员的同学、老师、同事、亲戚、朋友、上司、同行、秘书、邻居等，也可以是各种中介机构。

（2）要拓展自己的委托范围以及交往范围，提高中间人的数量，从而提高推销效率。

（3）要注意与中间人的交往与沟通，这样，中间人愿意把推销人员引荐给他所熟识的人。

（4）不可频繁请中间人介绍熟人进行推销，以免引起反感。

案例3.9

小王是丰田4S店的一名员工，负责售后服务及汽车销售。小王在进行汽车售后服务时非常注意与车主的交往和沟通，为其提供贴心服务的同时，会在顾客特殊的日子里送一些精致的小礼物。当从顾客的口中得知有朋友或同事想买车的时候，就会请老顾客进行介绍。应用此种方法，小王赢得了不少客户，销售业绩不断提高。

案例分析：委托约见法的使用应注意，只有推销人员和顾客比较熟悉时，才可让其引荐他人，以免引起顾客的反感。

5. 广告约见法

广告约见法是指推销员利用各种广告媒体约见顾客的方式。常见的广告媒体有广播、电视、报纸、杂志、路牌、网络等。利用广告进行约见可以把约见的目的、对象、内容、时间、地点等准确地告诉广告受众。在约见对象不具体、不明确或者约见顾客太多的情况下，采用这一方式来广泛地约见顾客比较有效。也可在约见对象十分明确的情况下，进行集体约见。

案例3.10

某市教育局利用广播、电视和手机短信发布如下信息，约见考生和家长。

各位考生和家长大家好：市教育局组织招生办、部分高校、初高中老师，于5月最后一个星期日（×月×日）8:00至12:00，在市第一中学操场举行中高考现场咨询会，欢迎广大考生和家长届时光临。

案例分析：因为广告约见是集体约见的一种形式，因此在使用过程中，只需简明指出约见的时间、地点、人物和事由即可。

6．网上约见法

网上约见法是推销人员利用互联网与顾客在网上进行约见和商谈的一种方式。网络业的迅速发展，为网上交谈、约见、联络情感提供了便捷的条件。使用网络约见法，应注意邮件的投递应该具有针对性。

除以上介绍的几种基本方法外，还有其他的约见方法，如登门约见、名片约见等。各种约见方法各有所长，又各有所短。推销约见的方法应因人而异，因事而异。推销人员应根据具体情况确定具体的约见方法，可以单一使用某一方法，也可几种方法同时并用，以弥补其相互间不足之处。

项目实施指导

1．将全体学生分成若干小组，每组4～6人，选出一名同学担任组长。
2．小组讨论，撰写约见个人顾客的备忘录。
3．小组讨论，撰写约见法人顾客的备忘录。
4．备忘录记录的内容要完整。
5．分小组练习，由组长分配角色，设计电话约见场景。
6．由教师和同学评价电话约见情况。

项目评价表

评价项目	评价要求	分值	得分
备忘录	时间安排合理、工作程序流畅完整，资料齐备。能够根据顾客情况，确定有针对性的约见内容	50	
约见表述	电话中约见表述清晰完整、言简意赅	30	
约见礼仪	正确使用电话约见礼仪	20	
合计		100	

项目工作小结

序　号	小结重点	主要内容	教师批注
1	工作业绩	1. 2. 3. 4.	
2	问题质疑	1. 2. 3. 4.	
3	项目报告	1. 2. 3. 4.	

子项目3.2 推销接近

项目解析

【项目目的】

能通过正确方法接近顾客，能尽快与顾客沟通，建立合作关系。

【项目要求】

1．列出准备接近客户的名单。
2．根据顾客的类型准备见面语。
3．每位学生设计10句接近顾客的语言，要求语言简练、经典。

项目实施安排

组别： 组长： 日期：

	岗　　位	姓　　名	具体要求
项目实施人员分工			
	项目阶段	时间/天	具体要求
项目实施时间安排			

项目教学方案设计

<table>
<tr><td>项 目 名 称</td><td colspan="2">子项目 3.2：
推销接近</td><td>教 学 方 法</td><td>讨 论 法</td><td>建 议 课 时</td><td>2</td></tr>
<tr><td rowspan="2">项目目标</td><td>能力目标</td><td colspan="3">1．能运用接近顾客的方法接近顾客
2．能尽快与顾客沟通，建立合作关系</td><td colspan="2" rowspan="2">使学生学会建立和谐的人际关系</td></tr>
<tr><td>知识目标</td><td colspan="3">1．明确接近顾客的目的
2．掌握接近顾客的方法</td></tr>
<tr><td rowspan="2">项目准备</td><td>教师</td><td colspan="5">课件及项目评分考核表</td></tr>
<tr><td>学生</td><td colspan="5">1．分组
2．纸笔及相关推销接近要准备的推销工具</td></tr>
<tr><td>项目评价</td><td colspan="6">教师抽查评价、以小组互评项目为评价主体</td></tr>
<tr><td rowspan="5">项目过程</td><td>教学环节</td><td colspan="2">教师活动</td><td>学生活动</td><td>教学目标</td><td>课时</td></tr>
<tr><td>一、项目介绍</td><td colspan="2">1．教师进行项目解析，提出项目要求
2．布置项目实施安排</td><td>学生做好项目要求笔记</td><td>学生能清晰地了解项目实施的目的与程序</td><td rowspan="2">0.5</td></tr>
<tr><td>二、理论知识</td><td colspan="2">1．讲授理论知识
2．解释学生知识疑问</td><td>1．接受项目理论知识
2．提出疑问</td><td>掌握项目实施的相关知识</td></tr>
<tr><td>三、项目实施</td><td colspan="2">教师观察学生项目实施过程中可能存在的问题</td><td>1．个人实施项目，由小组组内评价
2．设计出 10 种接近顾客的语言
3．抽查一部分学生展示接近顾客的语言</td><td>学生能选择恰当的方法顺利的接近顾客</td><td>1</td></tr>
<tr><td>四、项目评价</td><td colspan="2">教师对抽查同学打分与评价</td><td>1．个人自我评价
2．小组间互评</td><td>学生能评价接近顾客语言的优缺点</td><td>0.5</td></tr>
<tr><td rowspan="2">项目实施报告</td><td>教师</td><td colspan="5">检查学生项目实施报告，给出评价</td></tr>
<tr><td>学生</td><td colspan="5">填写项目实施报告</td></tr>
</table>

项目知识

知识园

“接近客户的三十秒，决定了销售的成败”。这是成功销售人共同的体验。接近顾客在专业销售技巧上，可以看做“由接触潜在客户，到切入主题的阶段”。

3.2.1 接近顾客的目的

作为整个推销过程的一个阶段，接近顾客有其特定的目的或任务。它的目的主要有四个：一是验证事先所获取的信息；二是引起顾客的注意；三是培养顾客的兴趣；四是顺利转入实质性洽谈。

1. 验证事先所获取的信息

经过寻找顾客与顾客资格审查阶段，推销人员掌握了一些有关顾客的各种信息，并据此准备了相应的推销方法。但是，信息是否全面、准确、有效，还是未知数。推销人员应利用实际接触顾客最初的时间，运用观察、提问、倾听等方法，验证事先收集的信息是否准确。如果发现原有的信息错误，应迅速加以改正。更重要的是，要及时修正根据原有信息所确定的推销方法，这一点非常重要，许多推销人员很容易忽视这一点。

2. 引起顾客的注意

在接近阶段，许多顾客的注意力由于种种原因往往分散于不同事物之中。对于这类顾客，是很难开展有效的说服工作的。因此，推销人员必须在洽谈一开始就设法使其注意力集中于洽谈过程，能否吸引顾客的注意力，是决定推销洽谈能否深入进行下去的关键所在。成功地吸引顾客的注意力，可以使顾客更快地了解产品的特征与利益，可以使顾客更好地理解推销人员的陈述，为激发顾客的购买欲望奠定基础。

3. 培养顾客的兴趣

在实际推销工作中，有些推销人员善于引起顾客的注意，但不善于培养顾客的兴趣。其实从某种角度看，兴趣更重要。如果在引起顾客的注意之后，不能很快使顾客对产品产生兴趣，不仅会使顾客的注意力重新分散，更难以激发顾客的购买欲望。因此，在接近过程中，必须设法尽快培养顾客的兴趣。

4. 顺利转入实质性洽谈

引起顾客的注意和兴趣，并不是接近的最终目标。从推销过程的发展来看，接近主要的任务是引导顾客自然而然地转入实质性洽谈阶段，以便促成交易。但如果话题的转换过于突然，可能引起顾客的不安，给实质性洽谈制造障碍，因此应该注意自然而然地转换话题。

3.2.2 接近顾客的策略

推销人员给人的第一印象是推销成功的关键，如何使接近更有效，是推销人员必须关注的问题。设计和运用正确的接近策略是推销洽谈顺利进行的保证。

1. 迎合顾客策略

推销人员应以不同的方式、身份去接近不同类型的顾客。依据事先获得的信息或接触瞬间的判断，选择合适的接近方法。推销人员应该改变自己的外在特征和内在特征，扮演顾客乐意接受的角色。推销人员的语言风格、服装仪表、情绪都应随之做出一定的改变。例如，玩具推销员针对孩子推销时可以用各种戏剧性的方式接近顾客，有的推销员甚至带上小猴去推销。但如果推销员去找某大型百货公司的总经理推销，则应该换一套正式的职业装，带齐所有的销售资料更合适。

2. 调整心态策略

在与陌生顾客接近过程中，推销人员以各种形式表现出的紧张是很普遍的。许多人害怕接近，以种种借口避免接近，这种现象被称为“推销恐惧症”。其实有时候顾客的冷漠和拒绝是多方面原因造成的，应该对顾客充分理解并坦然接受。成功的推销人员应学会放松和专注的技巧，它能让自己设法克服压力。推销人员应想象可能发生的最坏情况，然后做好如何反应的准备，如果必要的话甚至接受它，积极的态度能够带来成功。

3. 减轻压力策略

推销人员必须尽快减轻顾客的心理压力。在接近过程中，有一种独特的心理现象，即当推销人员接近时，顾客会产生一种无形的压力，似乎一旦接受推销人员就承担了购买的义务。正是这种心理压力，使一般顾客害怕接近推销人员，冷淡对待或拒绝推销人员的接近。这种心理压力实际上是推销人员接近顾客的阻力。推销人员只要能够减轻或消除顾客的心理压力，就可以减小接近的困难，顺利转入后面的洽谈。许多推销人员经常利用其他理由去接近顾客也就是为了减轻顾客的心理压力。

4. 控制时间策略

推销人员必须善于控制接近时间，不失时机地转入正式洽谈。接近的最终目的是为了进一步的洽谈，而不仅仅是引起顾客的注意和兴趣。有些缺乏经验的推销人员，总不好意思谈论自己的推销话题，到顾客要走了，还没开始谈论正题，这种接近效果是不理想的。如何把握时间的长短，推销人员应视具体情况而定。

3.2.3 接近顾客的方法

对于刚入职的推销人员来说，第一次成功接近顾客是比较困难的。最容易被客户拒绝也是在这个时候，没有一定的接近方法，刚入职的推销人员很难获得与顾客交谈的机会。一方面顾客对推销人员陌生，产生自我保护意识和排斥心理，另一方面，销售工作被很多人误解，被一些不良的推销人员做坏了名声，一般人对销售人员都有拒绝的心态。

推销人员除了需要在接近顾客前，做好顾客资料分析、进行推销约见、熟悉产品知识外，还要决定使用什么方法接近客户。

在下面案例分析中，以学生为主，找到案例中使用的方法及其成功或失败之处。让我们一起找出正确使用接近顾客方法的益处。

1．介绍接近法

介绍接近法是指推销人员通过自我介绍或他人介绍的方式来接近准顾客的方法。介绍的形式可以是口头介绍或者书面介绍。这一方法的背后是社会学中的熟识与喜爱原理，这个原理的意思是说，人们总是愿意答应自己熟识与喜爱的人提出的要求。

（1）自我介绍法。在一般情况下，推销人员应采用自我介绍法接近顾客。除了进行必要的口头自我介绍之外，推销人员还应主动出示介绍信、名片、身份证及其他有关证件。现在最常用的做法是赠送名片，便于今后联系。出于礼节，顾客回赠名片，由此又获得了顾客本人及企业的一些资料，取得了今后进一步联系的机会。

（2）间接介绍法。推销人员也可以通过第三者的介绍而接近准顾客。这些第三者一般都是推销人员或顾客接近圈的成员。这个方法分为他人亲自引荐和他人间接引荐两种。他人间接引荐主要包括电话、名片、信函、便条等形式。介绍人与顾客之间的关系越密切，介绍的作用就越大，推销人员也就越容易达到接近顾客的目的，很可能从顾客那里得到新顾客的信息。

间接介绍法有一定的局限性，有时顾客迫于人情而接近推销人员，不一定有购买诚意，只是应付。有的顾客还会忌讳熟人的介绍，因为不愿意别人利用友谊和感情做交易。

知识园

销售员拿着他人的间接介绍信物接近新客户时，需要注意谦虚，不要居高临下，也不要炫耀与介绍人之间的关系。可以以真诚的称赞客户本身的语言引出他人的介绍。

案例3.11

自我介绍法：

“王经理您好，我叫张三，在 IBM 公司任职，我想向您介绍一下有关我公司最新生产的笔记本电脑的情况。”

间接介绍法：

“你好，我是李四，在宏达商贸工司任职，××（引荐人）说您是一个非常关心职工福利的领导，他介绍我来拜访您，这里有他给您的一个便条。”

案例分析：使用介绍法时要注意，首先要标明自己的身份，讲出顾客感兴趣的话题，把顾客顺利引入推销情境中。

2．产品接近法

产品接近法又称实物接近法，是指推销人员直接利用所推销的产品引起顾客的注意和兴趣，从而顺利转入推销洽谈的接近方法。这一方法主要是通过产品自身的魅力与特性来刺激顾客的感官，如视觉、听觉、嗅觉、触觉等，通过产品无声的自我推销来吸引顾客，引起顾客的兴趣，以达到接近顾客的目的。

知识园

使用这种方法接近顾客，对产品的要求比较高。要求产品易于携带，要求产品是有形的实物产品，顾客能在简单的参与、接触、使用过程中能发掘产品的优势，从而引导顾客的购买兴趣。

3．接近圈接近法

接近圈接近法是指推销人员扮演顾客所属社会阶层与接近圈的人，去参加顾客的社交活动，从而与顾客接近的方法。同一接近圈的人，以满足各自的需求为出发点建立起互相联系的关系，如不同品牌的汽车会有自己的车友会。

知识园

推销人员所推销的产品，必须是与该接近圈有一定关联的，是该接近圈所需要的。使用此法的关键就是找出彼此间的“共同点”，如性格特性、生活习惯、穿着谈吐、兴趣爱好等。越和我们相似的人，彼此之间的亲和力就越强。

案例3.12

有一个鼓风机企业的推销员到沈阳一家工厂去推销产品，推销员几次约见该厂的厂长都未果，始终没有机会和厂长接触。后来，推销员通过厂长的一个钓友得知该厂长喜欢钓鱼，他便买来渔具学习钓鱼。之后，通过钓鱼，推销员成了该厂长钓鱼圈里的一员，接触的次数多了，很快就和这位厂长成了朋友。后来，这位厂长一次就购买了该企业近50万元的鼓风机。

案例分析：推销接近应从顾客兴趣开始，形成共同爱好，才能顺利方便的与顾客建立信任和谐的推销氛围。

4．好奇接近法

推销人员利用准顾客的好奇心理达到接近顾客的目的，这种方法就是好奇接近法。在实际推销工作中，在与准顾客见面之初，推销人员可通过各种巧妙的方法来唤起顾客的好奇心，引起其注意和兴趣，然后从中说出推销产品的利益，转入推销洽谈。应用此种方法，必须贴合顾客性格使用，不是对所有的顾客都适用。

知识园

使用好奇接近法时应注意：第一，必须与此次推销有关；第二，应根据顾客兴趣，引起顾客的好奇心理，做到出奇制胜；第三，所引事例应合情合理，奇妙而不荒诞。

案例3.13

彭尼是美国一零售店的老板，商店的生意很不景气，仓库里堆满了积压的货品，成了老鼠栖身的场所。彭尼不得不经常到仓库里灭老鼠。这使他发现了一种奇特的现象：往往在一个老鼠洞里能掏出一窝老鼠，很少发现有老鼠单独居住的。彭尼是精明的生意人，善于把发现的奇特现象运用到经营中。

他在一块木板上凿了几个洞。洞边分别编上10%、20%、30%、40%的号码。再在木板后面安上一排瓶子，瓶子里装着他从仓库里捕捉的老鼠。当他把这些放到柜台上时，吸引了很多顾客看热闹。彭尼对围观的顾客说：他把瓶子里的老鼠放出来，老鼠钻进哪个洞，便按洞边标明的折扣出售商品。

围观的顾客感到非常有趣，都纷纷要求购货。彭尼便一次次放出老鼠。它们分别钻进了一个个洞里。但奇怪的是，这些老鼠钻进的都是标明降价10%或20%的洞，从不去钻30%和40%的洞。

顾客们纷纷议论："难道这些老鼠经过特殊训练吗？"彭尼笑容满面地说："这一点请放心，我也没有那么大的本领来训练老鼠。"原来，彭尼利用并非人所共知的老鼠喜欢群居的特性，在需要它们钻的洞里涂上些老鼠的粪便，老鼠就自然而然钻进洞里了。顾客是流动的，他们谁也没有对彭尼的办法进行深入研究。他们每次购货，能看到老鼠钻洞的表演，还能得到10%或20%的优惠，他们就心满意足了。不久，彭尼的库存货物销售一空。

案例分析：利用顾客的好奇心，即顾客的猎奇心理，引起顾客对所销售商品的注意，再注意使用恰当的打折方法，引起顾客的购买兴趣，彭尼顺利地把积压货品销售一空。

5．利益接近法

利益接近法是指推销人员利用顾客求利的心理，强调推销品能给顾客带来的实质性利益而引起顾客的注意和兴趣，以达到接近顾客的一种方法。

知识园

推销人员要实事求是地阐述推销品的功能，不可夸大其词，欺骗顾客，否则会失去顾客的信任，带来不良的后果。另外，推销品的利益要具有可比性，最好能用直观的数字或者使用效果对比，让顾客认识到它比市场上同类产品具有明显的优势，能给自己带来更多的利益。

案例3.14

有顾客要购买空调。空调销售人员说："这是我们新研发的节能型产品，一晚只需一度电！不仅如此，我们的空调还具有制冷快、静音、送风柔和等特点，不会影响您的睡眠。"

案例分析：使用此种方法应注意将产品的优点充分展示给消费者，不仅考虑空调的舒适度，还指出空调的节能效果极佳，借此引起顾客的购买兴趣。

6. 赞美接近法

卡耐基在《人性的弱点》一书中指出："每个人的天性都是喜欢别人的赞美的。"现实的确如此，赞美接近法是指推销人员利用顾客的虚荣心理，通过赞美顾客而接近顾客的方法。

知识园

赞美应该是非清楚，爱憎分明；推销人员应细心观察顾客，找到赞美点；赞美应在实事求是的基础上，尽量切合实际，过度赞美会引发顾客反感；赞美时应态度诚恳，语气真挚，使顾客感到愉快。

案例3.15

有一次，一个推销员向一位律师推销保险。律师很年轻，对保险没有兴趣。但推销员离开时的一句话却引起了他的兴趣。

推销员说："安德森先生，如果允许的话，我愿继续与您保持联络，我深信您前程远大。"

"前程远大，何以见得？"听口气，好像是怀疑推销员在讨好他。

"几周前，我听了您在州长会议上的演讲，那是我听过最好的一次演讲。这不是我一个人的意见，很多人都这么说。"

听了这番话，他竟有点喜形于色了。推销员请教他如何学会当众演讲的，他的话匣子就打开了，说得眉飞色舞。临别时，他说："欢迎您随时来访。"

没过几年，他就成为当地非常成功的一位律师。推销员和他保持联系，最后成了好朋友，保险生意自然也越来越多。

案例分析：使用赞美接近法时，要善于观察，及时发现顾客的闪光点，为成功推销奠定良好基础。巧妙地运用赞美术，能有效消除顾客的抗拒防范心理，使顾客在愉悦轻松的气氛中接受推销。

7. 调查接近法

所谓调查接近法，是指推销人员利用调查机会接近顾客的一种接近方法。在许多情况下，无论推销人员事先如何进行准备，总有一些无法弄清的问题。因此，在正式洽谈之前，推销人员必须进行接近调查，以确定顾客是否可以真正受益于推销品。

知识园

推销人员可以依据事先设计好的调查问卷，征询顾客的意见，调查了解顾客的真实需求，再从问卷比较自然、巧妙地转为推销。调查内容选择有一定的要求：调查内容简单明了，不会给顾客带来负担；问题选择应与顾客需求、推销商品产生联系。

案例3.16

“张厂长，听说贵厂准备利用电子计算机进行科学管理，这是企业管理现代化的必然趋势，您可是领先一步了！我公司经营各类电子计算机，品种多，性能好，但不知贵厂适用哪一种型号的？您知道，如果不适用，再好的设备也是废物。为了提供最佳服务，我想先做一些实际调查，您看怎样？”

案例分析：调查接近法使顾客看到推销人员认真负责的工作态度，看到推销人员热忱为顾客服务的精神，因而较易获得顾客的信任与支持，能成功地接近顾客。

8. 求教接近法

求教接近法是指推销人员依据客户的兴趣爱好和专长，提出相关的问题向顾客请教，以便引起对方的话题，借机接近顾客的方法。此种方法的使用基于顾客“好为人师”的心理。

知识园

赞美顾客在先、求教在后；为了满足顾客“好为人师”的心理，应该求教在前、推销在后；应用此法应注意推销心态，要做到：洗耳恭听，态度诚恳。

案例3.17

有一次，原一平经人介绍去拜访一位建筑公司的老总。可是那位老总并不买账，一开始就对原一年下逐客令。原一平并没有就此打退堂鼓，而是问：“××先生，我们的年龄差不多，你能告诉我你为什么这么成功吗？”

原一平很有诚意的语调和发自内心的求知渴望，让这位老总不好意思回绝他。然后就把他的经历告诉他。不想，这一说就是三个小时，原一平始终在认真地听着。

最后，原一平并没有提到保险方面的事，而是说想要为他的公司写一份计划书。这份计划书的内容非常丰富，资料详尽，而且他的建议也非常有价值，他整整花了三天三夜的时间才做出来。

这位建筑公司老总依照原一平的计划书，结合实际情况，具体地操作起来，效果非常好，业绩在第三个月后提高了 30%。老总非常高兴，把原一平当做最好的朋友。结果原一平与这家建筑公司签订了 100 万日元的保险合同。

案例分析：这种方法是以敬重顾客、满足顾客自尊的心理需求为原则的推销思想，在实际应用中，尤其是对那些个性较强，有学识，身份和地位较高的专家型顾客，这种方法更为奏效。

9. 馈赠接近法

利用产品附赠的礼品来吸引购买者的购物兴趣。推销人员利用赠品来引起顾客的注意，进而和顾客认识与接近，并由此转入推销面谈的方法。

知识园

慎重选择馈赠礼品。在进行接近准备时应做好调查，要了解顾客对礼品的价值观念，以确定送礼的方式；了解顾客的爱好和需求，尽量投其所好。礼品只能当做接近顾客的见面礼与媒介，而绝不能当做恩赐顾客的手段。同时，礼品应尽量与所推销的产品有某种联系。

10. 其他方法

除了上述所列的接近法之外，还有搭讪与聊天接近法、讨论接近法和震惊接近法等。

搭讪与聊天接近法就是指利用搭讪与聊天的形式接近陌生顾客的方法。搭讪与聊天接近法不会很快进入推销程序，有时要用很长时间追踪与寻找机会。所以，应用时应该注意：一是要选准顾客和时机；二是要积极主动。

讨论接近法是推销人员直接向顾客提出问题，利用所提的问题引起顾客的注意和兴趣，并引发讨论来吸引顾客注意的接近方法，故又称问题接近法。这种方法的使用能帮助顾客找出问题、分析问题和解决问题。

震惊接近法，就是推销人员利用某种令人吃惊或震撼人心的事物来引起顾客的注意和兴趣，进而转入面谈的接近方法。

知识园

在推销接近时应注意以下问题：

（1）对不同的顾客要用不同的推销接近方法。推销人员在推销接近前，要收集准顾客的有关资料，做到因人而异，有针对性地灵活采用不同的推销接近方法。

（2）各种推销接近方法适当地结合运用，可以相得益彰，取得较好的推销效果。

（3）接近顾客时应注意减轻顾客的心理压力，以免顾客产生抗拒心理。

（4）接近顾客时，推销人员尤其应注意自己的言行举止，给顾客留下良好的印象，使顾客对推销人员形成心理上的认可。

（5）接近程序只是推销洽谈的序幕，应节省时间，把握时机。

（6）接近前要明确接近对象，掌握顾客的个人资料。防止搞错对象而耽误时机，甚至怠慢顾客。

项目实施指导

1．将全体学生分成若干小组，每组4～6人，选出一名同学担任组长。
2．小组讨论，列出准备接近的客户名单，并整理客户的资料。
3．了解客户的背景资料，总结出客户的类型和主要特点。
4．小组讨论，根据客户类型准备见面语。
5．每位学生设计10句接近顾客的语句。
6．小组讨论，修改接近顾客的语句。
7．请若干学生展示设计的10句接近顾客的语句，同学互相评议。

项目评价表

评价项目	评价要求	分值	得分
客户资料	完整、条理清晰	20	
接近顾客语言设计	有针对性，能根据顾客性格特点，选择顾客感兴趣的话题	40	
PPT展示	表述清晰，PPT制作、表达明确	15	
课堂互动	积极参与互评	25	
合计		100	

项目工作小结

序号	小结重点	主要内容	教师批注
1	工作业绩	1. 2. 3. 4.	
2	问题质疑	1. 2. 3. 4.	
3	项目报告	1. 2. 3. 4.	

项目知识小结

推销接近是推销人员正式开展推销面谈的前奏，是整个推销过程的一个重要环节。推销接近分为推销约见与推销接近两个主要环节。在约见顾客与接近顾客前都要做好推销的准备工作。

推销约见前的准备是为了取得顾客好感，了解顾客需求，增加推销信心。针对不同的顾客，准备可分为约见个人顾客的准备、约见法人购买者的准备。

推销约见既是接近准备的延续，又是接近过程的开始。约见的基本内容是要明确约见对象、设计约见时间、选择约见地点和确定约见事由。约见顾客的方式有电话约见法、信函约见法、当面约见法、委托约见法、广告约见法、网上约见法等。

约见顾客后，推销活动便进入了接近顾客的阶段。接近顾客有以下几种方法：介绍接近法、产品接近法、接近圈接近法、好奇接近法、利益接近法、赞美接近法、调查接近法、求教接近法、馈赠接近法、搭讪与聊天接近法、讨论接近法、震惊接近法等。

自我测验

“凡事预则立，不预则废”。如果没有必要的事前准备，就急于开展销售活动，往往会欲速则不达，使销售效果大打折扣。请认真做以下选择题，看看你在销售前的准备是否充足。

1．你是否对所销售产品的特性和功能都非常了解？

A．都很了解　　B．了解部分产品　　C．知道大概情况

2．你是否了解市场上的同类产品情况？

A．非常清楚　　B．了解一点　　C．一无所知

3．你是否亲自使用过你所销售的产品？

A．经常使用　　B．偶尔用　　C．从来不用

4．你在拜访顾客前是否了解顾客的基本情况？

A．是，一定要了解清楚　　B．偶尔会了解　　C．从不了解

5．你是否能从顾客信息中，了解和发现顾客潜在的需求？

A．经常能了解　　B．有时可以发现　　C．总是发现不了

6．你对自己的推销工作是否做了详细的计划？

A．有详细的计划　　B．有时有，有时没有　　C．从不做计划

7．在拜访顾客前你是否做销售演练？

A．我会先练习一下　　B．偶尔会练习一下　　C．从不练习

8．在介绍产品时，你是否会向顾客做演示和示范？

A．一般都做　　　　　B．偶尔做　　　　　C．从不演示

9．你是否熟悉产品示范的流程？

A．非常熟悉　　　　　B．部分熟悉　　　　　C．不熟悉

10．为了使产品示范更加有效，你是否充分准备产品示范的工具？

A．是的，每次都要事先准备好　　B．想起来就准备　　C．从不准备

在做完以上测试题后，请根据评分说明为自己评分。A—5 分，B—3 分，C—0 分。如果总分超过 45 分，说明你销售前的准备工作做得比较好，请继续坚持；如果总分在 30～45 分之间，说明你销售前的准备工作存在某些方面的不足，请检查弥补；如果总分在 30 分以下，说明你销售前的准备工作有很大的问题，需要认真学习本章内容。

思考与练习

1．判断题（正确的打“√”，错误的打“×”并改正）

（1）利益接近法是指推销人员以一些小巧精致的礼品，赠送给顾客，进而和顾客认识并接近，借以达到接近顾客目的的一种方法。（　　）

（2）推销人员约见顾客的内容要根据推销人员与顾客关系的密切程度、推销面谈需要等具体情况来定。（　　）

（3）约见顾客的时间安排是否适宜，不会影响到约见顾客的效率，与推销洽谈的成败也没有关系。（　　）

（4）推销人员约见顾客之前要做好充足的准备。（　　）

（5）约见企业用户要比约见个人用户准备的内容要复杂。（　　）

2．单项选择题

（1）快捷、便利、费用低、范围广，不仅可以非常容易地约见国内顾客，还为约见国外顾客提供了非常有效的途径。这种约见方式是（　　）。

A．电话约见　　B．网上约见　　C．信函约见　　D．委托约见

（2）推销员直接把产品、样品、模型摆在顾客面前，以引起顾客对其推销的产品足够的注意与兴趣，进而导入面谈的接近法是（　　）。

A．赞美接近法　B．介绍接近法　C．问题接近法　D．产品接近法

（3）“张先生你好，我是李丽，在东阳公司任职，我想向您介绍一下我们公司最近新生产的笔记本电脑的情况”。这种接近方法是（　　）。

A．赞美接近法　B．介绍接近法　C．问题接近法　D．产品接近法

（4）当面约见的最大优点是（　　）。

A．节约成本　　　　　　　　　B．较少受地域限制

C．节约时间　　　　　　　　　D．易于消除隔阂

（5）一位销售人员问：“李教授，您是资深业内人士，您认为我们的产品有哪些主要优势？”这位销售人员接近顾客的方法是（　　）。

A．求教接近法　　B．利益接近法
C．社交接近法　　D．商品接近法

3．多项选择题

（1）约见法人购买者要准备好（　　）。
A．企业的基本情况　　B．企业的生产经营情况
C．采购管理　　D．组织人事关系

（2）作为推销接近的前期准备工作，约见的主要内容包括（　　）。
A．明确约见对象　　B．设计约见时间
C．确定约见事由　　D．选择约见地点

案例阅读

引起顾客兴趣

麦克："比尔，你早。我是温彻斯特公司的麦克·贝柯。真高兴见到你！"

麦克诚恳地介绍自己以及自己的公司，然后上前和顾客握手，表现得很稳重。

比尔："麦克，我也很高兴认识你。"

麦克："你的办公室真气派。比尔，我们坐下来，好好谈一谈，我有好些东西想给你看看并和你讨论讨论。"

麦克向比尔做了一个简洁但很诚恳的寒暄以后，立刻把话题带入正轨。为了保持主动的地位，麦克建议"坐下来，好好谈一谈"，接着，不顾比尔是否愿意，麦克直接走入接待区坐下来，并随手将公文包放在椅子旁边。随后，比尔跟着进来，在麦克的对面坐了下来。

麦克："比尔，在你看过我寄给你的公司简介以后，相信你已经了解温彻斯特公司是一家专门定做服饰的公司。我公司服务的对象是企业界的高级主管，他们都很忙，不随便浪费一分一秒。我公司有24年的历史，一直有着很好的口碑，公司成功的主要原因是独特的市场定位，在国内专门为企业界高级主管定做服饰的公司，只有我公司一家。公司在美国和加拿大有41个分支机构，去年的营业额是1.1亿美元，今年有望达到1.55亿元销售额。"

麦克在一开头就假定比尔已经看过温彻斯特公司的简介，所以没有问比尔是否看过简介。麦克希望彼此的谈话能够很快进入主题，他先介绍公司的业务特性及其成功的原因，然后让比尔知道温彻斯特公司是唯一为企业高级主管服饰服务的公司。麦克还向比尔说明，近年来公司的营业成绩，其主要目的是希望比尔对温彻斯特公司有信心。

麦克说话时，目光注视着对方，说话的语调和缓，吐字清楚。

比尔："你给我的简介，我大概看了一下。很感谢你的拜访，但是我现在实在没有时间招呼你。"

比尔突然从椅子上站了起来，他示意麦克离开。

麦克："比尔，我来的是否不是时候？如果真是这样，我们可以另外约定时间。在你不忙的时候，我再来拜访你？"

对于比尔没有兴致的态度，麦克假装浑然不知，他只当做比尔现在太忙，没有时间会客，所以他建议另外约定时间再来。麦克说话时仍坐着。如果他不坐着而跟比尔一起站起来，那将很容易促使比尔走到门口，然后向麦克摆出告别的态势，此时麦克想留下来不走也不行了。

比尔："麦克，我不是很忙，只是对你的推销不感兴趣。我对于我现在的服饰感到相当满意。"

麦克："比尔，我只耽搁你几分钟的时间。我有一些构想想向你说明，相信对你一定有所帮助。"

麦克意识到可能失去进一步推销的机会，为了有所挽回，麦克特意说不会占用太多的时间，接着表明有一些构想要说，希望这些"构想"能引起比尔的兴趣。但是，事与愿违，比尔还是不感兴趣。

比尔："麦克，我说过我没兴趣。"

麦克："我了解，我了解。不过在离开之前我能问一个问题吗？"麦克诚恳地问道。

随后，麦克站了起来，拎起了公文包，准备问完问题以后，立即离开。这个动作，看在比尔眼里，使比尔觉得麦克开始听话并准备离开了。另一方面，比尔对麦克的戒心也逐渐降低。

比尔："什么问题？"

麦克："向你请教一个问题。你认为美国专利局对社会的贡献大不大？"

比尔："当然大。那又如何？"

麦克："在亚当斯总统执政时，国会曾建议撤销专利局。因为当时的国会议员认为，以后不可能再有新产品出现，专利局所授予的专利保护在未来没有多大的意义，所以最好把它裁掉，节省纳税人的钱。偏偏就从那个时候起，许多新产品不断地出现，如收音机、汽车、电视机等。比尔，我请问你，你的专利局已经被裁减了吗？你对新事物已不感兴趣了吗？"

比尔："我对新事物一直很有兴趣。"

麦克："那很好。让我们先坐下来。我有几样东西给你看，你一定很有兴趣。"

不等比尔回答，他的推销机会又来了。

比尔："需要时间长吗？"

比尔踌躇地坐下来。

麦克："先给你做个观念上的说明。如果你认同这些观念，我们再继续谈下去，要不然，我马上离开。"

麦克以低姿态的话语向比尔暗示"请听我说的话。如果你不买，我也不会在意。"这种低姿态，降低了比尔的抗拒心理。

比尔："好吧！让我听听你说些什么。不过，我先声明，今天我不买你的东西。"

麦克并不在意比尔所说的"今天我不买你的东西"，此时此刻，麦克最需要的是有一位听众听他说话，而听众是否“在今天买东西”并不重要。现在，麦克的信心十足，因为比尔答应听他说话了，此时他可以尽情地说。

根据过去经验，麦克知道，一开始就拒绝“推销”的客户，当他态度转变，准备接纳推销员的推销说明时，很少会在“说明”当中发生“再拒绝”的情形。因为这种客户往往是不好意思说“不”的人，为了怕被推销员说服，所以他常常在推销员展开推销说明以前立即表现出“拒绝”的态度。也正因为如此，当这种客户一旦接纳了推销员的推销说明后，往往有很高的购买意愿。比尔就是这种客户。想到这里，麦克更是信心十足。

麦克：“比尔，首先要向你说明的是，我公司的主要客户是企业的高级主管，你就是我公司的客户之一。企业的高级主管有一个共同的特点，就是他们都很重视时间。在我公司的顾客中，或许有一些是你认识的。像国家保险公司的总裁鲍伯·威尔森，第一银行董事长赫伯特·伯奈特……都是我公司的顾客。”

麦克首先强调，他所服务的顾客是企业的高级主管，这些主管很重视时间，而他正能满足客户这方面的需要。麦克接着又列举出一些有生意往来的顾客，这些顾客都是商场上的名流，其中有些可能是比尔熟识的朋友。借着这层熟识的关系，比尔对麦克的直销服务或许更感兴趣。

比尔：“我跟赫伯特·伯奈特很熟，其他几位也都认识。你说的这些人都是企业界的名人。”

麦克：“是啊，我公司跟一些企业界的重要人物都有生意往来。根据经验，我的许多顾客都讨厌上街采购东西，你可能也有这样的体会。其中的原因，第一是他们没有时间，第二是纵然有时间，也宁愿去做‘上街采购’以外的事情。比尔，你同意我的看法吗？”

麦克以疑问句做结尾，让比尔好接口回答。

比尔：“是啊，我不喜欢上街买衣服。不过，话说回来，上街买衣服是一件不可避免的事情。”

很显然，比尔讨厌上街购物。这样，麦克可以针对这一点强调直销服务的好处了。

项目4 推销洽谈

项目实施背景

推销人员顺利接近顾客后，就进入了推销洽谈环节。为了顺利完成交易，推销人员首先要根据顾客的特点制定有针对性的洽谈方案；其次依据洽谈方案实施推销洽谈，此过程要注意推销洽谈方法和技巧的使用；最后要注意在洽谈过程中，如果能够消除顾客的购买异议，就能进入交易环节，为企业创造利润。因此本项目划分成三个子项目：洽谈方案制定、洽谈过程实施和顾客异议处理。

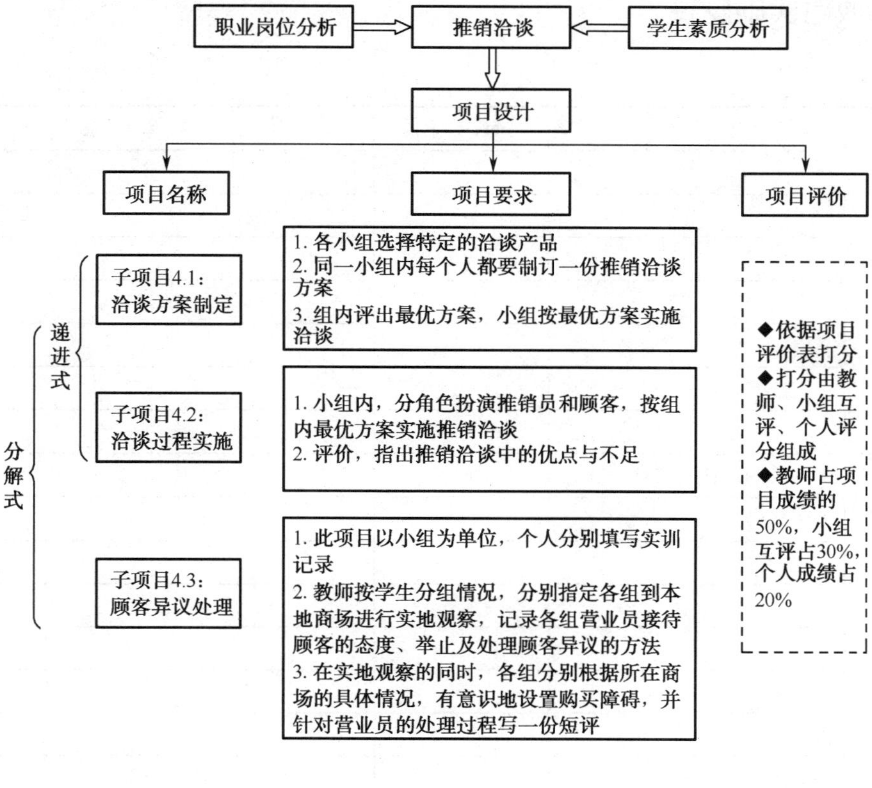

子项目 4.1 洽谈方案制定

项目解析

【项目目的】

根据推销约见前准备的顾客信息，制定出有针对性的洽谈方案。

【项目要求】

1．各小组选择特定的洽谈产品。
2．同一小组内每个人都要制定一份推销洽谈方案。
3．组内评出最优方案，小组按最优方案实施洽谈。

项目实施安排

组别：　　　　组长：　　　　日期：

项目实施人员分工	岗　　位	姓　　名	具 体 要 求
项目实施时间安排	项 目 阶 段	时间/天	具 体 要 求

项目教学方案设计

<table>
<tr><td>项目名称</td><td colspan="2">子项目 4.1：
洽谈方案制定</td><td>教学方法</td><td>讲授法与讨论法</td><td>建议课时</td><td>2</td></tr>
<tr><td rowspan="2">项目目标</td><td>能力目标</td><td colspan="4">1．能够制定推销洽谈的目标；准备工具；陈述洽谈的具体内容
2．能通过网络、实地调查等方式掌握推销品的特点、定位及其主要竞争者的相关信息</td><td rowspan="2">使学生在团队活动中团结协作，形成凝聚力</td></tr>
<tr><td>知识目标</td><td colspan="4">1．了解推销洽谈的概念
2．明确推销洽谈的目标
3．熟悉推销洽谈的内容
4．掌握推销洽谈的原则和步骤</td></tr>
<tr><td rowspan="2">项目准备</td><td>教师</td><td colspan="5">课件及项目评分考核表</td></tr>
<tr><td>学生</td><td colspan="5">1．分组，每个小组 8～10 人，由组长负责
2．课前每人准备纸笔
3．教室布置，以小组为学习和讨论单位</td></tr>
<tr><td>项目评价</td><td colspan="6">与项目 4 中的子项目 4.2 一起进行评价</td></tr>
<tr><td rowspan="5">项目过程</td><td>教学环节</td><td>教师活动</td><td colspan="2">学生活动</td><td>教学目标</td><td>课时</td></tr>
<tr><td>一、项目介绍</td><td>1．教师进行项目解析，提出项目要求
2. 布置项目实施安排</td><td colspan="2">学生做项目分解笔记</td><td>学生能清晰地了解项目实施的目的与程序</td><td rowspan="2">1</td></tr>
<tr><td>二、理论知识</td><td>1．讲授理论知识
2. 解释学生知识疑问</td><td colspan="2">1．接受项目理论知识
2．提出疑问</td><td>掌握项目实施的相关知识</td></tr>
<tr><td>三、项目实施</td><td>指导学生撰写个人方案</td><td colspan="2">1．小组讨论方案内容
2．个人制定洽谈方案</td><td>学生能撰写洽谈方案</td><td>2</td></tr>
<tr><td>四、项目评价</td><td>监督各组洽谈方案的打分</td><td colspan="2">1．小组内学生按照评分表分别为个人打分
2．计算个人成绩</td><td>学生能评价方案优劣</td><td>1</td></tr>
<tr><td rowspan="2">项目实施报告</td><td>教师</td><td colspan="5">检查学生项目实施报告，给出评价</td></tr>
<tr><td>学生</td><td colspan="5">填写项目实施报告</td></tr>
</table>

项目知识

4.1.1 推销洽谈的概念

推销洽谈也称交易谈判，是指推销人员运用各种方式、方法和手段，向顾客传递推销信息，并设法说服顾客购买商品和服务的协商过程。作为现代推销学中的一个科学概念，推销洽谈具有特定的含义，它是一系列既丰富又复杂的活动。推销洽谈的目的是向顾客传递商品信息，诱发顾客的购买动机，激发顾客的购买欲望，说服顾客，达成交易。在整个推销过程中，推销洽谈是最关键的环节，其主要特点如下。

（1）推销洽谈是推销人员主动围绕顾客需求和顾客利益而展开的。

（2）推销洽谈是信息沟通的过程。

（3）推销洽谈的方式、方法、手段和形式灵活多样。

（4）推销洽谈是双方合作与冲突的统一，是原则性与灵活性的统一。

4.1.2 推销洽谈的目标

从现代推销学理论上讲，洽谈的目标既取决于顾客购买活动的一般心理过程，又取决于推销活动的发展过程。因此，我们认为现代推销洽谈的目标在于向顾客传递推销信息，诱发顾客的购买动机，激发顾客的购买欲望，说服顾客，达成交易。

为了实现推销洽谈的目的，推销人员需要完成以下几方面的任务。

1．传递商品信息

为了说服顾客达成交易，必须向顾客全面介绍推销品的情况以及生产企业的情况，包括品牌、商标、功能与特殊功能、质量、价格、服务、材料、销售量、市场地位以及生产企业的情况。只有在顾客对相关各信息了解的情况下，才能做出购买决策。在洽谈之初，推销员要将自己所掌握的有关信息迅速传递给顾客，以帮助顾客尽快认识和了解推销品的特性及其所能带来的利益，增强顾客对推销品以及生产企业的好感，诱发顾客的购买兴趣，为顾客进行购买决策提供信息依据。同时，推销员在向顾客传递信息时必须客观、恰当、实事求是。

2．针对顾客需求，展示推销品的功能

从营销学的角度讲，只要能够发现人们的购买需求和动机，就可以预测和引导人们的购买行为。购买行为是受购买动机支配的，而动机又源于人的基本需要。为此，推销员在洽谈之初就必须找到此时此刻的顾客的心理需要，并投其所好地开展推销洽谈。同时，在推销洽谈中针对顾客的需求展示推销品的功能，满足顾客的需求，只有当顾客真正认识到推销品的功能和利益，感受其所带来的满足感，才能产生购买动机。一种推销品往往有多

种功能和利益，但不同的顾客对该产品有不同的需求。例如，小轿车既是一种代步工具，也是身份、地位的象征，由于性格、职业、经济情况、年龄、性别等方面的不同，决定了顾客对小轿车的需求不同。

案例4.1

唐先生是一种中等价位计算机产品的推销员。他对所推销的产品了如指掌，在使用技术方面有着丰富的经验。其人仪表堂堂，使人感到诚实可信。有一天，他为推销这种计算机专门拜访了一家代理公司的会计主任。他说："我想向你们介绍一下我们生产的新型计算机。根据我们多年的经验，我敢打包票这是市场上质量最好的计算机，绝不夸张。"之后他就内行地讲述了计算机在技术方面的各种特点。顾客似乎很相信他说的话。但事与愿违，这次和往常一样，没有达成交易。

案例分析：推销员不能单纯推销产品，要推销产品给顾客带来的利益。推销员要用非技术的语言简单明了地向顾客介绍，运用产品的特点和优势作为支持，把产品的利益与顾客的需要联系起来。

3. 恰当处理顾客异议

在推销洽谈中，顾客接受了推销人员传递的有关推销品的信息后，经过分析会提出一系列的看法和意见，这就是我们常说的顾客异议。顾客异议处理不好或不排除，就很难说服顾客达成交易。所以，处理顾客异议是推销洽谈的关键任务。在推销洽谈中，推销人员要学会运用各种方法和技巧，解答顾客的疑问，妥善处理顾客异议，帮助顾客认识推销品。只有这样，才能取得顾客的信任，才有可能实现交易。（如何处理顾客异议，将在子项目4.3中详细介绍。）

4. 促使顾客做出购买决定

对于顾客来说，做出购买决定通常是重要而又困难的一步。尽管顾客对推销品发生兴趣并且有意购买，但他仍然可能犹豫，以致没有勇气做出购买决定。所以，推销人员必须强调顾客购买推销品所能得到的利益，满足顾客的特殊要求，给予顾客一些优惠，如在价格、结算、交货期、售后服务等方面给予对方优惠和保证，强化顾客的购买欲望，为顾客最终做出购买决定而努力。

总之，推销洽谈的目标在于沟通推销信息，诱发顾客的购买动机，刺激顾客的购买欲望，催促顾客采取购买行为，最终目的还在于达成交易，推销产品。

4.1.3　推销洽谈的内容

推销洽谈涉及面很广，内容丰富。不同商品的推销，有其不同的洽谈内容，但基本内容是大致相同的，主要有以下几个方面。

1．商品品质

商品品质是商品内在质量和外观形态的综合，是顾客购买商品的主要依据之一，也是影响价格的主要因素。所以，商品品质是推销洽谈的主要内容之一，推销人员必须全面地向顾客介绍推销品的质量、功能和外观特点，让顾客对推销品有一个全面的了解，也可以把商品获得的品质标准介绍给顾客。

2．商品数量

商品数量是指按照一定的度量衡来表示商品的质量、个数、长度、面积、容积等的量。成交商品数量的多少直接关系到交易规模以及交易价格。在推销洽谈中，买卖双方应协商采用一致的计量单位、计量方法，通常情况下是将数量与价格挂钩的。成交数量大时，通常商品的价格都会有一定的优惠。

3．商品价格

成交价格的高低，直接影响交易双方的经济利益，所以价格是推销洽谈中最重要的内容，也是洽谈中极为敏感的问题。推销人员应认识到，价格低的商品不一定畅销，价格高的商品也不一定没有销路。因为，任何顾客对商品价格都有他自己的理解，顾客对价格有时斤斤计较，有时又不十分敏感，主要取决于顾客需求的迫切程度、需求层次、支付能力和消费心理等。在价格洽谈中，推销人员要处理好三个问题：第一，推销人员要掌握好价格水平；第二，先谈商品的实用性，后谈价格；第三，推销人员要向顾客证明自己的报价合理。

4．销售服务

推销人员应从自己企业的实际出发，本着方便顾客的原则，为其提供优良的服务。所涉及的服务项目通常有按时交货、维修、运送、安装、养护、技术指导、提供零配件等。在洽谈过程中，推销人员和企业应尽量满足顾客的正当要求，以解除顾客的后顾之忧。

5．保证条款

保证条款的主要内容是担保。在商品交易活动中，卖主对售出的商品要承担某种义务，以保证买方的利益，这种卖方的义务和责任称为担保。对于一项日期较长，数量、金额较大，风险较大的商品交易，权利方都要求义务方提供担保。为限制卖方售货后不执行担保行为，有必要洽谈保证条款。

为了预防意外情况和随机因素对合同执行的影响，应就合同的取消条件以及履约和违约等有关权利、义务进行洽谈，并对合同纠纷中引起的诉讼及处理办法进行协商，以免引起不必要的麻烦。

4.1.4　推销洽谈原则

推销洽谈的原则是指推销人员具体从事推销洽谈的准则。为了达到推销目的，实现洽谈的目标，推销人员可采用灵活多样的方法和技巧说服顾客。但无论推销人员采取何种方法，在推销洽谈中都必须遵循以下原则。

1. 针对性原则

针对性原则，是指推销人员应该针对推销环境、推销对象及推销品，运用一定的推销洽谈方式、策略与技巧，促使推销对象采取购买行动，以达到自己的推销目的。不同的顾客，由于其性格、能力、兴趣、受教育程度、职业、经济条件以及人生观、价值观的不同，可能形成不同的需求。因此，推销人员在洽谈中应把握好顾客的思想，弄清顾客需求的实质，根据推销品的特点设计洽谈方案，恰到好处地宣传、说服，以引起顾客的关注。

坚持针对性原则，要求推销人员做到以下几点。

（1）针对顾客的购买动机开展洽谈。顾客的购买在于追求推销品的使用价值，其购买动机多种多样，有的求名，有的求美，等等。在洽谈中，推销人员应就推销品的使用价值，针对顾客的具体购买动机进行推销。

（2）针对顾客的个性心理进行洽谈。不同顾客的个性心理差别很大，而个性心理对推销洽谈的影响很大，不容忽视。只有针对不同个性的顾客采取不同的方法，才能达到洽谈的目的。

（3）针对推销品的特点展开洽谈。推销人员应根据推销品的特点设计洽谈方案，突出产品特色，增强洽谈说服力。

案例4.2

美国费城电子公司有个叫威伯的推销员，他曾到乡村去推销用电。他走到一个阔气的人家，户主是个上了年纪的老妇人，一见是电子公司推销员，就把门关了。威伯一看事情不妙，说："很抱歉，打扰了您，我也知道您对用电不感兴趣。所以，我这次来不是推销用电的，而是买鸡蛋的。"老妇人消除了疑虑，把门打开一些，探出头来，半信半疑地望着威伯，威伯继续说道："我看见您喂的道明尼克种鸡很漂亮，想买一打新鲜的鸡蛋回城。"听到他这么说，老妇人把门缝开得更大一些，说："你为什么不用你家里的鸡蛋？"威伯充满诚意地说："我家鸡下的蛋是白色的，做蛋糕不合适，我的太太就要我买些棕色的鸡蛋。"不一会，老妇人走出门口，态度很温和地跟威伯聊起鸡蛋的事情。这时，威伯指着院子里的牛棚，说："牛赶不上您养的鸡赚钱。"老妇人的心被说动了，因为这么多年来她丈夫总不承认这个事实，于是，她将威伯视为知己，带他到鸡舍参观。威伯告诉老妇人，如果能用电灯照射，鸡产的蛋会更多，老妇人好像忘记了先前的事情，反而问威伯用电是否合算。当然，她得到了满意的回答。两个星期后，威伯在公司收到老妇人寄来的用电申请书。

案例分析： 威伯并没有直接提卖电，而是从侧面以买鸡蛋为突破口，攻破了老妇人的心理防线，最终达到推销目的。

2. 诚实性原则

诚实性原则，是指推销人员在推销洽谈过程中切实对顾客负责，真心诚意与顾客进行推销洽谈。这是推销人员最基本的行为准则。推销人员在推销中失去诚实，就意味着失去顾客，甚至会永远地失去顾客。诚实性原则涉及以下三方面内容。

（1）讲真话，实事求是地向顾客传递推销品信息，力争取得顾客的信任。

（2）出示真实可靠的身份证明和推销品证明，打消顾客的疑虑，坚定顾客的购买决心。

（3）货真价实，树立良好的推销信誉。

3. 参与性原则

参与性原则，是指推销员鼓励和引导顾客积极参与推销过程，直接接触消费品，以便更好地促进信息的双向沟通。

坚持参与性原则，要求推销人员尽量让顾客能够参与产品的示范。让顾客亲自参与产品示范，能增强推销洽谈的效果。在推销洽谈中，推销人员要和顾客打成一片，急顾客所急，想顾客所想，使顾客对推销人员、推销品、推销气氛产生认同感，以消除购买阻力。同时，为了增强顾客对推销品的信任程度，推销人员应积极鼓励顾客，允许顾客亲自操作、试用、品尝产品。通过让顾客亲眼看一看、亲手摸一摸、亲自试一试、亲口尝一尝，会产生其他方法达不到的效果。这对于机械产品、摩托车、汽车、家用电器等的推销特别重要，并同样适用于服装、鞋帽、食品、玩具等的推销。

坚持参与性原则，要求推销人员尽量让顾客参与讨论。推销洽谈过程不是“一言堂”，即不能只有推销人员一个人在发表意见、介绍产品。如果没有顾客的参与，就不是真正意义上的洽谈。因此，推销人员应允许、支持顾客发表意见，参与协商、讨论，这不但活跃了洽谈气氛，而且有助于推销人员判断顾客的购买意图，以便采取相应的对策。所以，推销人员必须认真聆听顾客意见，积极引导顾客参与讨论，以便有效地控制洽谈进程。

4. 鼓动性原则

鼓动就是以言语或行为激励他人，使之有所行为。推销洽谈中的鼓动性原则是指推销员用自己的热情、自信、勤勉去说服顾客产生购买行为。顾客的情绪往往容易受推销人员情绪的影响，为此，推销人员应以极大的热情去感染顾客，以百倍的信心去鼓励顾客，以自己勤勉、敬业的精神影响顾客。使顾客确认自己的需求，相信推销品及推销人员，相信购买推销品能满足自己的需求，最终实施购买行为。

5. 倾听性原则

倾听性原则，是指推销人员在推销洽谈过程中，不能只向顾客传递推销品信息，而是要注意倾听顾客的意见与要求。倾听，会使顾客感到推销人员对自己的尊重，没有给他施加压力；倾听，会使顾客感到推销人员在尽心了解自己的各种问题，以便为自己提供真正有效的服务。这样会增强顾客对推销人员的信任，有助于有针对性地进行推销洽谈。倾听性原则要求推销人员：眼睛注视顾客，并与顾客产生感情交流；脸部要表示出诚意与兴趣，使顾客把你当做知己；对顾客的言谈要适时做出反应，但不可中途打断顾客的谈话。

案例4.3

推销员："先生，通过观察贵厂的情况，我发现你们自己维修所花的费用比请我们干还要多，是这样吗？"

客户："我也认为我们自己干不太划算，我承认你们的服务不错，但你们毕竟缺乏电子方面的……"

推销员："对不起，请允许我插一句。有一点我想说明一下，任何人都不是天才，修理汽车需要特殊的设备和材料，比如真空泵、钻孔机、曲轴……"

客户："是的，不过，你误解了我的意思，我想说的是……"

推销员："我明白您的意思。就算您的部下绝顶聪明，也不能在没有专用设备的条件下干出高水平的活来……"

客户："但你还没有弄清我的意思，现在我们负责维修的伙计是……"

推销员："请等一下，先生，只要一分钟，我只说一句话，如果您认为……"

客户："你现在可以走了。"

案例分析：上述案例中，推销员三番五次地打断客户的述说，违反了推销中的倾听性原则。推销中的倾听，不仅能深入了解顾客的需求，还能表现出对顾客的尊重。

4.1.5 推销洽谈步骤

推销人员在实际推销活动中，总是要面对各种各样、形形色色的顾客。为了推销的成功，推销人员使用的推销方法、方式也要因人而异，不能千篇一律。这就要求推销人员在推销洽谈前，认真准备有关推销洽谈的各种资料和知识，针对不同顾客，拟定具体的推销洽谈计划，制定解决顾客异议的方案。只有这样，推销人员才能根据不同的顾客将推销洽谈内容分出主次，突出重点，采用不同的方式、方法，有的放矢地进行洽谈。推销洽谈的步骤大体如下。

1. 准备阶段

(1)制订推销洽谈计划。推销洽谈计划是推销人员在对顾客的相关信息进行全面分析、研究的基础上，根据推销品及企业的特点，为本次推销洽谈制定的总体设想和具体实施步骤。推销洽谈计划的主要内容如下。

① 确定推销洽谈的目标。对推销洽谈取得的成绩，做一个预期评价，对洽谈将要出现的结果进行预先安排。洽谈可能取得的成绩分为两个层次：第一层次，是本次洽谈的最低界限，如让顾客确认自己对推销品有需求，顾客能认同推销品给其带来的利益等；第二层次，是本次洽谈要取得的成绩，如有效处理顾客异议等。

② 确定推销洽谈的时间、地点。洽谈时间安排是否得当，可直接影响洽谈的效果，有时甚至成为决定洽谈成败的关键。推销人员应根据洽谈双方的日程安排、最后的决定期限等来考虑洽谈时间的安排。洽谈地点的选择需要考虑现场环境布置和洽谈位置安排两个

方面。一般来说，首先，洽谈现场的布置应该注意洽谈室内外应宽敞、明亮、优雅、舒适，这样能使洽谈人员以轻松愉快的心情参与洽谈；其次，洽谈的地点应该有休息场所，以便洽谈人员在洽谈休会时间休息，或进行私下的接触，联络感情，增进共识。洽谈人员的位置安排是一个非常重要的问题。洽谈时，双方是面对面还是随意坐，反映了不同的意义，有着不同的效果。作为推销洽谈人员，应主动考虑这个问题。

知识园

洽谈位置的安排通常有桌角式、合作式、对抗式和独立式几种。

所谓桌角式，就是指洽谈双方都坐在靠近桌子的同一个桌角，这样，双方有自由的目光接触，介绍资料方便，心情也比较轻松。

所谓合作式，是指洽谈双方都坐在桌子的同一边，位置相对靠近，这样有利于增强洽谈的气氛，使双方的合作意识在不知不觉中增强。同时，在介绍第三者加入会谈时，在座位上也很好协调。

所谓对抗式，是指洽谈双方隔桌对坐，这种安排会给人一种竞争的气氛，暗示某种对抗情绪，但有时也表示一种正式、尊重、礼貌、和平等。

所谓独立式，是指洽谈双方依桌子的对角线而坐。这种方式在洽谈中应用较少，它通常意味着本不想和对方打交道，但又不得不与对方打交道，显示了双方关系的疏远，甚至对立。

③ 进一步核实顾客的基本情况。顾客的基本情况包括：姓名、年龄、职务、性格、偏好、工作作风、顾客本人及其所在部门和公司的状况、愿望、要求等；顾客是否有权购买，是否有支付能力，其购买动机、态度、阻力、需求变化是什么等。只有掌握了这些基本情况，才能制定相应的策略和方法，才能在推销洽谈中灵活、有针对性地进行推销。

④ 选择推销洽谈的策略和方法。推销洽谈的方法是一门技术，更是一门艺术。它需要推销人员在推销洽谈中针对不同的推销品、不同的顾客，灵活地采用不同的策略和方法。因此，推销洽谈之前，推销人员必须准备好洽谈的策略与方法。关于策略和方法的选择，在本章后面的内容中将有专门的讨论。

（2）推销洽谈的心理准备。推销人员要做好推销洽谈的心理准备，主要是指推销人员要充满自信，要有锲而不舍的意志。

① 自信。在推销洽谈中，推销人员应该对说服顾客，促使顾客做出购买决策充满自信。因为顾客是不会向一个没有主见，态度冷淡的推销人员购买产品的。因此，推销人员必须具备两方面的自信：一是对自己的推销品有信心，确信该产品质量优良，能使顾客得到真正的利益，能满足顾客的需求；二是对自己的推销能力有信心。

② 坚强的意志。推销人员仅仅有自信心是不够的，还必须具有坚强的意志。因为推销人员在推销过程中往往会遇到很多困难，但不要灰心，不要放弃，要有坚强的意志和锲而不舍的精神，只有这样才能做好推销工作，最终实现推销目标。

（3）推销洽谈的工具准备。推销人员在推销过程中不能单纯靠说话，还需要利用各种推销工具。

① 推销品。推销人员应尽可能随身携带一些推销品，在推销过程中可以直接展示给顾客，有助于激发顾客的购买欲望。推销人员要善于利用推销品，通过直接的操作、演示说服顾客。

② 推销品模型。在推销品难以携带的情况下，推销人员可以利用推销模型来替代，让顾客亲自看一看、试一试。这也能起到刺激顾客的购买欲望、增强顾客购买信心的作用。

③ 文字资料。推销人员应携带一些文字资料，包括产品种类介绍及说明书、产品价目表、企业简介等。利用文字资料辅助推销，一是成本低廉，简便易行；二是它对推销品的介绍要比语言详尽、全面、系统，有较强的说服力。但是，文字资料难以做到因人而异地介绍产品，故应配合其他推销工具一起进行推销。

④ 图片资料。图片资料主要有图表、图形、照片等。在推销品或推销模型难以携带的情况下，生动、形象的图片资料能对顾客产生较强的说服力和感染力，使顾客通过视觉加深印象，直接引发顾客的购买欲望。

⑤ 推销证明资料。在推销洽谈之前，推销人员应尽量收集和准备各种有说服力的推销证明资料。例如，顾客的感受、报纸杂志的宣传报道、同类产品性能及特点的对比表等，供在推销洽谈中适时地出示、说明。不同的推销证明材料，可以从不同的侧面增加产品的可靠性，有利于顾客在心理上产生安全感。

⑥ 其他物品。包括推销人员的名片、介绍信、订购单、合同书、笔记用具、印鉴、小礼品等。

2．摸底阶段

双方洽谈人员从见面入座到洽谈实质内容之前为摸底阶段，旨在建立推销洽谈气氛、交换意见和开场陈述。

首先，要努力建立合作、诚挚、轻松愉快的洽谈气氛。为此，要把洽谈场地布置得赏心悦目，要使推销洽谈者的举止行为给人留下热情、诚挚、轻松、美好的印象。

其次，要及时交换意见和看法，就推销目的、计划、人员情况等方面取得一致意见，即使双方早已联系，也应在正式洽谈中重新明确一下。

最后，为了进一步摸清对方的原则、态度，可以从主要问题、期望目标、主要原则、变通措施等开始陈述或提出倡议。

摸底阶段也通常称为“破冰”阶段。洽谈双方在这段时间内相互熟悉和了解，对于正式谈判的开始起着良好的铺垫作用。这个阶段的时间控制在谈判总时间的5%之内比较合适。例如，长达4小时的谈判，那么用10分钟的时间来“破冰”就足够了。如果谈判要进行好几轮，并要持续数日，则“破冰”的时间相应也要增加。在这段时间里，双方应按照一定的可行方式进行交往，也可以谈谈天气等，以增进彼此之间的了解。

3．报价阶段

报价阶段是指卖方就商品或服务的价格向买方提出意见的过程，是洽谈过程中的一个重要阶段。推销人员在了解了顾客，判明了顾客的真正目标之后，在顾客可以接受的范围内，应结合自己的推销目标，正式提出一系列交易条件。在报价的过程中，推销人员应该严肃、认真、果断、准确、清楚，并留有余地。

案例4.4

有位性急的手表批发商，他经常到农村推销产品，有一次，他懒得多费口舌去讨价还价，他想反正是老主顾了，就与上回的价格差不多就行了。他驱车来到公路边的一家商店，直截了当地对店主说："这次，咱俩少费点时间，干脆按我的要价和你的出价来个折中，怎么样？"店主不知他葫芦里卖的什么药，不置可否。他以为店主同意了，就报了一个价。他以为对方一定会高兴，因为他的报价确实比上次优惠得多。报完价，他得意扬扬地问对方准备进多少货，想不到对方回答一个也不要。店主说："你以为乡下人都是傻瓜？你们这些城里来的骗子，嘴里说价钱绝对优惠，实际上未必是真的优惠。"

案例分析：报价时，推销人员的报价应留有余地，应比目标价格高一些，这样可以给出顾客让利的空间，让顾客感觉到心理上的满足。

知识园

妥协让步是调动对方的手段，洽谈中，不做无利益的让步，不要过早让步，让步的幅度与速度不宜过大、过快。

4．磋商阶段

磋商阶段，是指谈判双方为了各自的利益、立场，寻求双方利益的共同点，为减小彼此的分歧而对各种具体交易条件进行商讨的过程。磋商阶段是交易成败的关键时刻，只有善于运用磋商诀窍，才能获得成效。

在磋商阶段，洽谈双方通过公开争论，施展各自的策略、手段，说服对方接受自己的条件或做出一定程度的让步。在洽谈过程中，顾客总是首先讨价还价，这是符合购买心理的。推销员必须认真分析顾客讨价还价的真正动机，然后明确自己的态度。在确定必须做出让步时，推销员要注意：不要做无利益的让步；让步要把握好时机；在次要问题上推销员首先做出较小的让步，以诱使顾客在一些重要问题上做出让步；每次让步幅度不宜过大、过快，应步步为营；在价格问题上应坚持"报价高，还价低"的原则。总之，推销员在讨价还价中应充分利用自己的能力、智慧、经验，确保自己始终处于主动地位。

5．成交阶段

成交阶段是推销洽谈的最后阶段。经过上述几个阶段的洽谈，情况逐渐明朗，双方意见逐步统一，基本实现自己的理想，便可拍板成交，签署购销合同。

项目实施指导

1．分组，每个小组 8～10 人，由组长负责。

2．小组内选择同一品牌产品。

3．个人制定推销方案。

（1）推销方案的资料准备。通过网络、实地调查等方式掌握洽谈产品的特点、定位、该产品的市场地位及其主要竞争者的相关信息。

（2）撰写洽谈方案。确定推销洽谈的目标，洽谈时的准备工具，洽谈的具体内容。最重要的是要根据产品的特点与顾客的情况选择推销洽谈的方法，且洽谈方案中至少要准备三种方法。

4．组内评出最优方案，小组按最优方案实施洽谈。

（1）小组长负责组织评选过程。

（2）小组成员轮流陈述洽谈方案。

（3）个人陈述完毕后，其他人负责打分，取平均值为个人方案成绩。

（4）评选分值最高的方案作为小组推销洽谈的方案。

项目评价表

与项目 4 中的子项目 4.2 一起进行项目评价。

项目工作小结

序　号	小结重点	主要内容	教师批注
1	工作业绩	1. 2. 3. 4.	
2	问题质疑	1. 2. 3. 4.	
3	项目报告	1. 2. 3. 4.	

子项目 4.2 洽谈过程实施

项目解析

【项目目的】

能够合理选择不同的洽谈方法，达到预定目标。

【项目要求】

1. 小组内，分角色扮演推销员和顾客，按组内最优方案实施推销洽谈。
2. 评价，指出推销洽谈中的优点与不足。

项目实施安排

组别：　　　　　　　　　　　　组长：　　　　　　　　　　　　日期：

项目实施人员分工	岗　　位	姓　　名	具 体 要 求
项目实施时间安排	项 目 阶 段	时间/天	具 体 要 求

项目教学方案设计

<table>
<tr><td>项目名称</td><td>子项目4.2：
洽谈过程实施</td><td>教学方法</td><td>案例分析法与
角色扮演法</td><td>建议课时</td><td>8</td></tr>
<tr><td rowspan="2">项目目标</td><td>能力目标</td><td colspan="3">1. 能够制定推销洽谈的目标；准备工具；陈述洽谈的具体内容
2. 能通过网络、实地调查等方式掌握推销品的特点、定位及其主要竞争者的相关信息</td><td rowspan="2">教育学生互相补台，互相配合，同时提高应变能力和社交能力</td></tr>
<tr><td>知识目标</td><td colspan="3">1. 了解推销洽谈的概念
2. 明确推销洽谈的目标
3. 熟悉推销洽谈的内容
4. 掌握推销洽谈的原则和步骤</td></tr>
<tr><td rowspan="2">项目准备</td><td>教师</td><td colspan="4">课件及项目评分考核表</td></tr>
<tr><td>学生</td><td colspan="4">1. 分组，每个小组8～10人，由组长负责
2. 课前每人准备纸笔
3. 教室布置，以小组为学习和讨论单位</td></tr>
<tr><td>项目评价</td><td colspan="5">与项目4中的子项目4.1一起进行评价</td></tr>
<tr><td rowspan="5">项目过程</td><td>教学内容</td><td>教师活动</td><td>学生活动</td><td>教学目标</td><td>课时</td></tr>
<tr><td>一、项目介绍</td><td>1. 教师进行项目解析，提出项目要求
2. 布置项目实施安排</td><td>学生做项目分解笔记</td><td>学生能清晰地了解项目实施的目的与程序</td><td rowspan="2">2</td></tr>
<tr><td>二、理论知识</td><td>1. 讲授理论知识
2. 解释学生知识疑问</td><td>1. 接受项目理论知识
2. 提出疑问</td><td>掌握项目实施的相关知识</td></tr>
<tr><td>三、项目实施</td><td>指导学生顺利进行推销洽谈</td><td>1. 小组分配工作职责
2. 进行洽谈</td><td>提高学生洽谈能力</td><td>4</td></tr>
<tr><td>四、项目评价</td><td>对洽谈方案及实施过程进行打分和评价</td><td>1. 小组互相打分
2. 小组互相讨论洽谈的不足</td><td>学生能评价鉴赏洽谈的优劣</td><td>2</td></tr>
<tr><td rowspan="2">项目实施报告</td><td>教师</td><td colspan="4">检查学生项目实施报告，给出评价</td></tr>
<tr><td>学生</td><td colspan="4">填写项目实施报告</td></tr>
</table>

项目知识

4.2.1 推销洽谈方法

案例4.5

一位幼儿园的推销员到一个顾客家中进行推销：“太太，为了您可爱的小宝宝，请在这个月内一定要入园，我不骗您，下个月入园的年费、入园金都要提高 25%，没有像这么好又这么便宜的幼儿园了。”这对结婚 10 年才喜得贵子的顾客心有所动，“我们想参观一下幼儿园，看看……”（好像还有点犹豫。）“哎呀，还参观什么呀？您放心好了，我们的幼儿园聘请的都是专家，从幼儿心理学的角度充分研究考察过的，不必犹豫，加入就是了。”

案例分析：推销洽谈的内容，必须针对顾客所关心的需求，选择恰当的洽谈方法，才能让顾客产生购买行为。

推销洽谈是一门技术，更是一门艺术。在推销洽谈中，推销人员要针对不同的产品，不同的顾客，灵活地采用适宜的推销洽谈方法，说服顾客，激发顾客的购买欲望，最终达成交易。因此，推销人员必须掌握娴熟的推销洽谈方法。

为了能最终成功地开展推销洽谈，推销人员可以运用的方法很多，通常可以概括为提示法、演示法和介绍法三种。

1. 提示法

提示法，是指推销人员在推销洽谈中利用语言的形式启发、诱导顾客购买推销品的方法。提示法大多用于推销人员向顾客介绍完商品，顾客还在犹豫时，推销人员采用提示法则可以进一步引起顾客注意，刺激顾客的购买欲望。

（1）直接提示法

直接提示法，是指推销人员直接向顾客呈现推销品的利益，劝说顾客购买推销品的洽谈方法。采用直接提示法，可以节省洽谈时间，提高推销效率，符合现代人快节奏的工作和生活习惯，也是最常用的推销洽谈的方法。例如：

推销人员向顾客推销手机。在全面介绍完产品后，推销人员又说：“本周我们公司正在进行优惠活动，如果您在优惠活动期间购买我们公司生产的手机，就会有四重惊喜：赠送毛毯一条，免费获得 GSM 卡和彩信下载卡各一张，并可获得产品终身维修卡，很合适的。”

推销人员在运用直接提示法时，需要注意以下问题。

① 提示要突出重点。直接提示，就是直接说出顾客的购买动机，提示推销品的利益和特点，指出顾客的需要和问题，提出解决问题的办法。

② 推销品的介绍必须实事求是。推销人员一定要实事求是地向顾客介绍推销品，绝不能采用夸大、虚构的方法欺骗顾客。同时，推销人员还必须注意提示的内容要易于顾客理解和接受。例如，对一般的顾客，提示的语言要通俗易懂，切忌使用专业化的语言；而对专业人员，推销人员的提示则应突出专业化知识。

③ 分析购买环境，避免直接冒犯顾客，提示的内容和方式应抓住顾客的个性心理。

（2）间接提示法

间接提示法，是指推销人员不直接推销产品，而是通过其他信息传递渠道间接地劝说顾客购买推销品的洽谈方法。在现代推销环境中，应该尽可能运用直接提示法，提高洽谈效率。但是，在许多特定的情况下，则要避免直接提示法，而应该采用间接提示法，即间接地把推销品能够给顾客带来的利益传递给顾客。这种方法有助于营造良好的洽谈气氛，有利于消除推销异议，有利于洽谈的顺利进行。例如：

冬季商品的推销人员在推销过季商品时，面对顾客的犹豫，说："现在是换季，这冬季的商品才会打折的，你看这质量怎么会打六折呢？在冬季你是不可能花这么少的钱就买到这么好的商品的。如果等到明年应季时再买，商品可要恢复原价了。"

推销人员没有直接说明推销品的价格便宜，而是巧妙地提醒顾客如果错过季节优惠，将会支付更多的货币，暗示顾客现在购买所能得到的利益。例如：

洗发用品的推销人员对顾客说："您看，现在的年轻人都喜欢追潮流，前几年流行离子烫，今年又流行什么卷发，叫什么空气灵感烫。"顾客："是啊。"推销人员："漂亮是漂亮，就是头发这么来回折腾，发质就会受损都变得干枯、易断，没有光泽和弹性了。"顾客："就是的，还枯黄。"推销人员："我们公司生产的洗发用品是专门针对受损发质研究生产的，效果很好，您买一瓶试试？"

在使用间接提示法开展洽谈时，必须注意以下三个问题。

① 选准顾客。在推销洽谈过程中推销人员会遇到各种各样的顾客。有的顾客性子急，喜欢直来直去，这样的顾客应采取直接提示法，对于老成持重、刚愎自用、自尊心较强、感情细腻等类型的顾客适合采用间接提示法。所以，推销人员应该根据洽谈内容和洽谈对象来选择提示方法。

② 虚构推销对象，开展间接推销，减轻顾客的心理压力。由于一般顾客以为接受了推销人员的意见就意味着接受了推销人员所推销的产品，故在洽谈过程中心存抵触，故意制造一些异议，设置推销洽谈的障碍，无论如何都不被推销人员说服。为了减轻顾客心理压力，消除洽谈的无关异议，制造良好的洽谈气氛，可以虚构一个推销对象或提及第三者作为推销对象，使顾客觉得是在讨论别人而不是在说自己。

③ 使用温和含蓄的言语和婉转的语气。在洽谈过程中，推销人员应根据不同的顾客，用适宜的语气间接说出顾客的购买动机，提示推销重点，这样使顾客易于接受。

（3）明星提示法

明星提示法也称名人提示法，主要是指推销员借助名人引人注意、强化事物、扩大影响的效应，说服顾客购买推销品的洽谈方法。明星提示法作为一种有效的洽谈方法，对于消除顾客的疑虑，充分调动顾客的购买情感，诱发顾客的购买欲望，导致最终的购买行为有极大的促进作用。例如：

“劳力士”牌手表是瑞士日内瓦生产的一种高档名表，其设计和推销的对象是世界各国的上层社会名流，于是推销商就费尽心思找名人为其说话。著名登山健将莱因霍尔德·梅斯纳曾经就是瑞士“劳力士”手表的产品代言人。梅斯纳说：“我绝不会不戴上我的‘劳力士’表就去登山。登山者不戴上一块可以信赖、走时准确的表简直是在发疯，我做梦也没想过不佩戴我的‘劳力士’而登山，‘劳力士’是最好的手表。”使得很多的登山爱好者都倾慕于“劳力士”手表。

使用明星提示法时，一般需要注意以下问题。

① 提示明星必须具有较高的知名度，并为顾客所知、所接受。明星提示法是利用了人们的认同心理及其自居心理作用，因此提示明星必须是顾客所能认同和接受的名人名物。不被顾客接受的明星，不仅不能产生明星效应，反而可能会成为产生顾客异议的根源。

② 提示明星必须与推销品有关。明星效应不是无限大，而只是具有一定的范围。推销人员应该根据明星效应的特定范围来选择提示明星，使提示明星与推销品联系起来，以增强推销洽谈的说服力。例如，选择体育明星作为运动用品的提示明星，电影明星作为服装、化妆品的提示明星，选择老寿星作为保健用品的提示明星等。

③ 提示明星与推销品的关系是真实存在的。实事求是是现代推销的基本原则。在推销洽谈中，推销人员所提示的明星及其内容必须是真人真事，不得欺世盗名，招摇撞骗。另外，在公共场合运用时，要经过有关当事人的同意，避免一些不必要的麻烦。

（4）联想提示法

联想提示法是指推销人员通过提示事实，描述某些情景，使顾客产生某种联想，刺激顾客购买欲望的推销洽谈的方法。

运用联想提示法时，要注意以下几个问题。

① 推销人员的举止、表情要有助于引导顾客产生联想。

② 提示的语言要有感染力，要有助于引导顾客产生联想。

③ 提示的语言必须真实、贴切、可信。

（5）逻辑提示法

逻辑提示法是指推销人员根据一系列的事实和论据，使用一定的推理方法劝说顾客购买推销品的一种洽谈方法。逻辑提示法主要针对顾客的理智动机。它通过逻辑的力量，促使顾客进行理智思考，从而明确购买的利益与好处，并最终做出理智的购买抉择。例如：

“先生，您看现在房地产的价格天天上涨，如果您将钱存入银行，再过几年，您这些钱连本带息恐怕只能购买这一半大小的房子了，我劝您现在就买下这栋漂亮的房子!”

房地产推销人员的一番逻辑推理，反映了市场经济发展的规律，有较强的说服力。

逻辑提示法作为一种有效的洽谈方法，使用时应该注意下述问题。

① 逻辑提示法更多的是针对理智型的顾客。不同类型的顾客具有不同的购买动机和购买行为，因此应分别使用相应的提示方法。对于专业人员、技术专家或知识层次较高的顾客，应尽量使用逻辑提示法，针对顾客的理性动机，以理服人。因为这些顾客具有较高的购买决策能力和分析能力，懂管理技术或产品技术，具有高度科学的思考能力，习惯于

理性思维，善于做出正确的比较和评价，不容易受情感因素的影响。在推销复杂产品、贵重产品和新产品时，也要尽量使用逻辑提示法，进行科学论证，因为在购买这些推销品时，顾客会进行理智的思考，而不会轻率做出购买决策。

② 推销逻辑必须与顾客的购买原则相一致。推销过程是一种双向沟通的过程，应考虑顾客的购买原则，从顾客的角度来进行逻辑推理和逻辑分析。不同身份、不同职业的人有不同的购买动机、不同的逻辑思维方式。因此，推销员应尽最大可能分析了解顾客的个性倾向、思考问题角度、模式与标准，从而说服顾客购买。

③ 推销洽谈过程中要做到情理并重。推销洽谈作为一个千变万化的过程，在使用逻辑提示法时，推销人员应该晓之以理，动之以情，合情合理，动心动情。很少有顾客愿意听推销人员干巴巴的推理或一本正经的推理。因此，在使用逻辑提示法时，应特别注意讲究提示艺术，真正做到情理并重，既要推销真理，又要推销真情。

2. 演示法

案例4.6

赵兴是某家电销售公司的推销员，他特别擅长向顾客演示他所推销的各类家用电器。例如，滚筒洗衣机是他最乐意向顾客示范推荐的一种家用电器。为了向顾客演示滚筒洗衣机如何不伤衣料、纽扣，他把钢笔放入滚筒里，让它随洗涤物一起滚动。有一次，当他正向顾客做演示时，钢笔裂开了，墨水沾满了正在洗衣机内洗涤的衣物。

案例分析：为了有效激发和强化顾客对滚筒洗衣机的兴趣，使用演示法是正确的。演示法使用过程中，要选择正确的方式，避免意外情况发生。碰到这种意外情况，推销员一定要冷静、机智，并实事求是地向顾客解释，用该洗衣机把沾满墨水的衣物洗净，重新找一支钢笔，把前面的推销演示过程再做一遍，使演示真实可信。

在现代推销环境中，推销品越来越复杂，推销信息越来越广泛，推销人员无法完全利用口头语言和行动语言来传递全部有关推销信息，也不可能利用语言提示来准确地传递某些重要的推销信息。为了节省推销洽谈的时间并准确可靠地传递推销信息，尤其是为了有效地传递某些不可名状的重要信息和微妙信息，还必须利用语言提示法以外的其他洽谈方法。这就是现代推销演示法。

演示法又称直观示范法，是推销人员运用非语言的形式，通过实际操作推销品或辅助物品，让顾客通过视觉、听觉、味觉、嗅觉和触觉直接感受推销品信息，最终促使顾客购买推销品的洽谈方法。

在推销过程中，演示法的作用是非常大的。推销人员在推销洽谈中不仅要向顾客介绍推销品的优点，还要运用演示或示范的方法，证明推销品的优点。通过示范表演，能让顾客亲眼看到或亲身体验到购买推销品能给他带来的好处和利益，证实推销品的性能和特点。这对于唤起顾客的注意力，使顾客对推销品产生兴趣，坚定其购买决心有着重要的作用。

（1）产品演示法

产品演示法，是指推销人员通过直接演示推销品来达到劝说顾客购买推销品的洽谈方法。以推销品本身作为比较有效的刺激物进行演示，既可演示商品的外观、结构，又可演示其性能、效果、使用方法、维修保养等。这样可以使顾客对产品有直观的了解，产生强烈的印象。例如：

人们在车站、码头、街口等处常见到一些推销人员站在显眼处，从口袋里掏出一瓶脏油水倒在手帕上，顿时把一块干净的手帕弄得很脏，但还不罢休，又把手帕扔在地上，用鞋底来回搓、踩，然后卖货人拾起脏手帕，又掏出另一瓶什么清洁剂倒一点在手帕上搓了几下，放在一碗清水（先喝了一口，以证明无其他物质）里洗了洗，取出来又是一块洁白的手帕。

在上述案例中，推销人员用事实证明了推销品的功能和性能，真实可信，这是语言提示所无法表述的信息。

为了有效地使用产品演示法，推销人员应该注意以下几个问题。

① 根据推销品的特点选择演示方式和演示地点。由于推销品的性质和特点各不相同，演示方法和演示地点应有所不同。例如，有形产品可以进行实际操作表演，无形产品就更应该进行演示，加强顾客对推销品的直观了解，可以借助辅助物品，利用各种形象化手段将无形产品实体化。有些体积小、携带方便的产品可以进行室内演示，而有些携带困难的产品就需要与顾客当面约定，另行安排具体时间和地点进行现场演示。所谓现场演示，也就是现场看货。例如，可以邀请顾客参观生产现场，也可以邀请顾客参观产品展览会等。

② 操作演示一定要熟练。推销人员的演示，是向顾客证明推销品。如果推销人员在演示过程中因操作不熟练，总是出现差错或笨手笨脚，就会引起顾客对推销品质量的怀疑，而不相信推销人员及推销品。

③ 操作演示要有针对性。每一位顾客对推销品所关注的点可能会不同。如果顾客最关心产品质量，则推销人员的演示速度不宜过快，要让顾客看得清、听得懂，对推销品有一个认识、接受的过程。推销人员不能因为自己对推销品很了解，就忽略了顾客的感受，也许顾客是第一次接触推销品。如果顾客更关心价格或服务，则推销人员在演示的同时要注意说明产品的功能价格比，说明售后服务的内容等。所以推销人员在演示时要有针对性。

④ 演示速度适当，边演示边讲解，制造良好的推销氛围。推销人员向顾客演示商品，特别是新产品时，操作演示的速度要放慢；对于老商品或技术含量不高、操作简单的产品，操作速度可以适当加快。同时，要针对推销的要点和难点，边演示边讲解，要讲、演结合，开展立体化的洽谈，努力引起顾客的注意和兴趣，充分调动顾客的积极性，制造有利的洽谈气氛。

⑤ 鼓励顾客参与演示，把顾客置于推销情境中。推销洽谈作为一个双向沟通过程，推销人员和顾客都是推销活动的主体。因此，在使用产品演示法时，应鼓励顾客参与表演操作。例如，汽车推销人员可以请顾客试车，食品推销人员可以请顾客试尝，服装推销人员可以请顾客试穿，等等。但是，有些商品是不能交给顾客试用的，也有些顾客不会操作推销品，这时推销人员应该亲手为顾客演示，充当主角，鼓励顾客参与演示，邀请顾客做助手。这样做有利于形成双向沟通，发挥顾客的推销联想，使顾客产生推销认同，增强洽

谈的说服力和感染力，提高洽谈效率，激发顾客的购买信心和决策认可程度。

（2）文字、图片演示法

文字、图片演示法是指推销人员通过展示有关推销品的文字、图片资料来劝说顾客购买的洽谈方法。在不能或不便直接演示推销品的情况下，推销人员可以通过这一方法来介绍、推销商品。

案例4.7

小李是一家家庭装饰公司的销售员，在接待顾客时，小李总是首先询问顾客对房间装饰的总体想法，了解各房间尺寸，然后通过计算机软件将装饰后的效果显示在计算机屏幕上让顾客看。由于顾客能够在房屋未完成装饰前就看到装饰后的效果，因此顾客很容易接受小李的建议，往往在与小李的洽谈过程中就签订了装饰协议。

案例分析： 通过文字、图片可以做到动静结合，图文并茂，获得良好的推销效果。

文字、图片演示法既准确可靠又方便省力，能生动、形象地向顾客介绍推销品，传递推销信息。这种图文并茂、生动形象的推销方法，不仅容易被顾客接受，而且会对顾客产生强大的感染力，在使用时应注意以下几个问题。

① 根据推销洽谈的实际需要，收集整理有关的文字、图片资料。在推销过程中，所演示的文字、图片资料作为一种推销工具，应该与推销目的保持一致。要根据洽谈的实际需要，广泛收集相关的文字、图片资料，展示给顾客。

② 文字、图片相结合演示，做到图文并茂。文字、图片都是视觉信息媒介，两者关系十分密切。在演示过程中，二者相互配合，既有实物图片又有实物说明，既有情景图片又有情景介绍，图文并茂，易于顾客接受。

③ 坚持洽谈的真实原则，演示真实、可靠的文字资料。推销人员必须遵守有关推销法律，不能演示虚假资料或非法资料。

（3）音响、影视演示法

音响、影视演示法是指推销人员利用录音、录像、光盘等现代工具进行演示，劝说顾客购买推销品的洽谈方法。越来越多地运用现代推销工具，是现代推销的发展趋势之一。例如：

在许多百货商场里，顾客经常会听见“各位顾客，您好！欢迎您惠顾本商场！本商场一楼家用电器部正在出售各种名牌等离子彩电，欢迎您前往选购，谢谢！”

许多制药厂为自己的产品推销拍摄健康系列讲座，以及电视直销、消费向导等，都是在为自己的产品做推销，效果都是不错的。

羽西、丁家宜、兰蔻等化妆品生产公司都是通过在推销过程中使用音响、影视等推销演示方法来吸引顾客的兴趣。例如，所拍摄的化妆系列讲座，以及电视直销、消费向导等，都取得了很好的效果。

音响、影视演示融推销信息、推销情境、推销气氛为一体，易使顾客产生陶醉、迷恋，留下深刻的印象，并具有很强的说服力和感染力。同时，这种方法还有利于消除顾客异议，提高推销的成功率。

（4）证明演示法

证明演示法是指推销人员通过演示有关的证明资料或进行破坏性的表演，来劝说顾客购买推销品的洽谈方法。推销洽谈既是向顾客传递信息的过程，又是说服顾客采取购买行动的过程。所以，成功的关键在于取信于顾客。为了有效地说服顾客，推销人员必须拿出推销证据来，如生产许可证、质量鉴定书、营业执照、推销证明等相关证据。有时，推销人员也可以通过破坏性、戏剧性的表演来证明推销品，说服顾客。例如：

消防用品的推销人员推销防火衣，将推销品放进一个铁桶中，再向铁桶中丢一把火，等火熄灭后把防火衣拿出来展示，产品完好无损，以此来证明该防火衣的质量很好。

一个灭火器的推销人员，把一定数量的特殊灭火剂泡沫喷洒在自己的手上，然后用喷火枪对着自己的手喷射，以此证明他所推销的商品的质量。

证明演示法是现代推销洽谈必不可少的技术，推销人员在运用中应注意以下几点。

① 准备很充分的证明资料和证明表演。

② 演示的推销证明资料必须真实可靠。

③ 选择恰当的时机和方法进行证明演示，表演自然，令人信服。

3. 介绍法

介绍法是介于提示法和演示法之间的一种方法，是推销人员利用生动形象的语言介绍商品，劝说顾客购买推销品的洽谈方法。

（1）直接介绍法

这是推销人员直接介绍商品的性能、特点，劝说顾客购买的方法。这种方法的优点是省时、高效。例如，“这种洗衣机是大波轮、新水流，衣服不缠绕。”直接介绍出商品的优点，提出了推销重点。“一周年店庆，全部商品一律八折”，这是直接介绍商品的低廉价格，吸引顾客购买。使用这种方法应注意下列问题。

① 针对顾客的不同购买心理，抓住推销重点直接向顾客介绍。

② 尊重顾客个性，避免冒犯顾客。

③ 抓住易被顾客接受的明显特征向顾客介绍。

（2）间接介绍法

“这套西装采用进口生产线缝制，韩国面料，您看这做工……”这样通过介绍西装的制作设备、面料和做工间接证明其优良品质，采用的是间接介绍法。这种方法，往往不直接说明产品的质量、能带来的利益等，而是通过介绍与它密切相关的其他事物来间接介绍产品本身。使用这种介绍法时应注意下列问题。

① 使用的资料要有助于间接介绍产品，并恰到好处。

② 使用的语言要温和含蓄，委婉曲折，能够间接介绍出推销重点。

（3）逻辑介绍法

这是推销人员利用逻辑推理来劝说顾客购买商品的洽谈方法。

“如果少花钱能多办事，您肯定喜欢。这种产品就可使您做到这一点，所以您肯定会喜欢。”这是典型的推理介绍，是一种以理服人、顺理成章、说服力很强的方法。在使用逻辑介绍法时，推销人员应注意下列问题。

① 有针对性地使用。一般来说，在向专家、技术人员、文化水平较高的顾客推销商品时，应尽量多用这种方法介绍。因为他们懂技术，有专长，具有科学思维能力，注重理性判断，决策能力强。尤其是推销复杂产品、贵重产品和新产品时，有针对性地进行逻辑推理介绍，会激起顾客的理性思维。

② 避免逻辑错误。在使用逻辑介绍法时，要避免概念不明、判断不当、自相矛盾、偷换论题等逻辑错误。

③ 应注意表达上的艺术性。逻辑性并不排斥艺术性，干巴巴的推理论证只能使人感觉乏味，产生厌烦情绪。要用生动、形象的语言，提示事物间的内在联系，论证自己的观点，使顾客容易听懂，易于接受。

以上所谈的都是一些基本方法和技巧，在实际推销洽谈中，还有待推销人员因时、因地、因人的不同而加以灵活运用。

4.2.2 推销洽谈中的倾听技巧

案例4.8

俞小姐是从事天然食品推销工作的。一天，她在给一位老妇人做上门推销时，已把这种食品的功能和效用清楚地讲完了，而对方反应冷漠。临出门之前，她忽然看到窗台上有一盆美丽的盆栽，上面种的是红色的植物，俞小姐就对老妇人说："好漂亮的盆栽啊！平常似乎很少见到。""确实罕见。这种植物叫嘉德里亚，属于兰花的一种。"

老妇人马上话多起来，开始有些情绪激动。见此情况，俞小姐马上接着问："的确很美，会不会很贵呢？""很昂贵，这盆盆栽要800元。"俞小姐想：我的天然食品也是800元，于是慢慢把话题转入重点："每天都要浇水吗？""是的，每天都得细心养育。""那么，这盆花也算是家中的一分子喽？"

这句话果然发挥了效用，立刻让对方觉得俞小姐真是有心人，于是开始倾囊传授所有关于兰花的学问，而俞小姐也聚精会神地听，中途告一段落，俞小姐就把刚才心里所想的事情说出来："太太，您购买我们的天然食品，就当做今天购买一盆兰花吧。"结果那个老妇人竟爽快地答应下来。

她一边打开钱包，一边说："即使我女儿或我丈夫，也不愿听我嘀嘀咕咕讲这么多，而你却愿意听我说，甚至能够理解我这番话。希望改天再来听我谈兰花，好吗？"

案例分析： 倾听不仅能充分体现对顾客的尊重，拉近双方的距离，建立信任的气氛，而且更容易让顾客接受推销人员。

在与顾客从事推销洽谈时，不少推销人员认为做交易就要有个"商人嘴"，要能说会道，于是口若悬河，滔滔不绝，不给顾客表达意见的机会。这样一来，很容易引起顾客的反感。日本推销之神原一平说道："就推销而言，善听比善说更重要。"因此，推销人员在推销中应当做到"多听少说"。认真倾听顾客谈话是推销成功的秘诀之一。

1．倾听的重要性

（1）能够赢得顾客的好感。推销人员成为顾客的忠实听众，顾客就会感到你是尊重他、重视他的，是真诚的，确实愿意与他合作，这样，顾客就会把你视为知己，在后面的洽谈中就会采取友好合作的态度，从而有利于达成协议。相反，推销人员对顾客谈话心不在焉，冒昧地打断顾客谈话，或一味地啰里啰唆，不给顾客发表意见的机会，就可能引起顾客的反感。

（2）判断顾客的主要意图。推销人员可以从顾客的述说中把握顾客的心理，洞察顾客的态度、意图和条件，知道顾客需要什么、关心什么、担心什么。这样，才便于在其后的洽谈中，针对这些情况提出自己的对策，从而增加说服的可能性。

案例4.9

一位先生走进一家汽车销售店，推销人员热情地迎上去，顾客走到一辆车前，摸了摸车身说道："这车安全性能怎么样？"推销人员就不停地介绍车的相关信息，顾客说道："我想给我儿子买辆车……"推销人员好像没听见，还在不停地介绍车子的功能，顾客不耐烦地说："我儿子考上大学了，我想送他个礼物。"推销人员还是在说车的质量、款式，最后顾客愤怒地说了句"你这人怎么这样！"便转身离去。

案例分析：推销人员要通过倾听，把握顾客的心理，要知道顾客关心什么、需要什么，才能有针对性地进行推销活动。

（3）减少或避免失误。"言多必失"，话说得太多，就有可能说出一些不合适的话，少说多听也是避免失误的一个方法。

2．倾听的技巧

在洽谈中，要想获得良好的倾听效果，应该掌握以下倾听技巧。

（1）专心致志地倾听。精力集中、专心致志地听，是倾听艺术的最重要、最基本的方面。心理学家的统计证明，一般人说话的速度为每分钟180到200个字，而听话及思维的速度大约要比说话快4倍多。所以，对方的话还没说完，听话者大都理解了。这时，听者可能就容易"溜号"。如果恰好在此时，顾客提出问题或传递了一个至关重要的信息，而推销人员心不在焉没有及时反应，就会错失推销良机。

（2）有鉴别地倾听。有鉴别地听，必须建立在专心倾听的基础上。因为不用心听，就无法鉴别顾客传递的信息。例如，"太贵了"几乎是每个顾客的口头禅，言外之意则是"我不想出这个价"，而不是"我没有这个钱"。如果不能辨别就会错把顾客的借口当做反对意见加以反驳，从而激怒顾客，无形中增加推销阻力。只有在摸清顾客真正意图的基础上，才能更有效地调整谈话策略，有针对性地做好说服顾客的工作。

（3）不因反驳而结束倾听。当已经明白了顾客的意思时，也要坚持听完对方的叙述，不要因为急于纠正顾客的观点而打断顾客的谈话。即使根本不同意顾客的观点，也要耐心地听完他的意见。

（4）倾听要有积极的回应。要使自己的倾听获得良好的效果，不仅要潜心地听，还必须有反馈的表示，比如点头、微笑、双眼注视顾客或轻声附和。这样，顾客会因为推销人员如此专心地倾听而愿意更多、更深地袒露自己的观点。

知识园

有关专家测试，一般的顾客在17分钟后开始对推销员讲解失去兴趣，感到厌烦，想起他们要做的或应该做的事来，不再注意听了。此时，推销员也有可能失去成交的机会。因此，在17分钟内给顾客更多的积极感情，便会取得成功。

4.2.3 洽谈中的语言技巧

语言是洽谈的基本工具，推销语言的运用非常重要。用语得当，可以说服对方，做成生意；用语不当，可能使生意告吹，甚至会与顾客反目成仇。从某种意义上说，洽谈的成功与否，全在于语言的运用。因此，推销人员应当掌握一定的语言技巧，以保证推销洽谈的顺利进行。

1．基本的说话技巧

要用明快的语调与对方说话，诚心诚意、热情洋溢地与对方说话，语气要抑扬顿挫、富有感情，注意说话间隔、声调，等等。在推销洽谈中，推销人员都希望自己成为成功者，有时会下意识地紧张。所以，推销人员要克服自己的本能的紧张，树立自信，避免出现导致洽谈失败的话语。常见的导致推销洽谈成功的用语如表4.1所示，在推销洽谈过程中可以使用。

表4.1　导致推销洽谈成功的用语

（1）“您会高兴的。”	（9）“请仔细考虑一下吧。”
（2）“这样可以节省。”	（10）“值得接受。”
（3）“请您放心。”	（11）“我可以保证。”
（4）“会幸福或能够带来幸福。”	（12）“这是新型的。”
（5）“可以获得利益的。”	（13）“这确实是事实。”
（6）“能够相信，可靠性高。”	（14）“这是比较容易的。”
（7）“这个绝对没问题。”	（15）“发展前景比较乐观。”
（8）“您能够了解的。”	（16）“您”（让顾客认为被尊重）

2．要用对方听得懂的语言叙述

推销洽谈的过程其实就是交流、沟通的过程，为了使对方理解你的意思，应尽量使用“共同语言”，尽量避免使用过多的方言、专业术语。如果不可避免地要使用专业术语，应尽量以简明易懂的语言对其加以解释。否则，顾客可能会担心上当受骗，或者引起不必要的顾客异议。

3．遣词造句要审慎，措辞要得当

当对方提出的意见或方法不能被接受时，不要直接回绝，而要强调被对方所忽视或轻视的问题的好处。要用准确或确切的措辞表示某种意愿，特别是涉及数字时，如价格、优惠额、赔偿额等，不要含混不清，因为这样会给顾客提供讨价还价的机会。

4．语言应委婉、含蓄、幽默

在推销洽谈时，推销人员语言应该含蓄、委婉、幽默，这样可以产生特殊的效果。特别是在特定的环境下，如在对方进行别有用心的攻击和不友好的批评时，可用含蓄、幽默之词，进行反击或纠正；在涉及企业机密时，可用含蓄语言搪塞或委婉拒绝等。

5．不卑不亢，适当恭维对方

在洽谈时，不能用乞求的语言推销商品。否则，不但会使商品贬值，也会使企业声誉和个人人格受到损害。但是，在恰当的时候、恰当的场合，发自内心地对顾客进行适当的恭维，定会赢得对方的好感，并能活跃谈判气氛。因为人人都有自尊心，总是希望别人能对自己的长处给予较高的评价。恭维的话题很多，可以是关于顾客本人的，如容貌、体格、性格、人品、能力等，也可以是顾客的家人、顾客的公司等。

知识园　**答复技巧（专、精、准、全、问）**

专：推销员一定要有丰富的专业知识和商业知识，在回答客户问题时，既要专业更要通俗。一定要注意不要为专而专，一切的回答是为了让客户明白，留下深刻印象，达到做成生意的目的。

精：回答客户的问题时不要太拖拉、含混不清，也不要长篇大论。要尽量揣摩客户问问题的深意，客户想要了解什么？在回答时，要精短地把问题回答清楚。

准：切记不能答非所问。

全：回答的全面并不是滔滔不绝，也不是回答得越多越好，而是要针对客户的问题做全面回答。不要有所遗漏，特别是关键问题。也要学会问一答十，这和精准并不矛盾，客户在了解产品时，肯定要问到的问题，最好一次性回答。比如：问你产品的规格时，你就要尽量把产品的规格回答清楚，各规格的价格、产品的包装、运输、开票等问题都回答了，客户一次就能弄清楚很多问题，就不用再问了。

问：在回答客户的问题时，遇到不清楚或者难于回答的问题时，一定要学会委婉的反问，当然，不要引起客户的反感。问的目的是要更清楚地了解客户的问题和需求，是为了更好地回答客户的问题。

4.2.4 洽谈的策略技巧

在洽谈过程中，采用合适的洽谈策略，可以起到事半功倍的作用，创造和保证良好的洽谈氛围，使得洽谈顺利进行。

1．了解顾客心理策略

在与顾客进行洽谈之前，需要了解顾客的基本情况，具体包括顾客的需要、顾客的工作情况、顾客对推销员的态度、顾客的奋斗目标等。掌握了这些情况，就能做到胸中有数，有准备地与顾客进行推销洽谈。

2．为顾客着想策略

在推销洽谈中，如果推销员能够设身处地地为顾客着想，即完全理解顾客，知道顾客心里想什么，就可对症下药，使推销洽谈更富有成效。

推销人员是否真能理解顾客，特别是当顾客行为反常或出乎意料时，推销人员能想象顾客在想什么吗？知道顾客想什么，想顾客所想，推销洽谈才会更有针对性，更有成效。

3．寻找共同点策略

推销洽谈几乎无一例外都是从寻找共同点开始的。因为无论推销员还是顾客接受不同意见或相反意见的速度都较慢，而从相同部分入手则显然较快。如洽谈刚开始，推销员可谈一些与推销无关的话题，以形成一种轻松的气氛，谈一些双方感兴趣的话题，以形成一种和谐的气氛，这样可缩短与顾客之间的感情距离，为推销洽谈打下良好的感情基础。

4．察言观色策略

如果推销员在洽谈中仅是一味固执地按事先定好的计划行事，不密切注意顾客的反应，推销洽谈就可能无法进行下去。

“处处留心皆学问”，察言观色是指在推销洽谈中，要密切观察顾客的言谈举止、态度和意向。根据顾客的反应来调整自己的推销方案，小心谨慎地进行洽谈。

5．事实运用策略

在推销洽谈中，推销员用事实支持自己的观点是取得顾客信任、说服顾客的便捷之道。运用事实时，推销员应尽可能具体地展示事实、运用事实，实事求是是最基本的要求。不言过其实，不吹牛夸口，是取信于顾客的重要条件。在洽谈中，推销人员口气小一些，余地留大一些，更能说服顾客。

6．参与说服策略

在推销洽谈中，如果推销员把一个意见说成是自己的，可能招来顾客的攻击，因为攻击显示了顾客存在的价值。因此，推销员总是把自己的意见“装扮”成顾客的意见，在自己的意见提出之前，先问顾客如何解决问题，在顾客提出自己能够接受的设想后，尽量承认这是顾客的创见，解决问题的最佳方案是顾客提出来的。这就是参与说服策略的要点。在这种情况下，顾客是不会反对的，因此他们感到自己受到尊重，意识到反对这个建议、方案就是反对自己。运用参与说服策略必须注意两点：一是让顾客参与的过程开始得越早越好；二是让顾客参与的难度越小越好。

7．妥协让步策略

妥协让步也是一种推销洽谈的策略技巧。在推销洽谈中，推销人员要成功地推销商品，还必须学会让步，特别在处于买方市场的局势下，推销洽谈更应该注意有计划地实施让步策略。这种让步策略以退为进，缠住对方，最终按计划成交。在实施让步和妥协时，务必注意以下几点。

（1）让对方表明成交的要求，而使自己的让步计划藏而不露。

（2）不能让步太快，晚点让步比较好一些。

（3）注意让步幅度，即一次让步幅度不能太大，要与对方的让步幅度同步或相近。

（4）不做无谓的让步，每次让步应从对方获得某些益处，有时也做一些对己没有损失的让步。

（5）可在小问题上让步，而争取对方在重要问题上让步。

项目实施指导

1．将学生分成6组，两两对应，分角色扮演推销员和顾客，实施模拟推销。

2．项目准备阶段：

（1）将组内最佳方案再次完善与优化。

（2）根据产品与顾客特点，选择恰当的推销洽谈方法。

（3）推销洽谈时，关注个人形象设计及拜访等礼节。

（4）准备录像机，对各小组的推销洽谈过程进行录像。

3．项目执行：

（1）各小组由组长抽签，选出项目实施的顺序。

（2）第一组布置项目实施场景。

（3）第一组实施洽谈。要注意结合实际情况，选择最佳的产品介绍方案和最恰当的洽谈方法。

（4）第一组结束，其他小组与教师，根据评分表进行评价和打分。第二组布置该组的项目实施场景。

（5）第二组实施洽谈。

（6）依次类推，洽谈演示全部结束。

项目评价表

评价项目		评价要求	分值	得分
方案（洽谈实施的模拟方案）	操作程序与步骤	计划周密；工具齐全；模拟准确；报价合理；总结及时	20	
	文字表达	流畅，用词准确	10	
	方法运用	合理，符合场景设计	10	
模拟洽谈	礼仪	符合推销人员的礼仪要求	10	
	语言	洽谈过程中语言流畅	20	
	方法	方法运用准确，富有成效	20	
	技巧	技巧应用灵活	10	
合计			100	

项目工作小结

序号	小结重点	主要内容	教师批注
1	工作业绩	1. 2. 3. 4.	
2	问题质疑	1. 2. 3. 4.	
3	项目报告	1. 2. 3. 4.	

子项目4.3 顾客异议处理

项目解析

【项目目的】

能够及时地处理顾客的异议。

【项目要求】

1．此项目以小组为单位，个人分别填写实训记录。

2．教师按学生分组情况，分别指定各组到本地商场进行实地观察，记录各组营业员接待顾客的态度、举止及处理顾客异议的方法。

3．在实地观察的同时，各组分别根据所在商场的具体情况，有意识地设置购买障碍，并针对营业员的处理过程写一份短评。

项目实施安排

组别：　　　　　　　　　　　　　　　组长：　　　　　　　　　　　　　　　日期：

项目实施人员分工	岗　位	姓　名	具体要求
项目实施时间安排	项目阶段	时间/天	具体要求

项目教学方案设计

项目名称	子项目 4.3：顾客异议处理	教学方法	讲授法与观察法	建议课时	2
项目目标	能力目标	1．能够识别和区分出顾客异议的类型 2．能够及时地处理顾客的异议		培养学生具备服务意识，使学生能够妥善处理人际关系	
	知识目标	1．了解顾客异议的类型与成因 2．掌握异议处理的原则和策略 3．熟练掌握顾客异议处理的方法和技巧			
项目准备	教师	1．课件及项目评分考核表 2．为小组指定观察异议的地点			
	学生	1．组长负责组织实地观察活动 2．组员准备记录所用纸笔			
项目评价	教师、学生个人共同依据评分表考核项目实施质量				
项目过程	教学内容	教师活动	学生活动	教学目标	课时
	一、项目介绍	1．教师进行项目解析，提出项目要求 2．布置项目实施安排	学生做项目分解笔记	学生能清晰地了解项目实施的目的与程序	1
	二、理论知识	1．讲授理论知识 2．解释学生知识疑问	1．接受项目理论知识 2．提出疑问	掌握项目实施的相关知识	
	三、项目实施	教师抽查一组或几组的项目实施情况	1．各小组到指定商场 2．个人记录营业员处理顾客异议的方法 3．为营业员设置障碍，记录处理技巧	学生能掌握处理顾客异议的方法与技巧	2
	四、项目评价	指导小组内互评打分	1．小组组员互评打出分数 2．计算个人平均成绩	学生能评价处理顾客异议的方法与技巧的优劣	1
项目实施报告	教师	检查学生项目实施报告，给出评价			
	学生	填写项目实施报告			

项目知识

在推销洽谈过程中，顾客往往会提出一些意见、问题甚至是相反的看法，并以这些作为拒绝购买的理由。推销人员应该明确，顾客提出异议是正常现象，它既是成交的障碍，也是成交的信号。推销劝说是推销人员向顾客传递推销信息的过程，而顾客异议则是顾客向推销人员反馈信息的过程，它几乎贯穿于整个推销活动中。因此，正确对待并妥善处理顾客所提出的有关异议，是现代推销人员必须具备的能力。推销人员只有正确分析顾客异议的类型和产生的原因，并针对不同类型的异议，把握处理时机，采取不同的策略，妥善加以处理，才能消除异议，促成交易。

4.3.1 顾客异议的类型与成因

1. 顾客异议的概念

顾客异议是指顾客针对推销人员及其在推销中的各种活动所做出的一种反应，是顾客对推销品、推销人员、推销方式和交易条件产生的怀疑、抱怨，提出的否定或反对意见。

顾客异议通常表现在口头上，它客观地存在于推销过程之中。推销人员必须明白，提出异议是顾客的必然反应。俗话说，“嫌货人才是买货人”，“褒贬是买者，喝彩是闲人”。任何一个顾客在购买产品的时候，不提任何意见，只说“好，很好”，然后就买，这种情况是不多见的。不提反对意见的顾客往往是没有购买欲望的顾客。

从实质上看，顾客提出异议正是对产品或服务产生了注意和兴趣。即顾客异议本身是一种购买信号。顾客异议为推销员提供了一个机会，它告诉推销员，顾客对推销员的产品或服务已经产生了兴趣，但顾客还需要进一步了解产品的功能与价值，才能最后决定。因此，了解异议类型，掌握处理异议的方法，是达成交易的关键。

2. 顾客异议的类型

顾客异议往往出于保护自己，其本质不具有攻击性，但它的后果可能会影响推销的成功，有时还可能形成舆论，造成对推销活动不利的影响。要消除异议的负面影响，首先要识别和区分顾客异议的类型，然后针对不同类型的异议，采取相应的办法予以处理。

（1）按照顾客异议指向的客体进行划分。按照顾客异议指向客体的不同，可将顾客异议分为以下几种类型，这是最主要的划分方法。

① 需求异议。需求异议是指顾客提出自己不需要推销人员所推销的产品。它往往是在推销向顾客介绍产品之后，顾客首先提出的一种异议。顾客提出这种类型的异议，或许是顾客确实已有或不需要推销的产品，或许是借口，或许是对推销品给自己带来的利益缺乏认识。推销人员应该对顾客的需求异议进行具体分析，弄清顾客提出异议的真实原因。对需求异议处理的关键是要使顾客相信“推销员推销的产品正是我所需要的，我能从购买产品中受益”。先让他动心，再向他推销你的产品。

② 价格异议。价格异议是指顾客认为推销品的价格过高或价格与价值不符而提出的反对意见，是顾客受自身购买习惯、购买经验、认识水平以及外界因素影响而产生的一种自认为推销品价格过高的异议。价格异议最主要的原因是想少出钱，当然也可能存在别的原因。

③ 产品异议。产品异议是指顾客对产品的使用价值、品牌、性能、作用、质量和用途等提出不同的看法，是属于推销品方面的一种常见异议。这类异议带有一定的主观色彩，主要是受顾客的认识水平、购买习惯以及其他各种社会成见影响所造成的。推销员应在充分了解产品的基础上，采用适当的方法进行比较说明来消除顾客的这类异议。

④ 财力异议。财力异议是指顾客声明他支付不起购买产品所需款项的言辞，也称支付能力异议。这类异议有真实的和虚假的两种。一般来说，顾客不愿意让他人知道其财力有限。而出现虚假财力异议的真正原因则可能是顾客早已决定购买其他产品，或者是顾客不愿意动用存款，也可能是因为推销说明不够而使顾客没有意识到产品的价值。推销员对此应采取相应措施化解异议。如果顾客确实无力购买推销品，推销员最好的解决办法是暂时停止向他推销。

⑤ 权力异议。权力异议是指推销人员在拜访顾客或推销洽谈过程中，顾客或主谈者表示无权对购买行为做出决策。这种情况在实际推销洽谈过程中经常遇到。就权力异议的性质来看，真实的权力异议是直接成交的主要障碍，说明推销员在顾客资格审查时出现了差错，应予以及时纠正，重新接近有关销售对象。而对于虚假的权力异议，应看做顾客拒绝推销品的一种借口，要采取合适的转化技术予以化解。

⑥ 购买时间异议。购买时间异议是指顾客自认为购买推销产品的最好时机还未成熟而提出的异议。

知识园

不同阶段提出的购买时间异议，反映了顾客不同的异议原因。

推销活动开始时提出：则应视为是一种搪塞的表现，是拒绝接近的一种手段。

在推销活动进行过程中提出：大多表明顾客的其他异议已经很少或不存在了，只是在购买的时间上仍在犹豫，属于有效异议。在推销活动即将结束时提出：说明顾客只有一点点顾虑，稍加鼓励即可成交。

⑦ 货源异议。货源异议是指顾客针对推销品来源于哪家企业和/或哪个推销人员而产生的不同看法。

（2）按照顾客异议的性质进行划分。按照顾客异议的性质不同，顾客异议可分为两种类型。

① 真实异议。真实异议是指推销活动的真实意见和不同的看法，因此又称为有效异议。对于顾客的真实异议，推销人员要认真对待，正确理解，详细分析，并区分不同异议的原因，从根本上消除异议，有效地促进顾客的购买行为。

② 虚假异议。虚假异议是指顾客用来拒绝购买而故意编造出来的各种反对意见和看法，是顾客对推销活动的一种虚假反应。虚假异议的产生多是顾客拒绝推销意识的表示，

并不是顾客的真实想法，如可能是顾客为了争取更多的交易利益而假借的理由。一般情况下，对虚假异议，推销人员可以采以不理睬或一带而过的方法进行处理。因为即使推销人员处理了所有的虚假异议，也不会对顾客的购买行为产生促进作用，故虚假异议又称无效异议。

资料库

在实际推销活动中，虚假异议占顾客异议的比例比较多。日本有关推销专家曾对 387 名推销对象做了如下调查："当你受到推销人员访问时，你是如何拒绝的？"结果发现：有明确拒绝理由的只有 71 名，占 18.8%；没有明确理由，随便找个理由拒绝的有 64 名，占 16.9%；因为忙碌而拒绝的有 26 名，占 6.9%；不记得是什么理由，好像是凭直觉而拒绝的有 178 名，占 47.1%；其他类型的有 39 名，占 10.3%。

这一结果说明，有近七成的推销对象并没有什么明确的理由，只是随便找个理由来反对推销人员的打扰，把推销人员打发走。

另外，异议还有一些其他分类方法：根据顾客异议是否能被转化，可将顾客异议分为可转化异议和不可转化异议；根据顾客异议的内容与实际关心的内容之间的关系，可将顾客异议分为真实异议和虚假异议；根据顾客异议表达方式的不同，可将顾客异议分为口头异议、行为异议和表情异议等。

知识园　**小异议是防卫的手段**

有时候，顾客使用小异议只是要使进展速度放慢下来，他们并不是不想买，只是想在成交前考虑一下。

有些反对意见不需要回答，只要意识到就行。

有时"不"的潜台词是"可以"。

总之，顾客的异议是多方面的。然而，表面上提出的各种异议是否真实，是否反映顾客的真实看法，是否会对推销产生真正的阻碍，还需要推销人员认真加以研究。因此，从众多的异议中分辨出真假就成了当务之急。推销人员经常面临的 10 种异议如表 4.2 所示。

表 4.2　推销人员经常面临的 10 种异议

（1）婉言谢绝 "我不需要这样的新产品。" "没有理由现在就买新产品的。"	（3）贬低弱化 "我不认为这种产品对我们有多大的价值。" "花这些钱可能不值得。"
（2）别无选择 "我尽了力，但是我不得不听家人的意见。" "你的价格太高了，我不得不购买他人的产品了。"	（4）寻找托词 "我暂时不打算购买。" "我无权决策。"

续表

（5）百般辩解	（8）无能为力
“我很想买，但是我没钱。”	“等我能说服我老板，我马上就会购买。”
“公司不景气，我们没有预算。”	“我无权处理这件事情。”
（6）竭力诋毁	（9）发泄抱怨
“听人说这种产品经常出现故障。”	“我无权做出决策的。”
“你们公司的售后服务不及时。”	“我老板不喜欢这种样式，我也没办法。”
（7）是的，但是	（10）捏造事实
“你的建议很好，但这超越了我的权限。”	“我们的物流系统很好，我们是在缩减供应商数量。”
“我们已经做了预算，但是现在面临重组。”	“我们公司转产了，不再需要你的产品了。”

一般而言，真实的异议通常较容易应付，而虚假的异议则往往令推销人员头痛。对此，切勿表示软弱，应理直气壮地问顾客：“如果我能解决你所提出的困难，你将会和我订立合同吗？”如果回答是肯定的，他的异议便是真实的，但如果他立即提出其他问题，则表明他没诚意，一般可以让推销活动告一段落了。

3. 顾客异议产生的原因

在推销过程中，顾客异议是必然存在的。但是现代推销学对此主张的是一种积极的思维方式，即不指望冲突更少，而是努力化解冲突。在推销过程中，顾客异议产生的原因是多种多样的。归纳起来，主要有以下四个方面。

案例4.10

有个人十年来始终开着同一辆车未曾换过。有许多汽车推销员跟他接触过，劝他换辆新车。

甲推销员说：“你这种老爷车很容易发生车祸。”

乙推销员说：“像这种老爷车修理费相当可观。”这些话触怒了他，他固执地拒绝了。

有一天，有个中年推销员到他家拜访。对他说：“我看你那辆车子还可以用半年，现在若要换辆新的真有点可惜!”事实上，他心中早就想换辆新车，经推销员这么一说 遂决定实现这个心愿。

次日，他就从这位与众不同的推销员手中购买了一辆崭新的汽车。

案例分析：成功推销的前提，是找到顾客异议的来源，洽谈过程中才能有针对性地处理顾客的异议。

（1）顾客方面的原因

① 顾客对推销品缺乏了解。随着现代科技的发展，产品更新速度越来越快，新产品层出不穷，产品的科技含量大大提高，而顾客可能对该种商品从未接触和使用过，导致顾客提出异议。推销人员不要指望顾客对商品根本不了解就会购买该种商品。因此，推销人员要熟练、巧妙地运用各种有效推销的方法，让顾客了解商品，为吸引其购买创造条件。

② 顾客的自我保护。人有本能的自我保护意识，在没弄清楚事情之前，会对陌生人心存恐惧，自然会心存警戒，摆出排斥的态度，以自我保护。

当推销人员向顾客推销时，对于顾客来说推销人员就是一位不速之客，推销品也是陌生之物。即使顾客明白推销品的功能、作用，且是自己所需要的物品，但他也会表示出一种本能的拒绝，或者提出这样那样的问题乃至反对意见。绝大多数的顾客所提出的异议都是在进行自我保护，也就是自我利益的保护。因此，推销人员要注意唤起顾客的兴趣，提醒顾客购买推销品所能带给来的利益，才能消除顾客的不安，排除障碍，进而达成交易。

③ 顾客的情绪欠佳。人的情绪有时会对行为有影响。当推销人员向顾客推销时，若顾客此时由于各种原因而不开心时，就很可能提出各种异议，甚至恶意反对，借题大发牢骚，肆意埋怨。这时，推销人员需要理智和冷静，正视这类异议，做到以柔克刚，缓和气氛；否则，就可能陷入尴尬境地。

④ 顾客的购买力不足。顾客的购买力是指在一定的时期内，顾客具有购买商品的货币支付能力。它是顾客满足需求、实现购买的物质基础。如果顾客缺乏购买力，就会拒绝购买，或者希望得到一定的优惠。

⑤ 顾客的决策权有限。在实际的推销洽谈过程中，推销人员会遇到顾客说“对不起，这个我说了不算”、“等我丈夫回来再说吧”、“我们还需要再商量一下”等托词，这可能说明顾客确实决策权力不足，或顾客有权但不想承担责任，或者是找借口。推销人员要仔细分析，针对不同的情况区别对待。

⑥ 顾客已有较稳定的采购渠道。在推销过程中，推销人员常常会听到：“我们一直使用某某品牌的商品，质量不错”、“我们已经有固定的进货渠道”、“我们与某某厂是老关系了”等顾客异议，这是因为大多数顾客在长期的生产经营活动中，逐渐地形成了比较固定的购销关系，并且这种合作关系通常较融洽。一般而言，顾客不会轻易断绝这种合作关系。因此，这种异议是很难消除的，除非推销人员及其产品能够给顾客带来更多、更好的利益。

在推销活动中，推销人员应当认真分析、辨别，一方面要善于发现和了解客户的真正需要；另一方面要善于启发、引导、影响与培育顾客的需要。当发现顾客确实不需要时，不要强行推销，而应该立即停止推销。

⑦ 顾客的偏见或成见。它是指顾客根据个人的生活经历、以往的经验和习惯，或根据道听途说，在推销人员上门推销前形成的对推销人员、推销品、生产经营企业固有的片面看法。通常，这是一些不符合逻辑、带有强烈感情色彩的反对意见，很不容易对付，对推销人员十分不利。例如：“保险都是骗人的。”“说得好听，一旦商品出了问题，你们公司根本不会解决。”“你们的信誉不好。”对于这类顾客，推销人员单凭讲道理是解决不了问题的。在不影响推销的前提下，推销人员应尽可能避免讨论偏见与成见问题，并针对顾客的认识观，做好转化与耐心的解释工作，从认识的角度进行科学分析，改变顾客错误的观念，使顾客树立对推销活动的进步的、正确的认识与态度，以达到有效处理顾客异议的目的。

在推销洽谈过程中，来自顾客方面的异议是多方面的，也是复杂的。推销人员要想处理好这一环节，就应始终站在顾客的立场上，处处为顾客着想，方能达成交易。

（2）推销品方面的原因

推销品是推销活动的客体，只有当顾客产生了某种需要，并确知推销品能够满足自己的这种需要，同时推销品的其他方面（式样、包装、颜色等）也符合自己的心意，顾客才乐于接受、购买推销品。例如，顾客需要一双冬季的棉皮鞋，顾客购买“星期六”牌皮鞋，不仅仅是它能满足顾客对棉皮鞋的保暖的物质需求，而且“星期六”是鞋类著名品牌，在式样、颜色、质量等多方面满足了顾客心理上、精神上的需求。因此，顾客购买商品，一定是其内涵和外延都能满足顾客需求的整体商品。

推销品自身的问题致使顾客对推销品产生异议的原因也有很多，大致可归纳为以下几方面。

① 推销品的质量。推销品的质量包括：推销品的性能（适用性、有效性、可靠性、方便性等）、规格、颜色、型号、外观包装等。如果顾客对推销品的上述某一方面存在疑虑、不满，便会产生异议。当然，有些异议确实是推销品本身有质量问题，有的却是顾客对推销品的质量存在认识上的误区或成见，有的是顾客想获得价格或其他方面优惠的借口。所以，推销人员要耐心听取顾客的异议，去伪存真，发掘其真实的原因，对症下药，设法消除异议。

② 推销品的价格。美国的一项调查显示：有 75.1%的推销人员在推销过程中遇到有价格异议的顾客。顾客产生价格异议的原因主要有顾客主观上认为推销品价格太高，物非所值；顾客希望通过价格异议达到其他目的；顾客无购买能力；等等。要解决价格异议，推销人员必须加强学习，掌握丰富的商品知识、市场知识和一定的推销技巧，提高自身的业务素质。

③ 推销品的品牌及包装。商品的品牌一定程度上可以代表商品的质量和特色。在市场中，同类同质的商品就因为品牌不同，售价、销售量、美誉度都不同。一般来说，顾客为了保险起见，也就是顾客为了获得的心理安全度高些，通常在购买商品时都会挑选名牌产品。

商品的包装是商品的重要组成部分，具有保护和美化商品、利于消费者识别、促进产品销售的功能，是商品竞争的重要手段之一。一般顾客都喜欢购买包装精巧、大方、美观、环保的商品。

可见，无论是品牌还是包装，它们都是商品的有机组成部分。如果顾客对它们有什么不满，也可能引起顾客异议，推销人员要能灵活处理，企业也应该重视商品的品牌创建和商品包装。

④ 推销品的销售服务。商品的销售服务包括商品的售前、售中和售后服务。在日益激烈的市场竞争中，顾客对销售服务的要求越来越高。销售服务的好坏直接影响到顾客的购买行为。

在实际推销过程中，顾客对推销品的服务异议主要有推销人员未能向顾客提供足够的产品信息和企业信息；没能提供顾客满意的服务；对产品的售后服务不能提供一个明确的信息或不能得到顾客的认同等。

对企业来讲，商品的销售服务是现在乃至将来市场竞争中的最有效的手段，推销人员为减少顾客的异议，应尽其所能，为顾客提供一流的、全方位的服务，以赢得顾客，扩大销售。

（3）推销人员方面的原因

顾客的异议可能是由于推销人员素质低、能力差造成的。例如，推销人员的推销礼仪不当；不注重自己的仪表；对推销品的知识一知半解，缺乏信心；推销技巧不熟练等。因此，推销人员能力、素质的高低，直接关系到推销洽谈的成功与否，推销人员一定要重视自身修养，提高业务能力及水平。

（4）生产企业方面的原因

在推销洽谈中，顾客的异议有时还会来源于产品的生产企业。例如，生产企业经营管理水平低，产品质量不好，不守信用，企业知名度不高等。这些都会影响到顾客的购买行为，顾客对企业没有好的印象，自然对企业所生产的商品就不会有好的评价，也就不会去购买。

4.3.2 顾客异议处理的原则

顾客异议无论何时产生，都是潜在顾客拒绝推销品的理由。推销人员必须妥善地处理顾客异议才有望取得推销的成功。为了高效而顺利地完成这一任务，推销人员在处理顾客异议时必须遵循一些基本原则，主要包括以下几个方面。

1. 正确对待顾客异议

由于买卖双方的价值观、态度、利益、角度及其需要的不同，异议自然而然地产生了，并且异议是循序渐进的销售过程中必不可少的环节。推销障碍既然是一种客观存在，推销人员就需要正确理解、正确对待。

对于顾客提出的异议，推销人员要认真听取，通过对其分析了解对方的心理，知道他为何不买，从而能对症下药，有助于交易的达成。

2. 准确分析顾客异议

顾客既然提出异议，一定有他的理由。所以，对持有异议的顾客，要尊重、理解、体谅他，并找出异议的真正原因，然后帮助他、说服他。另外，推销人员还要学会洞察顾客的心理，认真分析顾客的各种异议，把握住到底有哪些是真实的异议，哪些是顾客拒绝购买的托词，并探寻其异议背后的“隐藏动机”。

要弄清这一“隐藏动机”，需要推销人员向顾客提出问题，并细致地观察。只有认真准确地分析各种顾客异议，才能从中了解顾客的真实意图，才能在此基础上有针对性地处理各种异议，从而提高推销的成功率。

3. 正确回答顾客异议

回答顾客的异议应简明扼要，不要偏离正题。在回答问题时也不要过于集中讨论某一方面的异议，要学会适当地转换话题，分散顾客对某一方面异议的注意力。在回答顾客异议时，要尽量避免用你个人的看法去影响顾客，少说“如果我是你的话，我将……”，“我有过亲身体验……”之类的话，因为顾客并不那么相信你或试图征求你的意见，这样回答更容易引起顾客的疑虑或反感。

要巧妙、正确地回答顾客异议，还必须对你的产品有全面的了解，特别是对产品的使用说明更要熟悉。要掌握顾客的情况和真实的感受，并对一切做好充分准备。这样，对顾客提出的异议才能应答如流，提高回答问题的可信度；同时还要注意你的回答对顾客可能产生的影响，要经常向顾客询问是否满意，不搪塞顾客的要求和异议，否则你的回答将达不到好的效果。

4. 尊重顾客异议

美国心理学家马斯洛认为，每个人都有受尊重的需求，都希望得到别人的尊重。推销人员向顾客推销的过程，也是一个双方感情思想交流的过程，推销人员要尊重对方的价值判断，尊重对方的异议。当顾客提出异议时，即使你认为顾客的意见是不符合实际的、无理的，甚至是错误的，也不要随便打断顾客的话，应让顾客心平气和地讲完，推销人员应该一直认真地听下去。

一般地，推销人员应尽量避免直截了当地去反驳顾客的异议。对于顾客的异议，推销人员应施展说服艺术，尽可能不让顾客难堪，要避免对顾客冷嘲热讽。当顾客提出各种异议时，推销人员都要做到反应平静、镇定自若、冷静地回答问题。切忌与顾客争吵，因为争吵说服不了顾客，即使你获得了争吵的胜利，你也无法完成推销洽谈的任务了。

5. 适时处理顾客异议

对于顾客提出的异议，推销人员不一定立即答复，应该选择适当的时机。一般来讲，推销人员若能给顾客一个圆满的答复，就应该立即处理；对于不能答复的或者顾客异议偏离主题的，推销人员不必马上答复，甚至可以不予理睬，巧妙带过或佯装未听见；推销人员对于意料之中的顾客异议，应该做好充分的准备，先发制人，在顾客提出异议之前及时解答，消除顾客的疑虑，争取顾客的信任。

4.3.3 顾客异议处理策略

在推销洽谈过程中，顾客异议是不能避免的。只有成功地处理各类顾客异议，才能有效地促成交易。处理顾客异议的基本策略很多，主要有以下几种。

1. 处理价格异议的策略

资料库

有人曾对世界各地参加推销研究班的推销人员进行了调查，调查结果揭示了顾客提出价格异议的动机主要有以下几个方面：顾客只想买到便宜产品；顾客想利用这种策略达到其他目的；顾客想比其他顾客以更低的价格购买推销品；顾客想在讨价还价中击败推销人员，以此显示他的谈判能力；顾客想向众人露一手，证明他有才能；顾客不了解商品的价值；顾客想了解商品的真正价格；顾客想从另一个供应商那里买到更便宜的产品；顾客还有更重要的异议，这些异议与价格没有什么联系，他只是把价格作为一种掩饰。

案例4.11

一位面容稍显憔悴的女青年在化妆品专柜前踌躇良久，她很想买一瓶叫做玛奇奥的新牌子的美容霜，然而面对48元的高价她又有点舍不得，于是她提出价格异议。售货员听罢说道："小姐，您不知道，这种玛奇奥美容霜含有从灵芝、银耳中提取的活性生物素，具有调节和改善皮肤组织代谢作用的特殊功效。因此，它可以消除皱纹，使粗糙的皮肤变得细腻，并能保持皮肤洁白，富有弹性与光泽，从而达到美容的目的。小姐，相对于它的价值和特殊功效而言，48元的价格一点也不贵。"

听了这番细致的解释，女青年心头的价格疑云顿时烟消云散。

案例分析：针对价格异议，推销人员应针对产品的价值而非价格。

价格问题是影响推销的重要因素，它直接关系到买卖双方的经济利益。所以，必须妥善处理好价格异议。首先，分析、确认顾客提出价格异议的动机是什么；然后，有针对性地采取一些策略。

（1）强调相对价格

价格代表产品的货币价值，是商品价值的外在表现。除非和商品价值相比较，否则价格本身没有意义。因此，在推销过程中，推销人员不能单纯地与顾客讨论价格的高低；而必须把价格与商品的价值联系在一起。从推销学的意义上说，商品的价值就是商品的特性、优点和带给顾客的利益。事实上"便宜"和"昂贵"的含义并不确切，而是带有浓厚的主观色彩，在很大程度上，它是人们的一种心里感觉。所以，推销人员不要与顾客单纯讨论价格问题，而应通过介绍商品的特点、优点和带给顾客的利益，使顾客最终认识到，你的商品实用价值是高的，相对价格是低的。

（2）先谈价值，后谈价格

如果顾客购买了商品，就意味着他同时也要付出一定量的货币。顾客在交易过程中，始终在衡量这种交换是否对自己有利。因此，推销人员可以从产品的使用寿命、使用成本、性能、维修、收益等方面进行对比分析，说明产品在价格与性能、价格与价值、推销品价格与竞争品价格等方面中某一方面或几方面的优势，让顾客充分认识到推销品的价值，认识到购买能带给他的利益和方便。

推销人员必须注意：在推销洽谈中，推销人员应采取"不问价不报价，问价才报价"的策略。同时，顾客问价，如果时机不成熟，就尽量往后拖，告诉顾客"一会儿再谈"，或采用反问顾客等方式使顾客不能引出对价格的讨论。即使顾客急切地问到价格，也不要单纯地与顾客讨论价格问题，在报价后不附加评议或征询顾客对价格的意见，以免顾客把注意力过多地集中到价格上，使洽谈陷入僵局。

（3）心理策略

在向顾客介绍产品价格时，可先发制人地首先说明报价是出厂价或最优惠的价格，暗示顾客这已经是价格底线，不可能再讨价还价，以抑制顾客的杀价念头。推销员还可使用尽可能小的计量单位报价，以减少高额价格对顾客的心理冲击。例如，在可能的情况下，改吨为千克，改千克为克，改千米为米，改米为厘米，改大的包装单位为小的包装单位。

这样在价格相同的情况下，顾客会感觉小计量单位产品的价格较低。例如，甲的每箱（24瓶装）啤酒120元，乙的每瓶啤酒5元，虽然两者的售价一样，可乙的啤酒售价给顾客的心里感觉是低于甲的啤酒售价的。

（4）让步策略

在推销洽谈中，双方的讨价还价是免不了的。在遇到价格障碍时，推销人员首先要注意：不可动摇对自己的企业及产品的信心，坚持报价，不轻易让步。只有充满自信，才可能说服顾客，如果只想以降价化解价格异议，很容易被对方牵着鼻子走，不仅影响推销计划的完成，而且有损企业和产品的形象。但是，推销员的职业特性也决定了他不可能永远坚持不让步。在有些情况下，通过适当的让步可以获得大额订单，使顾客接受交货期较长的订货。推销员应当掌握的让步原则如下。

① 不要做无意义的让步，应体现出己方的原则和立场，在让步的同时提出某些附加条件。

② 做出的让步要恰到好处，使较小的让步能给对方较大的心理满足。

③ 大问题力争让对方让步，小问题我方可考虑让步。

④ 不要轻易让步，即使决定让步，也要使对方觉得，得到让步不容易。

⑤ 有时为预防顾客杀价可提高报价，以便顾客提出降价要求时有较大回旋余地。

2. 处理货源异议的策略

许多货源异议都是由于顾客的购买经验与购买习惯造成的，推销员在处理这类异议时可采用以下策略。

（1）锲而不舍。通常顾客在有比较稳定的供货单位和有过接受推销服务不如意甚至受骗上当的经历时，对新接触的推销人员怀有较强的戒备心理，由此而产生货源异议。例如，“对不起，我们和某某单位是老关系了，一般我们都向他们购买这类产品，他们产品的质量、供货都有保证”。这种情况下，推销员应不怕遭到冷遇，反复进行访问，多与顾客接触，联络感情，增进相互间的了解。在这种情况下，推销员也就有了对顾客进行针对性劝说的机会。

（2）以礼相待。在某些情况下，货源异议是由于顾客个人偏见所造成的，而这种偏见往往一时都不易转化。因此，在业务洽谈过程中，推销员应当注意以礼相待，以诚挚的态度消除顾客的心理偏见。

（3）提供例证。在解决货源异议时，推销人员为说明推销品是名牌商品、材料优异、制作精良、款式新颖等，可出示企业资质证明、产品技术认证证书、获奖证书以及知名企业的订货合同等资料，以消除顾客顾虑，获得其认可。

（4）强调竞争受益。顾客常常会提出已有供货单位，并对现状表示满意，从而拒绝接受推销。此时，推销人员应指出，作为一个企业仅把握单一的货源具有很大的风险性。如果供货单位一时失去供货能力，将会导致企业因货源中断而被迫停工停产。而企业拥有较多货源，采取多渠道进货，会增强采购中的主动性，可以对不同货源的产品质量、价格、服务、交货期等进行多方比较、分析，择优选购，并获得竞争利益。当某个供货渠道发生问题时，也不至于中断货源。

3．处理购买时间异议的策略

在推销活动中，往往是在推销人员进行详细的介绍之后，顾客经常会提出一些购买时间异议。实际上，顾客借故推托的时间异议多于真实的时间异议，具体的处理策略主要有以下几种。

（1）良机刺激法。这种方法是利用对顾客有利的机会来激励顾客，使其不再犹豫不决，抛弃“等一等”、“看一看”的观望念头，当机立断，拍板成交。例如：“目前我们正在搞店庆活动，在此期间购买可以享受15%的优惠价格。”“我们的存货已经不多了，如果您再犹豫的话，就可能被别人买去了。”这种方法具有一定的局限性，必须确有其事，千万不可欺骗顾客。

（2）意外受损法。这种方法与“良机刺激法”正好相反，是利用顾客意想不到，但又必将会发生的变动因素（如物价上涨、政策变化、市场竞争等情况），要求顾客尽早做出购买决定。

（3）竞争诱导法。这是指推销员向顾客指出他的同行竞争对手已经购买了同类产品，如不尽快购买推销品，将会在竞争中处于劣势，以此诱导顾客注意竞争态势，从而做出购买决定。

4.3.4 顾客异议处理方法

在实际推销过程中，推销人员会经常遇到形形色色、各不相同的顾客异议。为了进行有效的推销，推销人员既要把握原则，又要针对具体的问题，选择适宜的方法，灵活、妥善地处理顾客异议。下面介绍几种常用的处理顾客异议的方法。

1．直接否定法

直接否定法也称反驳处理法，是指推销人员根据相关的事实或理由来直接否定顾客异议的方法。

在前面章节的内容中，我们曾提到在处理顾客异议时应尽量避免与顾客发生直接的冲突，尽量避免针锋相对的反驳。但是，在一定的条件下，也可以使用直接否定法。因为有效地使用这种方法，可以增强顾客的购买信心，迅速排除异议，直接促成交易。例如：

美国一位顾客向一位房地产经纪人提出购买异议：“我听说这房子的财产税超过了1 000美元，太高了！”推销人员非常熟悉有关税收法令，知道这位顾客的购买异议并没有可靠的根据，于是有根有据地加以反驳：“这房子的财产税是618.5美元。如果您不放心，我们可以打电话问一问本地税务官。”

在这个案例里，推销人员有效地使用直接否定法否定了顾客所提出的有关异议。

（1）直接否定法的优点

① 可以节省推销时间，提高推销效率。在使用这一方法时，推销人员可以针对顾客异议中的谬误，直接说明有关情况，不必兜圈子，可以避免浪费推销时间，尽快促成交易。

② 可以增强推销洽谈的说服力。在推销洽谈中，正确使用直接否定法，以合理而科

学的根据反驳顾客，可以增强推销论证的说服力，增强顾客的购买信心。

（2）需要注意的问题

① 始终注意保持良好的推销气氛。在推销过程中，良好的人际关系有助于营造良好的推销氛围，有利于推销洽谈的顺利进行。但是由于该方法直截了当地否定顾客异议，极易引起推销员与顾客的正面冲突，这对于交易活动是不利的。因此，推销人员在反驳顾客异议时，应该保持良好的推销态度，应该面带微笑，语气诚恳，态度真挚，既要否定顾客异议，又不冒犯顾客本人，同时，要多关注顾客的反应。在任何情况下，都不要增加顾客的心理压力，更不能伤害他们的自信心和自尊心。对于顾客在洽谈中的一些过激行为应给予谅解。

② 对顾客的反驳要有根据。有些顾客异议是没有根据的无效异议，其根源在于顾客的偏见、误解和无知，直接否定法最适合处理这类无效异议。在使用该方法时，应和顾客进一步沟通，向其提供更准确的推销信息，用事实和证据对顾客进行反驳，使顾客心服口服。

③ 要考虑对顾客的熟悉程度和顾客的个性。对于不熟悉和个性敏感的顾客应尽量避免使用这种方法。

2．间接否定法

间接否定法也称但是处理法或转折处理法，是指推销人员根据有关事实和理由来间接否定顾客异议的一种方法。在使用这种方法处理顾客异议时，首先要表示对顾客异议的同情、理解，或者仅仅是简单地重复，使顾客心理暂时得到平衡，然后再用转折词，如“但是”、“不过”、“然而”等，把话锋一转，再用有关事实和理由否定顾客异议。间接否定法较之直接否定法使用得更为广泛。例如：

顾客：“不行，这个价格太高了。”

推销人员：“您有这样的想法，一点也没错，当我第一次听到时，我的想法和您完全一样，可是如果我们做进一步的了解后……”（给顾客详细讲解）

（1）间接否定法的优点

① 能够保持良好的推销气氛。良好的推销气氛是双方都希望的。使用该方法是先肯定顾客的异议，从而避免了顾客的抵触情绪，也满足了顾客被尊重的需求，能使顾客在心理上获得暂时的平衡。这样顾客就有兴趣听取推销人员的进一步解释，为推销洽谈创造了良好的气氛。

② 有利于推销人员继续推销。推销人员采用这种方法可以给自己留下一定的时间，思考、分析顾客的异议，制定具体的处理方案和策略，然后再主动进攻，否定顾客异议，促成交易。

③ 顾客比较容易接受。推销人员运用此种方法，先退后进，尊重并承认顾客异议，态度委婉，语气诚恳，容易使顾客接受。尽管后来话锋一转对异议进行处理，总比直接否定顾客异议，更容易让顾客接受。

（2）需要注意的问题

① 使用间接否定法，应该在不同的情况下使用不同的转折语气和不同的转折方式，既要否定顾客异议，又不能冒犯顾客。尽量做到语气委婉，转折自然，用“但是”、“不过”、

“然而”、“可是”之类的转折词，恰当地表达否定的态度，在十分友好的气氛里否定顾客所提出的有关异议。例如：

“先生，您的看法具有一定的道理，并且我还认为……”

“是啊，通常情况下是这样的，可在这种特殊的情况下……”

“小姐，您的看法和我的一样。但是，您是否也认为这种式样具有一些新的特色？”

② 体现推销人员对顾客的真诚和尊重。推销人员运用间接否定法还必须注意在自己表示同意、理解顾客异议时，一定要通过表情、语言表达出来，然后再以低姿态，用请教的方式，向顾客表达自己的看法。切不能给顾客一种虚情假意的感觉。

3. 利用处理法

利用处理法也称转化法，是指推销人员把顾客异议中正确的观点作为自己的观点，来说服顾客排除障碍的方法。顾客异议既是成交的障碍又是成交的信号。因此，推销人员可以利用顾客异议本身所固有的矛盾来处理顾客异议，肯定其正确的一面，否定其错误的一面；利用其积极因素，克服消极因素，排除成交障碍，有效地促成交易。

案例4.12

一位中年女士来到化妆品柜台前，欲购买护肤品，售货员向她推荐一种高级护肤霜。

顾客异议：“我这个年纪买这么高档的化妆品干什么，我只是想保护皮肤，可不像年轻人那样需要漂亮。”

售货员回答：“这种护肤霜的作用就是保护皮肤的。年轻人皮肤嫩，且生命力旺盛，用一些一般的护肤品即可。人上了年纪皮肤不如年轻时，正需要这种高级一点的护肤霜。”

案例分析：在该案例中，推销人员利用顾客异议，把顾客认为不需要像年轻人一样购买高级化妆品转化为因为年龄关系需要高级化妆品保护皮肤，从而促成交易。

（1）利用处理法的优点

① 有利于与顾客建立良好的合作关系。这种方法直接承认、肯定并赞美顾客异议，再巧妙地将顾客异议中的消极因素转化为积极因素，使得顾客在心理上容易接受，有利于与顾客之间形成良好的合作关系，并促成交易。

② 可以有效转化顾客异议。这种方法可以改变顾客异议的性质和作用，把顾客拒绝购买的理由转化为说服顾客购买的理由，把顾客异议转化为推销提示，把不利的因素转化为有利的因素，把消极因素转化为积极因素，既妥善处理了顾客异议，又顺利地达成了交易。

（2）需要注意的问题

① 要尽力真诚地赞美顾客。在使用直接否定法和间接否定法时，推销人员都直接或间接地反驳顾客，否定有关顾客异议。在利用处理法中，推销人员不能否定顾客异议，而是应该肯定、承认、赞美顾客异议的合理性、实际性与积极性，并应做到态度诚恳，语气热情，方式得当，以保持良好的推销气氛。

② 认真分析与利用顾客异议。在使用该方法时，推销人员应该认真分析顾客所提出

的各种异议，抓住顾客异议中正确与错误同在的矛盾，利用异议中正确与积极的那部分内容，转化顾客拒绝购买的意向。

③ 正确分析影响商品推销的各种因素，向顾客传递正确的信息。正确分析顾客的购买动机与商品推销的各项因素，不向顾客传递虚假的或错误的信息，不欺骗顾客。

4．补偿处理法

补偿处理法也称抵消处理法或平衡法，是指推销人员利用顾客异议以外的其他有关优点来补偿或抵消顾客异议的一种方法，即用异议以外的其他有利因素抵消顾客的异议。

任何一种商品或服务都不可能十全十美，总是存在着缺点与不足。但有时顾客只看到了商品的缺点，而对其优点注意不够，在这种情况下，推销人员可以利用补偿处理法转化顾客的异议，即承认其缺点，但优点更多，使顾客相信产品的优点大于缺点，这样顾客就有可能采取购买行为。

案例4.13

在一次冰箱展销会上，一位打算购买冰箱的顾客指着不远处一台冰箱对身旁的推销员说："那种 AE 牌的冰箱和你们的这种冰箱同一类型、同一规格、同一星级，可是它的制冷速度要比你们的快，噪声也要小一些，而且冷冻室比你们的大 12 升。看来你们的冰箱不如 AE 牌的呀！"

推销员回答："是的，您说的不错。我们冰箱噪声是大点，但仍然在国家标准允许的范围内，不会影响家人的生活与健康。我们的冰箱制冷速度慢，可耗电量却比 A E 牌冰箱少得多。我们冰箱的冷冻室小但冷藏室很大，能储藏更多食物。你一家三口人，每天能有多少东西需要冰冻呢？再说吧，我们的冰箱在价格上要比 AE 牌冰箱便宜 300 元，保修期也要长 6 年，我们还可以上门维修。"顾客听后，脸上露出欣然之色。

案例分析：该案例中这位推销员用"省电、冷藏量大、价格便宜、保修期长、维修方便"五种"长处"，弥补了自己冰箱"制冷慢、噪声大、冷冻室小"的"短处"，因而提高了自己冰箱的整体优势，使顾客觉得还是买该推销员推销的冰箱好。这就是补偿法的运用。

对于顾客针对推销品的某些不足而提出的异议，推销人员可以巧妙地运用补偿法来处理。

（1）补偿处理法的优点

① 有助于推销人员赢得顾客的信任。当顾客对于商品的某些不足之处提出异议时，推销人员坦诚地承认事实，可以使顾客认为推销人员态度客观，可以依赖，有利于洽谈工作的顺利进行。

② 可以给推销人员留有一定的余地。推销人员承认推销品的不足，可以为以后的销售服务，特别是当顾客抱怨时留有一定的回旋余地。因为在此之前你已经跟顾客明确地说过了产品的不足，并没有隐瞒或欺骗顾客，购买决定是顾客自己做的。

（2）需要注意的问题

① 认真分析顾客异议，确定顾客异议的性质。在推销过程中，顾客会提出各种各样

的异议，推销人员要认真分析，不是什么样的顾客异议都可以使用补偿法的。补偿法主要适用于处理各种有效的顾客异议。

② 承认顾客异议是有效异议。在实际推销中，既没有无懈可击的顾客异议，也没有十全十美的推销品。因此，应该实事求是，正确处理有关的顾客异议，肯定购买异议，提示推销建议和推销重点，使顾客达到一定程度上的心理平衡。

③ 提示推销品的优点，有效地补偿并抵消顾客异议。使用此法的前提是顾客得到补偿的利益一定要大于异议涉及问题所造成的损失。否则，会动摇顾客的购买决心。

5. 询问处理法

询问处理法又称提问处理法或追问法，是指推销人员利用顾客提出的异议来反问顾客以化解异议的方法。

在实际推销过程中，许多顾客提出的异议只不过是用来拒绝推销人员及其推销品的一种借口而已，有时甚至连顾客自己也无法说出有关购买异议的真实根源。顾客异议根源的不确定性，为推销人员分析顾客异议，排除购买障碍增加了困难，也为询问法提供了理论依据。

案例4.14

顾客：“你的产品是不错，不过，现在我还不想买。”

推销人员：“经理先生，既然产品很好，您为什么现在不买呢？”

顾客：“产品虽然不错，可它不值5万（元）一件啊!”

推销人员：“那您说说这样的产品应该卖什么价格？”

顾客：“反正太贵了，我们买不起。”

推销人员：“经理先生，看您说的！如果连您都买不起，还有什么人买得起？您给还个价吧。”

案例分析：在上述的案例中，推销人员对待顾客异议，没有马上讲事实摆道理，而是向顾客提出问题，引导顾客自己否定自己，最终达成交易。这种方法在实际推销过程中常常被推销人员所采用，并能取得成效。

（1）询问处理法的优点

① 可以进一步了解顾客。通过询问，可以获取更多的顾客信息，找出顾客异议的真实根源，推销人员就能对症下药，便于排除异议。

② 可以使推销人员变得主动。通过询问，可以使推销人员从被动地听顾客申述异议，变成主动提出问题，主动地引导推销洽谈的进行。

③ 可以建立良好的人际关系和融洽的气氛。

④ 能帮助推销人员有时间进行思考、分析、判断，采取有的放矢的推销策略。

（2）需要注意的问题

① 对顾客的询问应当及时。推销人员只有看准有利时机，并配合以求教式、启发式、讨论式等方式进行询问，才能引导顾客把产生购买障碍的真正根源说出来，以利于交易的

达成。

② 询问顾客应抓住重点。在询问顾客时，应紧紧围绕顾客的有关异议，而不要询问其他的无关问题，以免无事生非，弄出更多的有关异议或无关异议，直接阻碍成交。

③ 追问顾客应适可而止。推销人员要注意顾客的表情与动作，如果顾客很为难或根本就说不清楚时，就不要再追问了，推销人员这时的任务应是帮助顾客认识问题，而不是为了驳倒顾客，只要有关异议已经不再阻碍成交，就应该把异议“忽略不计”。

④ 讲究推销礼仪，避免直接冒犯顾客。推销人员要讲究文明礼貌，讲究提问的姿势、语气、手势，要使顾客感受到推销人员的真诚，感受到自己是被尊重的，只有诚心诚意地询问顾客，顾客才愿意说出异议的根源。切记：不可厉声责问顾客或故意嘲弄顾客；否则，一旦激怒顾客，就无法有效地促成交易。

总之，询问处理法作为一种基本的处理顾客异议的方法，主要适用于处理各种不确定的顾客异议。只要该法运用得当，运用得巧妙，其效果是比较理想的。

6. 不理睬法

不理睬法也称拒绝处理法、装聋作哑法或沉默法，是指推销人员有意不理睬顾客提出的异议，以分散顾客注意力，回避矛盾的处理方法。

通常情况下，推销人员应该热情地解答顾客提出的各种各样的问题，以帮助顾客了解、认识推销品。但是，有些时候顾客提出的异议，推销人员无法回答，如果硬要回答，可能会使得洽谈陷入僵局。另外，对于有些顾客所提出的无关异议、故意刁难的异议或微不足道的异议，推销人员可以采取不理睬法，故意忽视、回避或转移话题，以保持良好的洽谈气氛，避免与顾客发生冲突。

（1）不理睬法的优点

不理睬法可以节省时间，提高推销效率，也避免节外生枝的争论，可以使推销人员按照预定的推销计划、推销策略展开工作，把精力集中在推销的重点问题上，从而提高推销效率。

（2）需要注意的问题

① 注意倾听。在使用该方法时，要注意即使顾客述说的是无效或虚假的异议，也要耐心倾听，态度要温和，让顾客感觉受到尊重。

② 避免顾客受到冷落。推销人员在不理睬顾客的某一异议时，注意马上找到应该理睬的问题，避免顾客感觉受到冷落。有时为了沟通感情，也可以花费一点时间回答顾客一些无关紧要的问题。

总之，作为一种有效的冷处理方法，不理睬法适用于各种无关的顾客异议和某些不太重要的顾客异议，在不到万不得已时尽量不使用此法。

处理顾客异议的方法还有许多种，如预防处理法、举例说明法、有效类比法、相对价格法，等等。推销人员应注意在情况实践中根据不同的具体情况运用各种方法，并创造出行之有效的新方法，以争取创造良好的推销业绩。

【处理顾客异议练习】

假定你是某个公司的推销员，试推销一种产品，请完成下面的练习。

(1) 列出买主可能向你提出的三个异议，并填写异议类型。

异议一:我不需要它。　　　　　　　　　　　　异议类型: ＿＿＿＿＿＿

异议二: 产品不错，但价钱贵了。　　　　　　　异议类型: ＿＿＿＿＿＿

异议三: 我不喜欢这种颜色，这种颜色过时了。　异议类型: ＿＿＿＿＿＿

(2) 用三种不同的方法处理上述异议，并写出你的答案。

方法一: 询问法

答案: ＿＿＿＿＿＿＿＿＿＿＿＿＿＿＿＿＿＿＿＿＿＿＿＿

方法二: 补偿法

答案: ＿＿＿＿＿＿＿＿＿＿＿＿＿＿＿＿＿＿＿＿＿＿＿＿

方法三: 但是处理法

答案: ＿＿＿＿＿＿＿＿＿＿＿＿＿＿＿＿＿＿＿＿＿＿＿＿

(3) 答案提示。

异议一回答: 这种产品可是今年最流行的，您为什么不需要呢?

异议二回答: 虽然我们产品的价格不比其他同类产品便宜，但我们产品质量和售后服务做得最好。

异议三回答: 您的记忆力的确很好，这衣服几年前流行过了，我想您是知道的，服装的潮流是轮回的，如今又有了这种颜色回潮的迹象。

项目实施指导

1. 学生随机分6组，组内自选组长，组织活动由组长负责。
2. 教师分配各组的实地观察地点。
3. 课前组长点名，记录各小组的出勤情况，缺勤人员要注明原因。
4. 各组组长带领组员到指定商场。
5. 到指定商场后，进行分散观察。个人要记录自己所观察的营业员的接待态度、举止及处理顾客异议的方法。
6. 组员假扮顾客与营业员接触，要求表现出购买兴趣，在听取营业员介绍的基础上，提出购买异议，并记住营业员处理异议的方法。
7. 观察结束，点名，看是否有学生早退。
8. 由组长带领组员回到学校。
9. 针对营业员处理异议的方法，撰写短评。

项目评价表

评价项目	评价要求	分值	得分
出勤表现	小组出勤情况组长评价	20	
观察记录	记录翔实	20	
障碍设置	障碍设置合理，并具备一定的专业性	30	
短评	能从处理顾客异议的原则、策略、方法几方面评价	30	
合计		100	

项目工作小结

序号	小结重点	主要内容	教师批注
1	工作业绩	1. 2. 3. 4.	
2	问题质疑	1. 2. 3. 4.	
3	项目报告	1. 2. 3. 4.	

项目知识小结

推销洽谈是推销人员最重要的工作之一，是整个系统推销过程中的关键阶段。推销洽谈就是指推销人员运用各种方式、方法和手段向顾客传递推销信息，并设法说服顾客购买的协商过程。其目的在于针对顾客需求展示推销品的功能，向顾客传递推销信息，及时处理顾客的异议，从而促使顾客做出购买决定。

推销洽谈要想成功进行，推销人员必须熟练掌握并灵活运用推销洽谈的提示法和演示法。同时还要注意运用推销洽谈的倾听技巧、语言技巧和策略技巧。

在推销洽谈过程中，推销人员为了达到推销目的，往往采用各种方式、方法及手段来说服顾客，推销产品。但是无论推销人员采用何种技法，都要遵循五个基本原则，即针对性原则、诚实性原则、参与性原则、鼓动性原则和倾听性原则。

顾客异议存在于整个推销洽谈的过程中，它既是推销的障碍，也是成交的前奏与信号。顾客异议是推销人员在推销商品过程中，顾客用语言或行动打断推销人员的介绍或改变话题，以表示怀疑或否定甚至反对意见的一种反应。其产生的原因包括顾客方面的、推销品方面的、推销人员方面的和企业方面的。

在推销洽谈过程中，处理顾客异议的方法有许多种，主要的和常见的有以下六种：直接否定法、间接否定法、利用处理法、补偿处理法、询问处理法和不理睬法。推销人员在处理顾客异议的过程中，不能把异议看成阻碍，要端正态度，必须遵守处理顾客异议的原则和策略，成功排除顾客异议。

自我测验

【测试目的】 正确理解谈判过程中的倾听能力。

作为销售人员，你在与顾客或消费者交谈时，是否有以下行为？

1. 经常打断他人的讲话
2. 接着别人的话题
3. 与人交谈中，想入非非，云游四方
4. 自动假设顾客会说的话，先发制人
5. 趁其不备，立刻插入谈话
6. 试图记下顾客所说的全部语言
7. 不等顾客做出决定，突然改变话题
8. 在电话访问时，只是一味地自言自语
9. 顾客需要你做出正面回答时，你经常闪烁其词
10. 为了表示对顾客的尊重而假装倾听
11. 因各种噪声与干扰而无法专心致志地倾听
12. 故步自封，思想保守，不愿接受新生事物
13. 为了赶时间而匆匆忙忙催促顾客道出重点
14. 由于听到一些有争议的话题而影响自己的态度
15. 与顾客交谈时能够面带微笑并做出反应性动作
16. 只听想听的，其余免谈
17. 针对顾客的年龄、性别、语言等来判断是否值得倾听
18. 匆匆忙忙做出结论
19. 一旦听不懂，就保持沉默
20. 埋头干自己的活，不管顾客的谈话内容
21. 只期望顾客关注你的情绪与谈话
22. 只注意细节，完全不在乎顾客想要传达的信息

23．对顾客的肢体语言熟视无睹或者麻木不仁
24．对那些复杂或者表面显得无聊的信息不屑一顾
25．当顾客说话时，自己忙于对其评头论足
26．与人交谈时，习惯于玩弄各种小东西（手边的笔或杯子）
27．经常提出一些问题使他人认为你没有专心致志地倾听
28．潜意识中认识到顾客对你有意见
29．顾客与你交谈时，你经常习惯性地看表
30．意识到顾客不想被询问有关个人的问题或提及其他敏感的话题

【评分标准】 始终如一得5分；时常得4分；偶尔为之得3分；很少得2分；几乎没有得1分。

思考与练习

1．判断题（正确的打“√”，错误的打“×”并改正）

（1）根据鼓动性原则，推销洽谈的成功与否，完全在于推销人员能否有效地说服和鼓动顾客。（　　）

（2）推销过程中，推销人员应该“少听少说”。（　　）

（3）在处理价格异议时，应先谈价格再谈价值。（　　）

（4）尊重顾客就是要求推销人员接受顾客异议，不与顾客争吵。（　　）

（5）处理顾客异议时，推销人员应当做到尊重顾客异议。（　　）

（6）顾客异议产生的原因从根本上说是经济原因。（　　）

2．单项选择题

（1）推销洽谈的方法，不属于介绍法的是指（　　）。

A．直接介绍法　　B．逻辑介绍法
C．间接介绍法　　D．产品演示法

（2）对产品演示法理解不正确的一项是（　　）。

A．根据推销品的特点来选择演示方式和演示地点
B．任何产品使用产品演示法都能取得最好的效果
C．操作演示一定要熟练
D．操作演示一定要具有针对性

（3）客户说：“这种冰箱还可以，但坏了没有地方修。”这种异议是（　　）。

A．价格异议　　B．服务异议
C．质量异议　　D．货源异议

（4）客户说：“这种盘子太轻了！”推销员说：“这种盘子的优点就是轻便，这正是根据女性的特点设计的，用起来很方便。” 这种异议处理方法称为（　　）。

A．转化处理法　　B．反驳处理法

C．补偿处理法　　D．询问法

（5）顾客异议是成交的障碍，但它也表达了这样一种信号，即顾客对推销品（　　）。

A．愿意购买　　B．不满意

C．产生兴趣　　D．没有兴趣

3．多项选择题

（1）推销洽谈中推销人员使用明星提示法时应注意（　　）。

A．所提明星必为顾客所熟知

B．明星与推销品之间的关系必须真实存在

C．明星应该能被顾客所接受

D．应用明星提示法，主要利用的消费者的求名心理

（2）倾听技巧中，理解正确的是（　　）。

A．要专心倾听消费者对产品的看法　　B．要有鉴别地倾听消费者的意见

C．不因反驳而结束倾听　　D．倾听要有积极地回应

（3）处理消费者价格异议的主要方法有（　　）。

A．强调相对价格　　B．适当让步策略

C．先谈价值，后谈价格　　D．不予理睬消费者的不合理价格要求

案例阅读

能言善辩，阿奈特不负众望

1964 年，世界造船业出现危机，法国造船业深受其害。阿奈特家族经营了两代的贝纳多船厂得不到资助，面临倒闭的灾难。父亲把船厂交给最精明的女儿阿奈特·鲁来经营，为了家族的荣誉与生计，并不喜爱造船行业的阿奈特·鲁只得挺身而出，坚定地向同行表示："我和兄妹属于贝纳多船厂的第三代，没有权利丢掉父辈亲手留下的宝贵技术财产，我们没有理由不争气!"

同行们都想知道这位年仅 22 岁的小姐怎样去实现这番雄心壮志，如何争夺少得可怜的订单，于是经常邀请她参加本行业的社交活动，很想从中打探点什么。然而，当阿奈特出场时，她始终带着迷人的微笑默默地听人谈论，当话题涉及造船技术和生意状况时，她便闭目养神，仿佛在打瞌睡，同行们从此不再把她放在眼里。

阿奈特开始调查、分析市场的需求变化，不久她觉察到法国水上旅游将会逐渐兴起，于是她组织技术人员闭门设计，秘而不宣地制造游览、捕鱼两用船。对当地的同行，她仍是微笑和沉默，只是在会见、会谈中少了一些笑容，同行们都以为她步履维艰，已经笑不出来了。

一年以后，"法国水上用具展览"即将在巴黎隆重开幕的消息传到阿奈特居住的小镇，造船商们大多反应冷淡，也无法拿出精品参展，阿奈特却悄悄地带上自己研制的两用船直

奔展馆，在会场转了一圈后发现没有一艘船跟自己研制的新船相同，她紧绷的神经终于松弛开来。不一会儿，喜好标新立异的富家子弟对两用船投来惊喜的目光，参观的人群也围了上来，阿奈特微笑着介绍驾驶新船的乐趣。

一个客商跑来谈生意了。

客商问："小姐，这种船是你们厂造的吗?船厂在什么地方?"

阿奈特笑着回答："是我们贝纳多船厂造的，我们厂建在有着造船传统的拉克鲁瓦德维。"

"我能见见你的老板吗?"客商问。

"我就是。"阿奈特微笑着回答。

"我想订购100艘，价格能优惠吗?"客商利用的是当场谈价钱的方法，这样对卖主不利。

"先生，现在一艘船定价 3 000 镑是很优惠的。按这样的低价，您每艘船能轻松地赚300镑。如果不是考虑各种客观因素，我本来的定价可以高一些的，那样做就比较公平了。"阿奈特微笑着解释道。

"根据实际情况估计，我以为这种船的价钱至少还可以降低 10%。"客商见对方当众算出转销盈利，不好意思多还价了。

"先生，您说的价钱是机制船。我的船是手工制作的，不仅外表精细光洁，而且具有古老的传统韵味，能使驾驶者产生一种思古的幽情。这样成本就比机制船高了一些。"阿奈特含笑回答。

"现在造船业不景气，什么样的船都难卖出去，所以价格是我们销售商首先考虑的因素。"客商为压价寻找理由。

"当然。不过对于使用现代技术制造的游艇，价格容易受市场波动的影响。我想先生一定会注意到工艺品的制作，越是使用现代手段就越容易贬值，使用传统手段就容易保持价值。"阿奈特笑眯眯地争辩道。

"小姐，您真是能说会道，可是您的定价不能改变吗?"客商不甘心地问。

"价钱自然是可以改变的，不过很有限。这样吧，我另外赠送一艘特制的两用船，以表示对第一位订购者的谢意。您乐意接受吗?"

"看来我只能按照小姐的意思做这笔买卖了。买东西不还价，对我来说可是平生第一次。好吧，谢谢您的礼物。"

展览结束，贝纳多船厂收到了可以忙乎大半年的订单。消息传到拉克鲁瓦德维小镇，同行非常吃惊，不明白这位只会微笑的小姐凭什么干得如此出色。

1976 年，善于观察、精于分析的阿奈特纵览以往十年世界游艇的发展经历，在预测未来趋势后，适时推出"孚斯特"帆船系列。这种船乍一看似乎是一种倒退，把舒适时髦的漂亮游艇变成了扯动风帆的一叶扁舟。竞争对手无法理解，当地的同行更是嗤之以鼻。"孚斯特"送到巴黎，销售商果然漠然处之，阿奈特便频频举行推销谈判。

"先生，这是最富有时代气息的帆船。"阿奈特微笑着说。

"不，这是一种复古的小船，只能使驾驶者劳累疲乏，而游客需要的是舒适安逸。"销售商们说。

"驾驶这种帆船确实容易劳累，但能使驾驶者体验搏击风浪的惊险和刺激。"阿奈特解释说。

“旅游者们驾船的目的是享受，谁愿意寻找磨难？”经销商反驳说。

“旅游者是各种各样的，需要也因人而异。大多数青年游客希望能在旅游中体验一种生命的力量。”阿奈特含笑说道。

“我不否认有这种情况，但你的帆船显得太简陋了。”销售商说。

“构造简单的帆船最能发挥驾驶者的潜能，而能体现出消费者机敏、灵活、刚毅、矫健的商品，销售起来不会很困难的。”阿奈特说道。

“你是说这种帆船是一种运动器械？”销售商们问。

“还可以用做旅游航行，驾驶者如果在江河湖泊里扯起风帆航行，就能产生一种享受田园风光的快感。”阿奈特微笑着说。

“这么说，这种船会有销路？”销售商们疑惑地问。

“当然，这种船符合旅游者探险、猎奇、追求新异和刺激的心理需要，怎么会没有销路呢？不信的话可以试试，我同意代销，卖不出去还可以退货，佣金是很低的。”诚挚的介绍、友好的会谈、微笑的推销，终于使巴黎经销商接受了“孚斯特”。谁知它销往欧洲各国之后立即引起年轻人的青睐，随之被世界帆船协会评为“最佳航帆”，从此便畅销不衰。

项目5

交易达成

项目实施背景

成交是整个推销工作的根本目标。因此，一位优秀的推销人员应该具有明确的推销目的，千方百计地促成交易。成交过程是一种表明顾客接受推销人员意见和建议并实施购买的行为。推销人员应该掌握一定的成交技术，并具备必要的商务知识及其他有关业务知识，只有掌握各种成交理论和成交技术，才能有效地促成交易。本项目划分成两个子项目：成交洽谈和买卖合同拟定。项目分解设计如下：

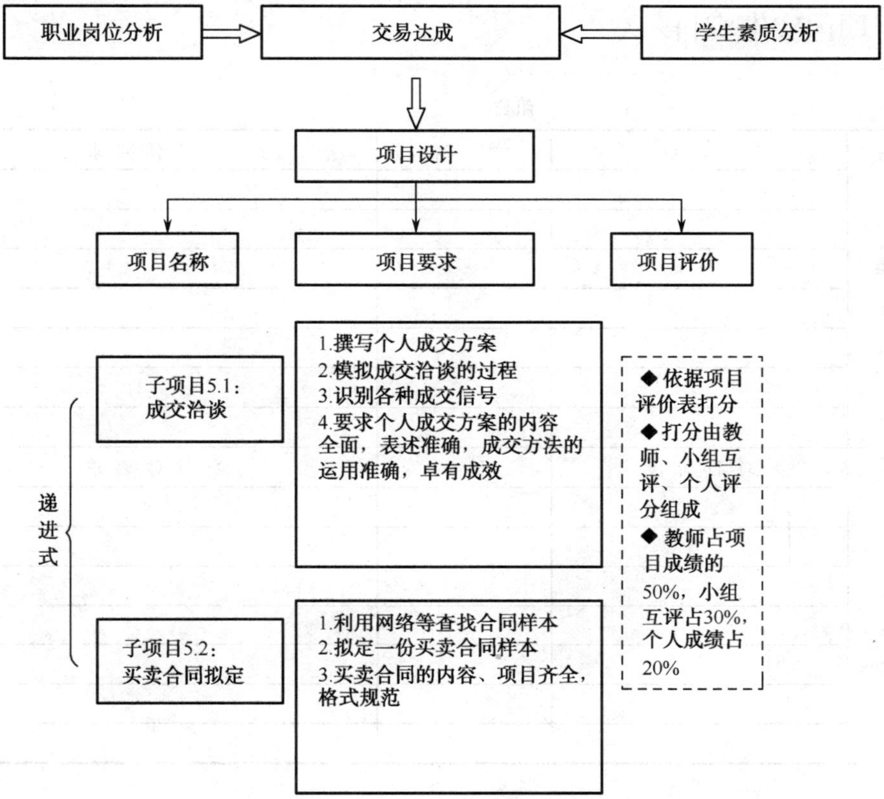

子项目 5.1 成交洽谈

项目解析

【项目目的】

掌握并灵活运用有效成交的策略及主要成交方法，促成交易；运用成交后的收款技术；掌握与顾客保持良好关系的方法。

【项目要求】

1．各小组的同学自行设计推销的成交方案。
2．评出最优方案进行成交项目实施。

项目实施安排

组别：　　　　　　　　　　　　组长：　　　　　　　　　　　　日期：

项目实施人员分工	岗　　位	姓　　名	具 体 要 求
项目实施时间安排	项 目 阶 段	时间/天	具 体 要 求

项目教学方案设计

<table>
<tr><td>项 目 名 称</td><td>子项目 5.1
成交洽谈</td><td>教 学 方 法</td><td>案例分析法、讨论法与角色扮演法</td><td>建 议 课 时</td><td>4</td></tr>
<tr><td rowspan="2">项目目标</td><td>能力目标</td><td colspan="4">1．能够准确识别成交信号
2．熟练地运用各种成交策略和技巧与顾客达成交易</td></tr>
<tr><td>知识目标</td><td colspan="4">1．了解成交的基本含义
2．熟悉成交的基本策略
3．掌握成交的方法
4．了解售后服务的内容</td></tr>
<tr><td rowspan="2">项目准备</td><td>教师</td><td colspan="4">1．课件及项目评分考核表
2．摄像机</td></tr>
<tr><td>学生</td><td colspan="4">1．分成 6 组，由组长负责
2．课前每人准备纸笔
3．教室布置，准备打印纸、快译通、电话机、名片、所要推销的商品等</td></tr>
<tr><td>项目评价</td><td colspan="5">学生与教师一起依照评价表进行考评</td></tr>
<tr><td rowspan="5">项目过程</td><td>教学内容</td><td>教师活动</td><td>学生活动</td><td>教学目标</td><td>课时</td></tr>
<tr><td>一、项目介绍</td><td>1．教师进行项目解析，提出项目要求
2．布置项目实施安排</td><td>学生做项目分解笔记</td><td>学生能清晰地了解项目实施的目的与程序</td><td rowspan="2">2</td></tr>
<tr><td>二、理论知识</td><td>1．讲授理论知识
2．解释学生知识疑问</td><td>1．接受项目理论知识
2．提出疑问</td><td>掌握项目实施的相关知识</td></tr>
<tr><td>三、项目实施</td><td>指导学生顺利洽谈成交，记录小组洽谈成交中存在的问题</td><td>1．撰写个人成交方案
2．评选最优方案
3．模拟推销成交</td><td>学生能正确识别交易信号，选择洽谈的成交方法</td><td>4</td></tr>
<tr><td>四、项目评价</td><td>对洽谈成交的方案和实施进行打分和评价</td><td>1．小组互评
2．小组互相交流成交心得</td><td>学生能提高评价能力与学习能力</td><td>2</td></tr>
<tr><td rowspan="2">项目实施报告</td><td>教师</td><td colspan="4">检查学生项目实施报告，给出评价</td></tr>
<tr><td>学生</td><td colspan="4">填写项目实施报告</td></tr>
</table>

项目知识

5.1.1 成交的含义

所谓成交，是指顾客接受推销人员的建议及推销演示，并且立即购买推销品的行动过程。成交也可以理解为顾客对推销人员及其推销建议和推销品的一种积极的或肯定的反应。具体来说，成交的含义可以从以下三个方面来理解。

1．是顾客对于推销人员及其推销建议的一种反应

在推销过程中，推销人员及其推销提示或演示必须能引起顾客一定的反应，这是推销洽谈的基本目的。如果顾客对于推销人员及其推销建议和推销的商品毫无反应，就根本谈不上成交了。

2．是顾客对于推销人员及其推销建议的一种肯定的反应

推销是一种双向信息交流，顾客必然会对推销行为产生反应。顾客有了反应并不意味着一定成交。顾客的反应可能是积极的，也可能是消极的。一般情况下，在顾客做出积极反应时更有利于成交。因此，推销人员应该积极诱导顾客，使顾客产生购买动机，实施购买行为。

3．是顾客接受推销建议并立即购买推销品的行动过程

成交是顾客正式接受推销人员及推销建议和推销品，只有正式接受才算正式成交。因此，在推销过程中，推销人员不仅要赢得顾客的信任和好感，而且要说服顾客接受推销建议并立即购买推销品。

总之，成交是顾客接受推销人员及其推销建议并立即购买推销品的行动过程。成交是洽谈的继续，但并非每次推销洽谈都能成交。成交是推销过程的终点，但并非每一次推销工作都以成交来终止整个推销过程。为了能达成交易，推销人员不仅应接近顾客和说服顾客，而且应鼓动顾客，促使顾客立即采取购买行动，达成交易。

案例5.1　成交不是瞬间行为，而是一个过程

盖茨五年前开设了一家风景服务公司，公司的主要业务是修理草坪，修剪花草树木，除草和收拾花园，以及草坪以旧换新等。该公司以优质、快捷的服务著称。而客户的反映是，尽管质量不错，但收费太高了。

罗斯一家刚刚搬入一幢价值 22.5 万美元的房子，占地约 160 平方米，但地面潮湿，还有沙土，仅有的几棵树也太高、太老，快要枯死了。罗斯先生已经给盖茨打电话询问这一服务，他们星期五下午见了面。

盖茨："下午好，罗斯先生，我是吉尔伯特·盖茨。"

罗斯："我们久闻您在此行业的大名。"

盖茨："我以我们的优质服务为荣。在城里，我们的杰作随处可见。"

罗斯："我们已见过几处，很满意。"

盖茨："现在让我们谈谈您的住宅吧。您希望我做些什么?"（盖茨和罗斯在住宅周围转了几圈，罗斯就这所宅子谈了自己的几个想法。）

盖茨（参观结束后）："我有一个好主意，我现在想好了一个大体框架，最好另找时间咱们谈谈。您看下周三的晚上怎么样?"

罗斯："下周三很好。"

第二个星期的星期三，盖茨与罗斯会面后寒暄几句，便步入正题。

盖茨："我现在有几张草图。"

罗斯："您能多解释一下吗?"

盖茨："您的房子太漂亮了，您和夫人一定为之骄傲。"

罗斯："是的。"

盖茨："为了更完善一些，您必须有一个漂亮的环境：草坪、灌木丛、花卉和树荫。我建议您不用4英寸（1英寸=2.54厘米）的填土，而是直接从麦伦庄园引入一层2英寸厚的沃土，并种植那里的兰草。这样虽然贵了一些，但您今年夏天就有漂亮、迷人的草坪了。如果让我们撒种，那要花很长时间（盖茨又做了其他解释）。就这些，您的意见如何?"

罗斯："听起来不错，要多少钱?"

盖茨："我们的服务将一直延续2年。全部费用为10 000美元。"

罗斯："10 000美元！太贵了。我们两年前为这块空地只花了3 500美元。"

盖茨："听起来贵了点，但是，我们还要向您提供两年内的各项配套服务，如种植灌木、养护等。"

罗斯："我们也与其他几家风景公司谈过，价格比您的便宜。"

盖茨："如果那样的话，我们也可以做到，帮您植草、翻土、种树，直到草坪变绿。那要用约1个月时间，只需3 000美元，但是以后的事情我们就不负责了。据经验，有一些草坪挺好，但有的会出问题。"

罗斯："我也明白，3 000美元和10 000美元的服务会大不一样。我只是在想，为了那些服务差异而多花7 000美元是否值得？"

盖茨："让我们回顾一下那些差异。首先，地皮是全套的优质地皮，来自麦伦庄园；每一棵灌木都精心挑选，放在合适的位置，有一些是常青的，有一些是四季变化的。这样，您的花园便四季如春，景色各异。另外，每一棵树都是不同类型的，有两棵20英尺（1英尺=0.304 8米）高，一年后便可绿树成荫。而且，我们在2年内为任何死去的草木免费替换。如果按照便宜的价格，您得到的只不过是一个绿草坪、一点灌木、几棵小树。但多花一点钱，便可迅速拥有一所豪华宅院。"

罗斯："听起来真是不错，但我还是不知那多花的7 000美元是否合理，我要等我夫人下周回来，同她商量。"

案例分析：在以上的推销过程中，推销人员对于顾客的异议，逐一解决。因此，我们可以从该案例中看出，成交并不是一个简单的瞬间行为，而是顾客逐渐接受推销员建议的行动过程。

5.1.2 成交的基本策略

成交是推销工作的根本目标。在推销工作的这个阶段，推销人员不仅要继续接近和说服顾客，而且要帮助顾客做出最后购买决定，促成交易并完成一定的成交手续。如何实现成交目标？取决于推销人员是否真正掌握并灵活运用成交的基本策略和技术。

1．正确识别顾客的成交信号，把握最佳成交时机

成交信号是指顾客在接受推销过程中有意无意地通过表情、体态、语言及行为等流露出来的各种成交意向。我们可以把它理解为一种成交暗示。在实际推销工作中，顾客为了保证自己所提出的交易条件，取得心理上的优势，一般不会首先提出成交，更不愿主动、明确地提出成交。但是顾客的成交意向总会通过各种方式表现出来。对于推销人员而言，必须善于观察顾客的言行，捕捉各种成交信号，及时促成交易。

顾客表现出来的成交信号主要有语言信号、行为信号、表情信号和事态信号等。

（1）语言信号是在顾客与推销人员交谈的过程中，通过顾客语言表现出来的成交信号。以下几种情况都属于成交的语言信号：

- 顾客对商品给予一定的肯定或称赞；
- 询问交易方式、交货时间和付款条件；
- 详细了解商品的具体情况，包括商品的特点、使用方法、价格等；
- 对产品质量及加工过程提出质疑；
- 了解售后服务事项，如安装、维修、退换等。

语言信号种类很多，推销人员必须具体情况具体分析，准确捕捉语言信号，顺利促成交易。

案例5.2

一个卖中文记事本电脑的女孩去拜访一位公司经理。她向经理推荐和介绍了她的产品，并拿出产品向这位经理做了演示。这位经理接过她的产品在手上摆弄了半天，很喜欢。过了一会儿，这位经理说："我有几本名片簿，要把这些名片信息输进记事本电脑中，需要多长时间？"请分析一下经理说这句话的含义是什么？

大家想一想，如果一本名片簿能装50张名片，一张名片上约有50个字，那么要把这些字一个一个地输入记事本电脑中需要多长时间呢？他的话是什么意思？如果遇到一个傻乎乎的销售人员，他认为这位客户的异议是不想购买我们的产品，而这个女孩马上就意识到了这是客户成交的信号。于是她就向客户提出要求："如果您同意的话，我把您的名片簿带回去，输完之后，明天给您送过来。"大家想一想，如果这位经理同意她把名片簿带回家去替他输入记事本电脑，不就意味着成交了吗？

案例分析：“我有几本名片簿，要把名片信息输进记事本电脑中，需要多长时间？”这是一个什么问题呢？它牵涉到一个使用问题，如果客户不想购买的话，他怎么会问一个产品的使用问题呢？这就是通过语言表达出来的成交信号。

（2）行为信号是指在推销人员向顾客的推销过程中，通过顾客的某些行为表现出来的成交信号，如顾客认真阅读推销资料；比较各项交易条件；顾客要求推销人员展示产品，并亲手触摸、试用产品等。例如：

一位女士在面对皮衣推销员时，虽然是大热天，她仍穿着皮衣在试衣镜前，足足折腾了一刻钟。她走来走去的样子好像是在做时装表演，而当她脱下皮衣时，两手忍不住又去摸皮毛，甚至眼里涌动着泪光。

从该例中可以看出，这位女士的行为属于强烈的购买信号。

正因为通过顾客的行为我们可以发现许多顾客发出的购买信号，因此作为一位推销人员应尽力使你的顾客成为一位参与者，而不是一位旁观者。在这种情况下，通过你的细心观察，你就会很容易地发现购买信号。比如，当客户一次次触动按钮、抚摸商品或围着产品看个不停的时候，难道你还不能从中看出什么吗？当你捕捉到了购买信号时，再稍做努力就可以成交了。

（3）表情信号是在推销人员向顾客推销过程中，从顾客的面部表情和体态中所表现出来的一种成交信号。例如，微笑、下意识地点头表示同意你的意见，对推销的商品表示关注等。例如：

一位保险推销员，在给顾客讲述一个充满感情的、很有说服力的、第三者的故事时，竟让对方忍不住双目含泪。

（4）事态信号是在推销人员向顾客推销的过程中，就形势的发展和变化表现出来的成交信号。例如，顾客要求看销售合同书；顾客接受你的重复约见；顾客的接待态度逐渐转好；在面谈中，接见人主动向推销人员介绍企业的有关负责人或高层决策者。这些事态的发展都明显地表现出顾客的成交意向。

顾客的语言、行为、表情以及事态变化等表明了顾客的想法。推销人员可以据此识别顾客的成交意向。因此，推销人员应能及时地发现、理解、利用顾客所表现出来的成交信号，提出成交要求，促成交易。

资料库

成交信号的类型

信号1：当推销员将商品的有关细节以及各种交易条件说明之后，客户显示出认真的神情，并把推销员所提出的交易条件与竞争对手的条件相比较时，推销员就可以询问客户的购买意向了。

信号2：以种种理由要求降低价格。这是非常有利的信号，此时客户已将产品的支付能力进行比较，要求价格上的优惠是每一位有购买欲的客户所要求的，你不能轻易让步。要判明客户是否确实想买而又存在支付上的困难，如果不是这样，你的让步或许会让客户兴味索然。此时你不妨先回避要与不要的焦点，而反问对方要多少，根据数量来考虑折扣与价格。这样会给客户一个你比较认真地对待这一问题的看法，同时又很灵活，觉得自己有希望得到价格上的优惠。

信号3：主动热情地将推销员介绍给负责人或其他主管人员。虽然这时你会觉得有一点挫折感，因为你的一系列努力没有马上变成实际的销售，但这也是很有成绩的。一旦客户将你和你的产品介绍给其他主管，你的成功率可能大大增加。因为这位客户一定想让别人赞同他的看法，那么他就会努力帮助你推销。这时推销员不妨沉默一下。

信号4：要求详细说明使用时的要求、注意事项以及产品的维修等售后服务。此时推销员除了耐心详细地说明外，还要诱导对方提问，以打消客户的顾虑，使其迅速做出决定。有时客户会就你已经解释过的某些问题反复询问，千万不能急躁，而要耐心地回答。

信号5：主动出示自己有关这种产品的情报和资料。这说明客户潜意识中已经接受了这种产品。此时可以让对方试用，他一定不会拒绝。

信号6：对目前正在使用的其他厂家的产品不满。这是你成交的好机会，但你不能过分附和客户，批评其他厂家及其产品，其实只要适时地强调自己产品的优点即可。

信号7：对推销员的接待态度明显好转，接待档次明显提高。这说明客户已经信任推销员并愿意听取建议，这时就可以提出交易条件，询问客户的购买意向了。

信号8：客户的反常行为。当客户感到犹豫不决时往往会通过不同的行为表现出来，推销员要善于发现，捕捉客户不自然的甚至是反常的行为。比如，忽然变换一种坐姿，下意识地举起茶杯或下意识地摆弄钢笔、手表等，眼睛盯着产品的说明书、样品或长时间沉默不语，身体靠近推销者，询问旁人的意见，等等。

客户无意识地向我们发出了这么多信号，推销人员一定要正确、及时地判断和把握时机，促成交易。一般地，我们可以用反问的方式来回答准客户的表示购买信号的问题，如表5.1所示。

表5.1　以反问方式回答准客户提出的表示购买信号的问题

准客户的提问	销售人员的回答
价格是多少？	您要买多少？
你提供哪些交易条件？	您想要哪种交易条件？
什么时候能交货？	您想要什么时候交货？
我应该买什么型号呢？	您需要什么型号？
我现在和下月分两次订购能否得到这个特殊价格？	您愿意分两次订购？
你们有8、12、36及54英寸的管子吗？	您有意买多少？
有6400型号的现货吗？	那是你们最喜欢的一种型号吗？

2．保留一定的成交余地，适时促成交易

保留一定的成交余地，有两个方面的内涵。

一是在某次推销面谈中，推销人员应该及时提出推销重点，但不能和盘托出。这是因为，顾客从对你的推销产生兴趣到做出购买决定，总是需要经过一定过程的。到成交阶段，推销人员如能再提示某个推销要点和优惠条件，就能促使顾客下最后的购买决心。为了最后促成交易，推销人员应该讲究策略，注意提示的时机和效果，留有一定的成交余地。

二是即使某次推销未能达成交易，推销人员也要为顾客留下一定的购买余地，希望日后还有成交的机会。因为顾客的需求总是在不断地变化的，他今天不接受你的推销，并不意味着他永远不接受。一次不成功的推销之后，你如果留下一张名片和产品目录，并对顾客说："如果有一天您需要什么的话，请随时与我联系，我很愿意为您服务。在价格和服务上，还可以考虑给您更优惠的条件。"那么，你就会经常发现这些回心转意的顾客。

3. 保持积极的成交态度，努力促成交易

成交的障碍主要来自于两个方面：一是顾客异议，二是推销人员的心理障碍。推销人员由于自身知识、经验、性格、爱好以及所面对的顾客特点的不同，在推销过程中难免会产生或多或少的退缩、等候、观望、紧张等不利于成交的消极心理。这就是所谓的推销心理障碍。一般来说，来自顾客异议方面的障碍比较明显，而来自推销人员自身的对待推销的心理态度则比较隐蔽，是影响成交的重要障碍。

推销人员应以积极、坦然的态度对待成交的失败，真正做到不气馁。而实际上有些推销人员在经历了几次失败之后，担心失败的心理障碍越严重，以至于产生心态上的恶性循环。实际上，即使是最优秀的推销人员，也不可能使每一次推销洽谈都导致最后的成交。在推销活动中，真正达成交易的只是少数。应该充分地认识到这一事实，推销人员才会鼓起勇气，不怕失败，坦然接受推销活动可能产生的不同结果。坦然、平静的心态有利于推销人员取得心理上的优势，让顾客感到推销这种产品对你来说是一件十分平常的事情。你的产品和服务很受欢迎，交易成功对双方都有利可得。

案例5.3　只要你不放弃，就没有失败

史泰龙是享誉全球的电影巨星，但鲜为人知的是他年轻时所遭遇的挫折。史泰龙在年轻时非常穷困潦倒。1976年在他30岁生日时，饱受贫穷之苦的他面对妻子用1.5美元买来的生日蛋糕发誓说："我一定要脱离贫穷。"他当时梦想当演员，于是到纽约去找电影公司应聘。

由于史泰龙的英语发音不标准，长相又不怎么样，虽然他跑了500家电影公司，但是所有的公司都拒绝了他。他当时只有一个想法："过去不等于未来，过去失败不等于未来失败。"

他又开始跑回去应聘当演员，又被拒绝500次，但他还是只有一个想法："过去不等于未来。"

他再一次跑回去向每家电影公司介绍自己，结果还是被拒绝。他失败1500次以后还是只有一个想法："过去不等于未来。"

同时，他认为应该改变策略，采取一些不同的行动。于是他利用几天的时间写了一个剧本。他拿着剧本向电影公司推荐。到1800次的时候，终于有一家电影公司同意用他的剧本，但是不让史泰龙当演员。于是他拒绝了这家电影公司的要求，一直到1855次，史泰龙终于当上了演员。他演的第一部电影叫《洛基》，也就是他自己编写的剧本，一炮走红，成为全世界片酬最高的男演员之一，基本片酬2 000万美元。

案例分析：这个真实的故事能给推销人员一定的启发。成功正是在失败中发酵孕育的，它隐藏在你对挫败的否定并坚持不懈之中。做推销一定会遇到许多的拒绝，重要的不是听到多少个“NO”而是要听到多少个“YES”。失败了多少次并不重要，重要的是你即将要采取哪些行动去帮助自己成功。一次的失败并不重要，重要的是永远不放弃成功的念头，只要坚持永远不放弃，就一定可以成功。从某种意义上来说，没有失败的推销，只有推销员的失败。

4．掌握成交时机，随时促成交易

一个完整的推销过程，要经历寻找顾客、推销接近、推销洽谈、处理顾客异议和成交五个阶段。但并不是说每一次成交都必须逐一地经过这些阶段。这些不同的阶段相互联系，相互影响，相互转化，在任何一个阶段里，随时都可能达成交易。推销人员必须机动灵活，随时发现成交信号，把握成交时机，随时促成交易。

资料库

通常，下列三种情况可能是出现促成交易的最好时机:

（1）重大的推销障碍被处理后;

（2）重要的产品利益被顾客所接受时;

（3）顾客发出各种购买信号时。

5.1.3　成交的方法

所谓成交的方法，是指在成交过程中，推销人员在适当的时机用以促成顾客做出购买决定、采取购买行动的方法和技巧。这里介绍一些常用的成交方法。

1．请求成交法

请求成交法又称直接成交法或直接请求成交法，是指推销人员直接要求顾客购买推销品的一种成交方法。这是一种最简单、最基本的成交方法，也是一种最常用的成交方法。

（1）使用请求成交法的时机

① 老客户或熟人。销售员已经与这类顾客建立起了良好的人际关系，充分了解其需求。例如：

“老张，最近我们生产出几种新口味的冰激凌，您再进些货，很好销的!”

② 顾客已发出购买信号。顾客对推销品产生购买欲望，但还未拿定主意或不愿主动提出成交时，推销人员宜采用请求成交法。例如：

一位顾客对推销人员推荐的空调很感兴趣，反复地询问空调的安全性能、质量和价格等问题，但又迟迟不做出购买决定。这时推销人员可以用请求成交法。“这种空调是新产品，非常实用，现在厂家正在搞促销活动，享受八折的优惠价格，同时，您还会享受终身的免费维修，这些一定会让您感到满意的。”

③ 在解除顾客存在的重大障碍后。当推销人员尽力解决了顾客的问题和要求后，是顾客感到较为满意的时刻，推销人员可趁机采用请求成交法，促成交易。例如：

“您已经知道这种电热水器并没有您提到的问题，而且它的安全性能更好，您不妨就买这一型号的，我替您挑一台，好吗？”

（2）运用请求成交法应注意的问题

① 态度诚恳。在提出直接请求时，销售人员要十分注意自己的态度。态度诚恳会加深顾客对销售员的信任感，从心理上更容易接受成交请求。

② 要求推销人员具备较强的观察能力，把握好成交时机。因为请求成交法要求推销人员主动提出成交要求，所以推销人员必须尽量引导顾客，使洽谈局面朝着成交的结果发展。推销人员应时刻观察顾客，适时开口提出成交要求。在适当的时机要求成交，会令顾客自然、顺利地接受。反之，在时机不成熟时要求成交，则会导致顾客的回避甚至反感而错过了机会。

请求成交法是推销人员应该掌握的最基本的成交技术。

知识园

采用直接成交法，要注意时机，要观察顾客是否已经出现成交信号。如果时机未到就鲁莽提出，会给顾客造成压力，让顾客觉得你只想着把东西推销出去，根本不是替他着想。

2．假定成交法

假定成交法又称假设成交法，是指推销人员假定顾客已经接受推销建议，只需对某一问题做出答复，从而要求顾客购买的一种成交方法。

在推销洽谈过程中，推销人员根据时机，可以假定顾客已经接受推销建议，从而主动提出成交要求。假定成交法运用的关键是推销人员有较强的自信心，这种自信心，也会感染顾客，增强顾客的购买信心。例如：

推销员已将一部汽车开出给客户看过了，并且感到完成这笔交易的时机已经成熟，这时推销员就可进一步地处理这个问题，使客户能真正地签下订单。你可以这样跟他说：“杨先生，现在您只需花几分钟时间，就能将换取牌照与过户的手续办妥，再有半个钟头，您就可以把这部新车开走了。如果您现在要去办公事，那么就把这一切交给我们吧，我们一定会在最短时间内把它办好。”经你这样一说，如果客户根本没有决定要买，他自然会向你说明；但如果他觉得换取牌照与过户等手续相当麻烦而仍有所顾虑的话，那么现在他就可以放心了，这些手续不成什么问题。

假定成交法的优点是节省推销时间，效率高。它可以将推销提示转化为购买提示，适当减轻顾客的成交压力，促成交易。假定成交法是最基本的成交技术之一，是选择成交法、小点成交法等其他成交技术的基础。

假定成交法也有一定的局限性。这种方法以推销人员的主观假定为基础，不利于顾客做出自由选择，甚至会令其产生反感情绪，破坏成交气氛，不利于成交。所以，在使用这种方法时，要注意以下两点：

（1）应适时地使用假定成交法。一般只有在发现成交信号，确信顾客有购买意向时才能使用这种方法，否则会弄巧成拙。

（2）应有针对性地使用假定成交法。使用这种方法时，推销人员要善于分析顾客。一般地说，依赖性强、性格比较随和的顾客以及老顾客，可以采用这种方法。但对那些自我意识强，过于自信的顾客，则不应使用这种方法。

3．选择成交法

选择成交法是指推销人员为顾客提供一个有效的选择范围，并要求顾客立即做出抉择的成交方法。这种方法可以说是假定成交法的应用和发展。推销人员在假定成交的基础上向顾客提供成交决策的比较方案，先假定成交，后选择成交，使顾客无论做出何种选择，导致的结局都是成交。例如：

推销员："以车身的颜色来说，您喜欢灰色的还是黑色的？"

客户："嗯，如果从颜色上来看，我倒是喜欢黑色的。"

推销员："选得不错！现在最流行的就是黑色的！那么，汽车是在明天还是在后天送来呢？"

客户："既然要买，就越快越好吧！"

经过这样一番话，客户等于说要买了，所以这时推销员就说："那么明天就送货吧。"这样很快就达成了交易。

这就是选择成交法。事实上，如果客户给你上述答复，的确就表示他已告诉你他要购买商品了；如果他迟疑片刻后向你表示他尚未做最后的决定时，你也没有半点损失，仍然可以继续提出新的方式进行你的推销工作。

选择成交法在实际推销工作中经常使用，并且具有明显的效果。推销人员把选择权交给顾客，把顾客限定在目标范围内，无论顾客做出什么样的选择，都在目标范围以内，都可以达到推销人员的目的。

选择成交法从表面看来，似乎把成交主动权交给了顾客，而事实上是把成交的选择机会交给了顾客。所以它的优点就在于既调动了顾客决策的积极性，又控制了顾客决策的范围。选择成交法的要点是使顾客回避要还是不要的问题，而只是在不同的数量、规格、颜色、包装、样式、送货日期等上面进行选择。

案例5.4　生意兴隆的秘诀

某汽车推销员设计了一个表格，在客户来买汽车的时候，他绝对不会说："您买汽车吗？"或"您买什么牌子的汽车？"他绝对不会提出这么大的要求，而是问顾客："您是喜欢红色的汽车还是黑色的汽车？"顾客说："黑色的。"他在"黑色的"地方画个钩；然后又问顾客："您是喜欢6缸的还是8缸的汽车？"顾客说："8缸的。"他又在"8缸"的地方画个钩；再问顾客："您是喜欢带音响的还是不带音响的？"顾客说："带音响的。"他又在"带音响"的地方画个钩……当一个个问题被提出之后，他把表格总结一下递给顾客，"这就是您要的汽车。"这位推销员从头到尾都是从小处着手，诱导顾客的钱一步一步地钻到他的口袋里。

案例分析：在该案例中，推销员了解顾客需要的时候，自始至终都是通过给顾客提供一个有效的范围，供顾客选择，避免了顾客是要还是不要的问题，而只是在一定范围内选择，有效地促成了交易。

这种方法能否成功的关键在于，推销人员能否正确地分析和确定顾客的真正需要，提出适当的选择方案。提出了与顾客需要相符的选择方案，有助于顾客购买，有利于顺利成交。选择方案不宜过多，否则反而会使顾客拿不定主意。在实际工作中，推销人员应灵活运用选择成交法。

4．小点成交法

小点成交法又称次要问题成交法或避重就轻成交法，是指推销人员通过次要问题的解决来促成交易的一种成交方法。小点是指次要的、较小的成交问题。小点成交法是利用了顾客的成交心理活动规律。一般来说，重大的购买决策问题往往产生较大的成交心理压力，而较小的成交问题则产生较小的成交心理压力。顾客在较大的成交问题前，常常比较慎重、敏感，一般不轻易做出明确的决策，甚至故意拖延成交时间，迟迟不表态。而在处理较小的、具体的成交问题时，则心理压力较小，比较果断，容易做出明确的决策。小点成交法正是利用了顾客这一心理活动规律，避免直接提出重大的、顾客比较敏感的成交问题。先小点成交，后大点成交；先就成交活动的具体条件和具体内容达成协议，再就成交本身达成协议，从而促成交易实现。

案例5.5　成交时机的把握

一个办公用品推销人员到某局办公室推销一种纸张粉碎机。办公室主任在听完产品介绍后摆弄起这台机器，并自言自语道："东西倒很适用，只是办公室这些小青年，毛手毛脚，只怕没用两天就坏了。"

推销人员一听，马上接着说："这样好了，明天我把货送来时，顺便把纸张粉碎机的使用方法和注意事项给大家讲一下。这是我的名片，如果使用中出现故障，请随时与我联系，我们负责修理。主任，如果没有其他问题，我们就这么定了？"

案例分析：在该案例中，办公室主任提出的问题是："东西倒很适用，只是办公室这些小青年，毛手毛脚，只怕没用两天就坏了。"推销员通过妥善处理这个问题，实际上也使办公室主任接受了推销人员的推销建议。

推销人员在假定顾客已经做出购买决定的前提下，就纸张粉碎机的使用和维修与主任达成协议，而避开了重大的成交问题，使办公室主任轻松地接受了成交。

小点成交法运用的是成交心理减压原理，它的优点体现在可以创造良好的成交气氛，减轻心理障碍。另外，小点成交法为推销人员提供了与顾客周旋的余地。一个小点不能成交，可以换其他的小点，直至达到成交。

小点成交法运用较广，但仍须合理使用，因为推销人员在面对顾客时，回避重大问题，而寻找枝节问题，其目的是消除压力，达到与顾客的共识，从而推动大问题的成交。如果滥用此方法，会分散顾客的成交注意力，不利于成交。因此，在实际推销工作中，推销人员应审时度势，根据顾客特点，合理运用小点成交法。

5．从众成交法

从众成交法是指推销人员利用顾客的从众心理，促使顾客立刻购买推销品的一种成交方法。社会心理学研究表明，从众行为是一种普遍的社会心理现象。人的行为既是一种个体行为，受个人观念的支配，也是一种社会行为，受社会环境的影响。个人认识水平的限制和社会公众的压力，是从众现象产生的基本原因。顾客在购买商品时，不仅要考虑自己的需要，受自己的购买动机支配，还要顾及社会规范，服从某种社会压力，以大多数人的行为作为自己行为的参照系。从众成交法正是利用了人们的这种社会心理，创造一定的众人争相购买的社会气氛，促成顾客迅速做出购买决策。例如：

"王经理，这种冷热饮水器目前在一些大公司的办公室使用。既方便、实用，又能增添办公室的豪华气派和现代感。像与您公司齐名的某某公司办公室里都换上了这种饮水器。"

从心理学角度讲，顾客之间的相互影响和相互说服力，可能要大于推销人员的说服力，这使得从众成交法具有心理上的优势。它的不足之处在于，如果遇到个性较强、喜欢表现自我的顾客，会起到相反的作用。

6．最后机会成交法

所谓最后机会法，又称机会成交法、限制成交法、无选择成交法或唯一成交法，是指推销人员直接向顾客提示最后成交机会而促使顾客立即购买的一种成交方法。机会成交法是推销人员针对顾客害怕错过良好的购买机会的心理动机，向顾客提示成交机会。"机不可失，时不再来"，一去不复返的机会，必然会引起顾客的注意和浓厚兴趣，从而产生一种立刻购买的心理倾向。在最后机会面前，人们往往由犹豫变得果断。所以这种方法的最大优点是促使顾客立即购买的效果比较好。例如：

"今天是我们五周年店庆优惠活动的最后一天，同样的商品如果明天购买，你就要多花费20%，请勿错过机会。"

又如：

"由于钢材价格不断上涨，这种商品的出厂价已上涨10%，我们是在涨价前进的货，所以售价不变，下一批货的价格肯定要上涨了。"

机会成交法能吸引顾客的成交注意力，它利用了人们对各种机会表现出一定的兴趣并给予一定的注意，尤其对一去不复返的机会就会更加注意这一心理特点。正确地使用机会成交法，可以增强成交说服力和成交感染力，从而打动顾客，利于成交。使用这种成交方法应注意的问题是，要讲究推销道德，实事求是，绝不可采用欺骗的手段来换取顾客的购买。

7．优惠成交法

优惠成交法是指推销人员通过向顾客提供优惠条件，从而促使顾客购买的方法。求利心理动机是顾客的一种基本购买动机，是促成交易的动力，优惠成交法正是利用了顾客的求利购买动机，直接向顾客提示成交优惠条件，诱使顾客立即购买推销品。优惠成交的条件，主要是价格的折扣，也有向购买决策人提供回扣和佣金的。在这个问题上，要弄清合法与非法的界限。例如：

某一顾客对一件爱不释手的商品迟迟下不了购买的决心，这时候推销人员可以说："我看你真的很喜欢这件商品，你买下吧，我给你打九折。通常我们不打折或只打九五折。"

优惠成交法能创造良好的成交气氛，可以促成大量交易。但应注意的是，优惠成交提示具有二重性，既可以产生积极的成交心理效应，又可能产生消极的心理效应。如果推销人员滥用优惠成交法，会使顾客对所推销的产品质量产生怀疑，从而拒绝购买。在实际推销工作中，有些推销人员提示虚假的优惠成交条件，诱骗顾客成交；有些推销人员抬高原价，制造减价成交的假象；还有些推销人员利用成交优惠条件，推销劣质货等。这些行为，破坏了推销信誉，甚至违反了法律法规。因此，在推销工作中，推销人员应诚实守信，遵守法律，合理使用优惠成交法。

8. 异议成交法

异议成交法是指推销人员利用处理顾客异议的时机直接向顾客提出成交要求，从而促成交易的一种成交方法。例如：

某顾客说："我喜欢这件衣服，但我希望它是黄色的，而不是红色的。"当面对这种情况时，你可以对购买者说，如果我们能解决这最后的不足，你是否就会订货呢？

如果你得到了肯定答复，你就得去处理这最后的障碍以便实现交易。

一般来说，只要推销人员能够成功地处理有关顾客的异议，就可以有效地促成交易。因为顾客成交的最大障碍是通过异议信号表现出来的，解决了异议，亦即消除了障碍，推销人员此时利用顾客相当满意的心理，直接请求成交，效果应不错。例如：

"您已经知道我们产品的价格并不高，而且产品技术领先于其他企业，您订购一批，包您绝对满意。"

异议成交法的运用，要求推销人员妥善处理有关顾客异议，排除成交障碍，施加异议成交压力，促使顾客自动提出成交。既然拒绝成交的理由或借口已经不复存在，顾客也就只好立即购买推销品了。当然，异议成交法在使用过程中，推销人员一定要密切注意场合和顾客的心理，分析清楚顾客异议的根源，做到有的放矢。否则，可能导致顾客新的异议或抵触，从而不利于成交。

案例5.6　合理的异议成交

王强正在说服小商店老板张先生在收款台附近设立一个陈列架展示太阳镜，但张先生遇到了困难，他说："我现在已经有很多东西摆在那儿了。"王强答道："是这样。您摆了许多棒棒糖、口香糖及薄荷糖，但这些东西能给你带来多少利润呢？""好吧，让我考虑考虑。"王强接着又说："您每售出一个太阳镜都会有10元利润。"

案例分析：王强的话显示了利润的重要性，打破了最后的障碍，让张先生明白了优缺点，从而最终达成了交易。

9．保证成交法

保证成交法是推销人员通过向顾客提供售后保证，从而促成交易的成交方法。保证成交法即是推销人员针对顾客的主要购买动机，向顾客提供一定的成交保证，消除顾客的成交心理障碍，降低顾客的购物风险，从而增强顾客的成交信心，促使尽快成交。保证成交法是一种大点成交法，直接提供成交保证，直至促成交易。例如：

“您不用担心我们生产的太阳能热水器的质量问题，我们提供10年的使用保修期，随时上门为您提供各种技术服务。”

又如：

“请您现在多进一些货，我们保证这种产品很快就会售完。如果存货变质，我们保证调换新货。如果卖不掉，我们全部收回，保证贵公司不受任何损失。”

保证成交法的保证内容一般包括商品质量、价格、交货时间、售后服务等。这种保证直击顾客的成交心理障碍，极大地改善成交气氛，有利于成交。但是，保证成交法也不可滥用，以免失去推销信用，引起顾客的反感，从而不利于成交。

以上介绍的是一些常用的成交方法和技巧。在实际推销工作中，推销人员要抓住有利的成交时机，看准成交信号，针对不同的推销对象，讲究成交策略，灵活运用各种方法，及时、有效地达成交易，以实现推销目标，创造辉煌业绩。

知识园　**成功推销员的经验之谈**

一位推销大师曾说，我不会在成交要求遭到顾客拒绝后就与顾客“拜拜”。我认为，顾客拒绝成交，是出于对自身利益的保护，顾客在没有完全明白从购买行为中得到多少好处之前，他会用最简单的方法——拒绝购买来保护自己。面对顾客的拒绝，我假装没听见，继续向顾客介绍“创意”的新要点，在顾客明白这一要点后，便再一次提出成交要求。在实践中，我总结出一套“三步成交法”，如图5.1所示。第一步，向顾客介绍商品的一个优点；第二步，征求顾客对这一优点的认同；第三步，当顾客同意商品具有这一优点时就向顾客提出成交要求。这时会有两个结果：成交成功或失败。如果成交失败，我还会继续向顾客介绍商品的一个新优点，再次征得顾客的认同和提出成交要求。

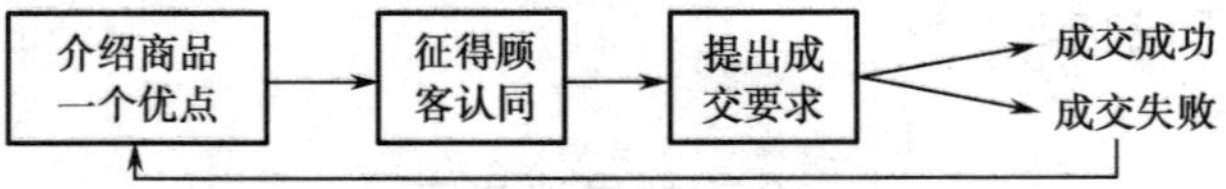

图5.1　三步成交法

有时，甚至在提出四五次成交要求后，顾客才最终签约。经验表明，韧性在推销的成交阶段是很重要的。

在向顾客提出几次成交要求遭到拒绝，眼看成交无望时，我绝不气馁，还要争取最后的机会，即利用与顾客告辞的机会运用一定的技巧吸引顾客，再次创造成交机会。

在此，我给大家总结出六个字——主动、自信、坚持，这是成交的关键。

首先，推销员要主动请求顾客成交。许多推销员失败的原因仅仅是因为他没有开口请求顾客订货。据调查，有71%的推销员未能适时地提出成交要求。美国施乐公司董事长彼得·麦克芬说，推销员失败的主要原因是不要订单。不向顾客提出成交要求，就像瞄准了目标却没有扣动扳机一样。

一些推销员患有成交恐惧症，害怕提出成交要求遭到顾客的拒绝。这种因担心失败而不敢提出成交要求的心理，使推销员一开始就已经失败了。如果一个推销员不能学会接受“不”这个答案，不能学会不因顾客拒绝购买而失去心理平衡，乃至丧失信心，那么该推销员将是无所作为的人。

其次，要充满自信地向顾客提出成交要求。美国十大推销高手之一谢飞洛说：“自信具有传染性。推销员有信心，会使客户自己也觉得有信心。客户有了信心，自然能迅速做出购买的决策。如果推销员没有信心，会使客户产生许多疑虑，客户会犹豫：我现在买合适吗？”

最后，要坚持多次地向顾客提出成交要求，一些推销员在向顾客提出成交要求遭到拒绝后，就认为成交失败，便放弃了努力。这种期望向顾客提出一次成交要求便能达到成交目的的想法是错误的。事实上，一次成交的可能性很低，但一次成交失败并不意味着整个成交工作的失败。推销员可以通过反复的成交努力来促成最后的交易。一位优秀推销员指出，一次成交努力成功率仅为10%左右，他总是期待着两次、三次、四次等多次的成交努力来达成交易。推销员要认识到，顾客“不”字是阻止推销员前进的红灯。

项目实施指导

1．成交准备阶段

（1）学生随机分6组，组内自选组长，组织活动由组长负责。

（2）各组每个成员交出一份成交方案。

（3）确定组内最优方案。

（4）按最优方案，进行推销成交的准备。各小组准备推销所需工具，如打印纸、快译通、电话机、名片、所要推销的商品等。

（5）各小组由小组长抽签，决定出场顺序。

（6）准备录像机，各小组的模拟成交要全程录像。

2．项目实施阶段

以小组为单位采用分角色扮演法，结合具体推销活动运用各种成交方法促成交易，然后对全过程进行记录。

（1）第一小组准备布置推销成交的场景与所需工具。

（2）第一组实施项目。要注意结合实际情况，选择最佳的成交方法。要注意成交时的语言、动作和神态。

（3）第一组结束，其他小组与教师，根据评分表进行评价和打分。第二组布置该组的项目实施场景。

（4）第二组实施洽谈。洽谈结束其他小组与教师，根据评分表进行评价和打分。

（5）依次类推，洽谈演示全部结束。

3. 对录像的全过程进行播放，由学生对每一小组的表演进行评价，找出其不足之处。

项目评价表

评价项目		评价要求	分值	得分
方案	操作程序与步骤	计划周密；工具齐全；模拟准确；报价合理；总结及时	20	
	文字表达	流畅，用词准确	10	
	方法运用	合理，符合场景设计	10	
模拟成交	礼仪	符合推销人员的礼仪要求	10	
	语言	语言流畅	20	
	信号识别	能准确识别顾客的各种成交信号		
	方法	成交方法运用准确，富有成效	20	
	技巧	技巧应用灵活	10	
合计			100	

项目工作小结

序号	小结重点	主要内容	教师批注
1	工作业绩	1. 2. 3. 4.	
2	问题质疑	1. 2. 3. 4.	
3	项目报告	1. 2. 3. 4.	

子项目5.2 买卖合同拟定

项目解析

【项目目的】

掌握拟定买卖合同的基本原则，能够根据买卖合同的内容拟定相应条款，确保合同条款符合法律规定。

【项目要求】

1. 网上查阅关于买卖合同的相关资料，记录资料。
2. 拟定一份买卖合同。

项目实施安排

组别：　　　　　　　　　　　　　　　　组长：　　　　　　　　　　　　　　　　日期：

项目实施人员分工	岗　位	姓　名	具 体 要 求
项目实施时间安排	项 目 阶 段	时间/天	具 体 要 求

项目教学方案设计

项目名称	子项目5.2： 买卖合同拟定	教学方法	资料查阅法与讨论法	建议课时	2
项目目标	能力目标	1．能够准确填写格式化合同 2．能够根据交易的具体情况拟定买卖合同			
	知识目标	1．了解买卖合同的特征 2．掌握买卖合同订立的基本原则 3．理解买卖合同的内容 4．了解合同的履行和变更的内容			
项目准备	教师	1．课件及项目评分考核表 2．摄像机			
	学生	1．分成6组，由组长负责 2．课前每人准备纸笔 3．教室布置，准备打印纸、快译通、电话机、名片、所要推销的商品等			
项目评价	学生与教师一起依照评价表进行考评				
项目过程	教学环节	教师活动	学生活动	教学目标	课时
	一、项目介绍	1．教师进行项目解析，提出项目要求 2．布置项目实施安排	学生做项目分解笔记	学生能清晰地了解项目实施的目的与程序	11
	二、理论知识	1．讲授理论知识 2．解释学生知识疑问	1．接受项目理论知识 2．提出疑问	掌握项目实施的相关知识	
	三、项目实施	指导学生拟定商品买卖合同，并记录小组在买卖合同拟定中的共性问题	1．分组 2．查找合同样本 3．拟定样本 4．展示合同样本	学生制定符合商品特征的买卖合同	3
	四、项目评价	对各小组成交合同进行评价	1．小组互评 2.小组互相交流拟定合同中应注意的问题	能提高学生的评价能力与学习能力	2
项目实施报告	教师	检查学生项目实施报告，给出评价			
	学生	填写项目实施报告			

项目知识

5.2.1 买卖合同的订立

1. 买卖合同及其特征

买卖合同是出卖人转移标的物的所有权于买受人，买受人支付价款的合同。推销员与顾客订立买卖合同后，才算真正意义上的成交，具有法律的效力。一般要求推销员与顾客之间签订书面形式的合同。书面形式的合同是指合同书、信件和数据电文（包括电报、电传、传真、电子数据交换和电子邮件）等，它们可以有形地表现所载内容的形式。

买卖合同具有以下三个特征：

(1) 买卖合同是有偿合同。买卖合同一方（出卖方）向另一方（买受方）转移标的物的所有权，买受方则向出卖方给付价款。两项给付，互为等价，这是买卖合同最基本的特征。

(2) 买卖合同是双务合同。买卖合同双方当事人的权利与义务是彼此对立的，一方的权利，正是他方的义务，反之亦然。在买卖合同中，出卖人依法承担以下主要义务：转移标的物的所有权和交付标的物；交付标的物的单证及相关资料；对标的物的品质瑕疵担保；对标的物的权利担保，保证第三人不对标的物主张权利。买受人依法承担以下主要义务：支付价款；主张标的物的瑕疵时妥善保管标的物；受领标的物；保守出卖人商业秘密。

(3) 买卖合同是诺成性、不要式合同。买卖合同除法律另有规定或双方当事人另有约定的外，买卖合同的成立，不以标的物的交付为要件，也不以书面形式为必要。

2. 买卖合同订立的基本原则

在社会主义市场经济中，为保证买卖合同的顺利订立和履行，使买卖合同当事人的目的得以实现，企业获得较好的经济效益，就需要明确合同订立的原则。合同订立除了必须遵守合同法的基本原则外，还应遵循如下基本原则。

(1) 买卖合同主体必须有法定资格。《合同法》第九条规定：“当事人订立合同，应当具有相应的民事权利能力和民事行为能力。”也就是说，当事人应当具有相应的主体资格。

(2) 当事人的委托代理必须合法。在现实生活中，有些当事人由于各种原因，往往需要委托代理人来订立合同。委托代理是指代理人根据被代理人的授权，在代理人与被代理人之间产生的代理关系。当事人委托代理必须依法进行。委托代理人订立买卖合同，包括委托授权和委托合同两种形式。如果授权委托书授权不明，被代理人应与代理人一起向第三人负连带法律责任。合同的代理，是指代理人在代理权限内，以被代理人的名义订立、变更、解除合同的活动，直接对被代理人产生权利和义务的一种法律行为。代订合同是当事人双方建立合同关系时经常采用的形式。代理行为必须符合法律的要求。

(3) 买卖合同形式必须符合法定形式。合同形式，是指体现合同内容的明确当事人权利义务的方式，它是双方当事人意思表示一致的外在表现。订立合同的形式有书面形式、口头形式和其他形式。其中，书面形式合同有利于督促当事人全面认真履行合同，发生争议也便于分清责任和举证；口头形式的合同无文字为据，一旦发生争议难于举证，不易分清责任，以致当事人的合法权益得不到保护；其他形式，即法律没有禁止的形式。

3. 买卖合同的内容

（1）当事人的名称（或者姓名）和住所。签订合同时，自然人要写上自己的姓名，法人和其他组织要写上单位的名称，还要写上各自的住所。

（2）标的。标的是指合同当事人的权利和义务共同指向的对象。标的是订立合同的目的和前提，也是一切合同都不可缺少的重要内容。

（3）数量。数量是确定合同当事人权利义务大小的尺度。订立合同必须有明确的数量规定，没有数量，合同是无法履行生效的。合同数量规定要准确、具体。

（4）质量。质量是标的物的具体特征，也就是标的内在素质和外观形态的综合，是满足人的需要或生产的属性，如产品的品种、型号、规格和工程项目的标准等。质量条款由双方当事人约定，必须符合国家有关规定和标准化的要求。

（5）价款或报酬。价款或报酬，简称价金，是指作为受买人的一方向交付标的的一方支付的货币，它是有偿合同的主要条款，如买卖商品的货款、财产租赁的租金、借款的利息等。

（6）履行期限、地点和方式。履行期限是合同履行义务的时间界限，是确定合同是否按时履行或迟延履行的标准，是一方当事人要求对方履行义务的时间依据。履行地点是当事人按合同规定履行义务的地方，即在什么地方交付或提取标的。履行方式是指当事人交付标的的方式，即以什么方式或方法来完成合同规定的义务。

（7）违约责任。违约责任是指当事人一方或双方，出现拒绝履行、不适当履行或者不完全履行等违约行为，对过错方追究的责任。违约责任的具体条款，当事人可以依据合同法在合同中进一步约定。

（8）解决争议的方法。我国目前有四种解决合同争议的方法：一是当事人自行协商解决；二是请求有关部门主持调解；三是请求仲裁机关仲裁；四是向人民法院提起诉讼。合同当事人可以在合同上写明采取何种解决争议的方法。

除此之外，合同中还包括包装方式、检验标准和方法等条款。

知识园　**工矿产品买卖合同范本**

买方：________________________（下称甲方）

地址：________________________邮编：__________

电话：________________________传真：__________

电子邮箱：____________________

卖方：________________________（下称乙方）

地址：______________________________邮编：_________
电话：______________________________传真：_________
电子邮箱：_________________________

甲乙双方经充分协商，本着自愿及平等互利的原则，订立本合同。

第一条　名称、品种、规格和质量

1. 名称、品种、规格：__________________（应注明产品的牌号或商标）。

2. 质量，按下列第（　　）项执行：

（1）按照___________________标准执行（须注明按国家标准或部颁或企业具体标准，如标准代号、编号和标准名称等）。

（2）按样本，样本作为合同的附件（应注明样本封存及保管方式）。

（3）按双方商定要求执行，具体为：____________________（应具体约定产品质量要求）。

第二条　数量和计量单位、计量方法

1. 数量：__________________。

2. 计量单位和方法：__________________。

3. 交货数量的正负尾差、合理磅差和在途自然增（减）量规定及计算方法：____________。

第三条　包装方式和包装品的处理

__________________（应尽可能注明所采用的包装标准是否符合国家或主管部门标准，自行约定包装标准应具体可行，包装材料由谁供应，包装费用的负担）。

第四条　交货方式

1. 交货时间：__________________。

2. 交货地点：__________________。

3. 运输方式：__________________（注明由谁负责代办运输）。

4. 保险：__________________（按情况约定由谁负责投保并具体规定投保金额和投保险种）。

5. 与买卖相关的单证的转移：__________________。

第五条　验收

1. 验收时间：__________________。

2. 验收方式：__________________（如采用抽样检验，应注明抽样标准或方法和比例）。

3. 验收如发生争议，由_______检验机构按____________检验标准和方法，对产品进行检验。

第六条　价格与货款支付

1. 单价：______________；总价：____________（明确币种及大写）。

2. 货款支付：

货款的支付时间：__________________；

货款的支付方式：________________；

运杂费和其他费用的支付时间及方式：________________。

3. 预付货款：________________（根据需要决定是否需要预付货款及金额、预付时间）。

第七条　提出异议的时间和方法

1. 甲方在验收中如发现货物的品种、型号、规格、花色和质量不符合规定或约定，应在妥善保管货物的同时，自收到货物后________日内向乙方提出书面异议；在托收承付期间，甲方有权拒付不符合合同规定部分的货款。甲方未及时提出异议或者自收到货物之日起________日内未通知乙方的，视为货物合乎规定。

2. 甲方因使用、保管、保养不善等造成产品质量下降的，不得提出异议。

3. 乙方在接到甲方书面异议后，应在________日内负责处理并通知甲方处理情况，否则，即视为默认甲方提出的异议和处理意见。

第八条　甲方违约责任

1. 甲方中途退货的，应向乙方赔偿退货部分货款________%的违约金。

2. 甲方未按合同约定的时间和要求提供有关技术资料、包装物的，除交货日期得以顺延外，应按顺延交货部分货款金额每日万分之__________计算，向乙方支付违约金；如__________日内仍不能提供的，按中途退货处理。

3. 甲方自提产品未按乙方通知的日期或合同约定日期提货的，应按逾期提货部分货款金额每日万分之__________计算，向乙方支付逾期提货的违约金，并承担乙方实际支付的代为保管、保养的费用。

4. 甲方逾期付款的，应按逾期货款金额每日万分之________计算，向乙方支付逾期付款的违约金。

5. 甲方违反合同规定拒绝接受货物的，应承担因此给乙方造成的损失。

6. 甲方如错填到货的地点、接货人，或对乙方提出错误异议，应承担乙方因此所受到的实际损失。

7. 其他约定：______________________。

第九条　乙方的违约责任

1. 乙方不能交货的，向甲方偿付不能交货部分货款________%的违约金。

2. 乙方所交货物品种、型号、规格、花色、质量不符合合同规定的，如甲方同意利用，应按质论价；甲方不能利用的，应根据具体情况，由乙方负责包换或包修，并承担修理、调换或退货而支付的实际费用。

3. 乙方因货物包装不符合合同规定，须返修或重新包装的，乙方负责返修或重新包装，并承担因此支出的费用。甲方不要求返修或重新包装而要求赔偿损失的，乙方应赔偿甲方该不合格包装物低于合格物的差价部分。因包装不当造成货物损坏或灭失的，由乙方负责赔偿。

4. 乙方逾期交货的，应按照逾期交货金额每日万分之________计算，向甲方支付逾期交货的违约金，并赔偿甲方因此所遭受的损失。如逾期超过________日，甲方有权中止合同并可就遭受的损失向乙方索赔。

5. 乙方提前交的货物、多交的货物，如其品种、型号、规格、花色、质量不符合约定，甲方在代保管期间实际支付的保管、保养等费用以及非因甲方保管不善而发生的损失，均应由乙方承担。

6. 货物错发到货地点或接货人的，乙方除应负责运到合同规定的到货地点或接货人外，还应承担甲方因此多支付的实际合理费用和逾期交货的违约金。

7. 乙方提前交货的，甲方接到货物后，仍可按合同约定的付款时间付款；合同约定自提的，甲方可拒绝提货。乙方逾期交货的，乙方应在发货前与甲方协商，甲方仍需要货物的，乙方应按数补交，并承担逾期交货责任；甲方不再需要货物的，应在接到乙方通知后________日内通知乙方，办理解除合同手续，逾期不答复的，视为同意乙方发货。

8. 其他：________________。

第十条　不可抗力

任何一方由于不可抗力原因不能履行合同时，应在不可抗力事件结束后________日内向对方通报，以减轻可能给对方造成的损失，在取得有关机构的不可抗力证明后，允许延期履行、部分履行或者不履行合同，并根据情况可部分或全部免予承担违约责任。

第十一条　争议解决

凡因本合同引起的或与本合同有关的任何争议，如双方不能通过友好协商解决，均应提交________仲裁委员会，按照申请仲裁时该会实行的仲裁规则进行仲裁。仲裁裁决是终局的，对双方均有约束力。

第十二条　附加条款

1. ________________________________。

2. ________________________________。

第十三条　其他事项

1. 按本合同规定应付的违约金、赔偿金、保管保养费和各种经济损失，应当在明确责任后________日内，按银行规定的结算办法付清，否则按逾期付款处理。

2. 约定的违约金，视为违约的损失赔偿。双方没有约定违约金或预先赔偿额的计算方法的，损失赔偿额应当相当于违约所造成的损失，包括合同履行后可获得的利益，但不得超过违反合同一方订立合同时应当预见到的因违反合同可能造成的损失。

3. 本合同自________年________月________日起生效，合同有效期内，除非经过对方同意，或者另有法定理由，任何一方不得变更或解除合同。

4. 合同如有未尽事宜，须经双方共同协商，做出补充规定，补充规定与本合同具有同等效力。

5. 双方来往函件，按照合同规定的地址或传真号码以____________方式送达对方。如一方地址、电话、传真号码有变更，应在变更后的________日内书面通知对方，否则，应承担相应责任。

6. 本合同正本一式________份，双方各执________份；合同副本一式________份，分送________________等单位。

甲方：________________________　　乙方：________________________

法人代表:（签字）________________法人代表:（签字）________________
委托代理人:（签字）______________委托代理人:（签字）______________
本合同于______年______月______日订立于______（地点）。

5.2.2 买卖合同的履行和变更

1. 买卖合同履行的原则

买卖合同履行的原则包括全面履行原则和诚实信用原则两项。

全面履行原则也称正确履行原则，是指买卖双方应按照买卖合同规定的标的及其质量、数量，由适当的主体在适当的履行期限、履行地点，以适当的履行方式，全面履行合同义务。

诚实信用原则，是指买卖双方履行合同时应根据合同的性质、目的和交易习惯，认真履行通知、协助、保密等义务，其主要体现为协作履行的原则和经济合理的原则。同时，当事人在履行买卖合同时，应顾及对方的经济利益，以最小的履约成本，取得最佳的合同利益。

2. 双方共同履行的义务

买卖合同订立以后，购销双方当事人应当按约定全面履行各自的义务。买卖双方当事人应当遵循以上规定的两条原则，根据合同的性质、目的和交易习惯履行以下基本义务：

（1）通知。买卖合同当事人任何一方在履行合同过程中应当及时通知对方履行情况的变化。遵循诚实信用原则，不欺诈、不隐瞒。

（2）协助。买卖合同是双方共同订立的，应当相互协助，具体体现在：当事人除了自己履行合同义务外，还要为对方当事人履行合同创造必要的条件；一方在履行过程中遇到困难时，另一方面应在法律规定的范围内给予帮助；当事人一方发现问题时，双方应及时协商解决等。

（3）保密。当事人在合同履行过程中获知对方的商务、技术、经营等秘密信息应当主动予以保密，不得擅自泄露或自己非法使用。

3. 出卖人履行的职责

（1）出卖人必须按合同规定的质量标准、期限、地点等交付标的物。

（2）向受买人交付标的物或者提取标的物的单证。买受人交付标的物，可以实际交付，也可以以提单、仓单、所有权证书等提取标的物的单证作为交付。

（3）出卖人应当按约定向买受人交付提取标的物单证以外的有关单证和资料，如专利产品附带的有关专利证明书的资料、原产地说明书等。

4. 买受人履行的职责

（1）买受人收到标的物时应当在约定的检验期间检验。没有约定检验期间的，应当及时检验。买受人应当在约定的检验期间内将标的物的数量或质量不符合约定的情形通知出卖人，买受人没有通知的，视为标的物的数量和质量符合规定。当事人没有约定检验期间的，买受人应当在发现或者应当发现标的物的数量或者质量不符合约定的合理期间内通知出卖人。买受人在合理期间内未通知或自标的物收到之日起一定时限内未通知出卖人的，视为标的物的数量和质量符合约定，但标的物有质量保证期的，适用质量保证期。

（2）买受人应当按照约定的时间、地点足额地支付价款。

5．买卖合同的变更

所谓合同的变更，是指合同成立后在履行前或履行过程中，因所签合同依据的主客观情况发生变化，而由双方当事人依据法律法规和合同规定对原合同内容进行的修改和补充。因而，合同的变更仅指合同内容的变更，不包括合同主体的变更。

合同依法成立后，对买卖双方当事人均有法律约束力，任何一方不得擅自变更，但双方当事人在协商一致或因合同无效、重大误解、显失公平等情况下可以对合同的内容进行变更。当事人变更合同应当与订立合同一样，内容明确，不能模糊不清。如果当事人对合同变更的内容约定不明确，当事人无法执行，则可以重新协商确定，否则法律规定对于内容不明确的合同变更推定为未变更，当事人仍按原合同内容履行。

合同变更仍需要到原批准或登记机构办理手续，否则变更无效。

5.2.3 成交后的跟踪

成交签约，是否已经意味着交易的成功、推销的结束？回答是否定的。从现代推销学的角度看，推销过程的成交阶段，还应包括一个内容，即成交后跟踪。

1．成交后跟踪的含义

成交后跟踪是指推销人员在成交签约后继续与顾客交往，并完成与成交相关的一系列工作，以更好地实现推销目标的行为过程。

推销的目标是在满足顾客需求的基础上实现自身的利益。顾客利益与推销人员利益是相辅相成的两个方面，在成交签约后并没有得到真正的实现。顾客需要有完善的售后服务，推销人员需要回收货款以及发展与顾客的关系。于是成交后跟踪就成为一项重要的工作。

2．成交后跟踪的意义

成交后跟踪是现代推销理论的一个新概念。其中一些具体的工作内容，在传统的推销工作中已有体现。但把它概括为成交阶段的一个重要环节，则体现了它对于现代推销活动的重要性。成交后跟踪的意义主要有下列几个方面。

（1）体现了现代推销观念。成交后跟踪使顾客在购买商品后还能继续得到推销人员在使用、保养、维修等方面的服务，使顾客需求得到真正意义上的实现，使顾客在交易中获得真实的利益。所以说，成交后跟踪体现了现代推销理念。

（2）提高了企业的竞争力。随着科学技术的进步，同类产品在其品质和性能上的差异越来越小。企业间竞争的重点开始转移到为消费者提供各种形式的售后服务。售后服务是否完善，已成为消费者选择商品时要考虑的一个重要方面。

（3）实现了企业的经营目标。获取利润，是企业经营的最终目标，但它只有在收回货款后才能得以实现。在现代推销活动中，回收货款往往是在成交后跟踪阶段完成的。

（4）获取重要的市场信息。通过成交后的跟踪，推销人员可以获取顾客对产品数量、质量、花色品种、价格等方面要求的信息。因此，成交后的跟踪过程，实际上就是获取顾客信息反馈的过程，便于企业开发新的产品。

成交后跟踪已成为现代推销活动不可分割的一个环节。它既是对上一次推销活动的完善，又是对下一次推销活动的引导、启发和争取。所以，成交后跟踪的意义已经被越来越多的人所认识和重视。

案例5.7　**回访的回报**

小张是一位推销办公用品的推销员，刚开始推销时，非常吃力地达成了一笔交易。但在后来的日子里，小张总是在工作之余去回访这家公司。该公司办公室的人员已经和小张非常熟悉了，认为她为人热情，办事可靠，和她成为很好的朋友，对她公司的产品也很满意，于是就把和自己有业务关系的其他企业介绍给小张。很快，那些公司也购买小张的产品，小张通过和这些新的客户真诚地交往，又有了更多的朋友。不久，小张在这个城市就有了一大批客户。不仅推销业绩节节上升，而且本人也受到了领导的重视和提拔。

案例分析：成交后的跟踪既可以使顾客与推销员之间保持良好的关系，形成稳定的客户源，又能不断扩大销售额。

3. 成交后跟踪的内容

成交后跟踪所包含的内容是非常丰富的，这里主要介绍回收货款，售后服务，与顾客建立和保持良好的关系三个方面。

（1）回收货款。售出货物与回收货款，是商品交易的两个方面，缺一不可。实际上，销售的本质就是将商品转化为货币，在这种转化中补偿销售成本，实现经营利润。收不回货款的推销是失败的推销，会使经营者蒙受损失。所以，在售出货物后及时收回货款，就成为推销人员的一项重要工作任务。

在现代推销活动中，赊销、预付作为一种商业信用，它的存在是正常现象，关键在于如何才能及时、全额地收回货款。应该从下列几个方面加以注意。

① 在商品销售前进行顾客的资信调查。顾客的资信主要包括顾客的支付能力和信用两个方面。在推销前，从多方面了解顾客的资信状况，是推销人员选择顾客的重要内容，同时也是能够及时全额地回收货款的安全保障。所以，作为推销人员，必须精通资信调查技术，掌握客户的信用情况，以保证能确实收回货款。

② 在收款过程中保持合适的收款态度。如果因为采取不恰当的态度而影响收回货款，那是得不偿失的。因此，推销人员应针对不同的客户、不同的情况，采取相应的收款态度。一般情况下，收款态度过于软弱，就无法收回货款；收款态度过于强硬，容易引起冲突，不利于企业形象，而且会影响双方今后的合作。所以，推销人员在收款时，要态度认真，

并能晓之以理，动之以情。这样，既有利于货款的回收，又有利于维持双方已经建立起来的良好关系。

案例5.8　合情合理收债款

某电器商场为了维护自己的独家经销权以及自己商场的资金周转也出现了一点困难，故意拖欠了一电视机厂的货款 24 万余元。电视机厂销售人员多次与其负责人联系，并上门商讨，对方均避而不见。销售员经过其朋友介绍才了解到负责人住处，遂上门协商。

对方开始态度强硬，要求销售员回去搞清事实后再来收款。销售员当即拿出整理好的对方出货记录及已付款和尚欠的款，并讲清法律后果，而后又合情合理地分析了产生纠纷的原因，并表示愿意承担对方所付出劳务的合理部分。对方在销售员有力的事实和证据面前只能认账。电视机厂考虑到对方资金周转的实际困难，于是与其签订了分期付款的协议。

案例分析：在上述案例中，推销人员在回收货款之前，做了充分的准备工作，了解了企业的实际情况，采取了合理的方式，保证了货款的回收。

③ 正确掌握和运用收款技术。推销人员应掌握一定的收款技术，这样才能有利于货款的回收。例如：

- 成交签约时要有明确的付款日期，不要给对方留有余地。
- 按约定的时间上门收款，推销人员自己拖延上门收款的时间，会给对方再次拖欠以借口。
- 注意收款的时机，了解顾客的资金状况，在顾客账面上有款时上门收款。
- 争取顾客的理解和同情，让顾客知道马上收回这笔货款对推销人员的重要性。
- 收款时要携带事先开好的发票，以免错失收款机会，因为客户通常都凭发票付款。
- 如果确实无法按约收款，则必须将下次收款的日期和金额，在客户面前清楚地做出书面记录，让顾客明确认识到这件事情的严肃性和重要性。

上面介绍的只是一些常用的收款技术。在实际工作中，还需要推销人员针对不同的顾客，灵活机动，临场发挥。无论采用何种技术，目的是明确的，即及时、全额地收回货款。

（2）售后服务。售后服务是企业和推销人员在商品到达消费者手里后继续提供的各项服务工作。售后服务的目的是为顾客提供方便，提高企业的信誉，促进企业的推销工作。随着人们收入水平的提高，顾客不仅要求买到中意的商品，而且要求买到商品后能够方便地使用。顾客需要服务，企业服务的好与坏，不仅影响到现实的推销，而且将会影响到今后的市场和顾客。

对于推销人员而言，热诚的售后服务，不仅可以巩固已争取到的顾客，促使他们继续、重复地进行购买，还可以通过这些顾客的宣传，争取到更多的新顾客，开拓新市场。所以说，每个推销员必须认真研究售后服务的技巧。

售后服务包含的内容非常丰富。随着竞争的加剧，新的售后服务形式更是层出不穷，提供给顾客更多的利益和需求的满足。从目前来看，售后服务主要包括下列内容。

① 送货服务。对购买大件商品，或一次性购买数量较多，自行携带不便以及有特殊困难的顾客，企业均有必要提供送货上门服务。原来这种服务主要是提供给生产者用户和

中间商的，如今已被广泛地应用在对零售客户的服务中。例如，在激烈的市场竞争中，一些家具经销商，十分重视及时送货上门。这种服务大大地方便了顾客，刺激了顾客的购买。

② 安装服务。有些商品在使用前需要在使用地点进行安装。由企业的专门安装人员上门提供免费安装，既可当场测试，又可保证商品质量。同时，上门安装还是售后服务的一种主要形式。例如：

著名的海尔公司销售空调器后，会为顾客提供免费安装，安装人员为了不给顾客带来麻烦，他们自带鞋套，自带饮水，并在空调器安装完毕后帮助顾客将室内收拾整齐，同时给顾客仔细讲解使用、保养方法，耐心解答顾客的疑问，深受顾客欢迎。

③ 包装服务。商品包装是在商品售出后，根据顾客的要求，提供普通包装、礼品包装、组合包装、整件包装等的服务。这种服务既为顾客提供了方便，又是一种重要的广告宣传方法。如在包装物上印上企业名称、地址及产品介绍，能起到很好的信息传播作用。

④“三包”服务。“三包”服务是指对售出商品的包修、包换、包退的服务。企业应根据不同商品的特点和不同的条件，制定具体的“三包”方法，真正为顾客提供方便。

- 包修指对顾客购买本企业的商品，在保修期内提供免费维修，有些大件商品还提供上门维修服务，用户只需一个电话，维修人员就马上上门提供维修服务。有无保修，对顾客来讲是非常重要的，顾客在购买有保修制度的商品时，能减少许多顾虑，放心购买。
- 包换是指顾客购买了不合适的商品可以调换。
- 包退是指顾客对所购买的商品不满意时，可提供退货的服务。销售与退货是对立的，从表面上看，退货是对已实现的销售的一种否定，对企业而言，是不利的。但从长远来看，这样做可以得到顾客的信任，有利于企业今后的产品推销。

实质上，包换也好，包退也好，目的只有一个，那就是降低消费者的购物风险，使其顺利做出购买决策，实现真正意义上的互惠互利交易。当顾客认识到企业为顾客服务的诚意时，包退、包换反过来会大大刺激销售。不仅提高了企业信誉，还赢得了更多的顾客。

⑤ 帮助顾客解决他所遇到的问题。推销员必须向对待自己的问题那样对待顾客的问题。因为从长远看，只有顾客获得成功，你才能再次与顾客进行交易，来扩大自己的成交额。同时，推销员处理顾客所遇到的问题的速度，也体现了你对顾客的重视程度。

知识园　　有效的七种跟踪服务

（1）核查订货：在发货之前对组织货源、该在何时发货等事项对客户予以核查；
（2）主动询问：销售员要如同共振波一样，在顾客出现时总是能及时发挥作用；
（3）提供必要的辅助：如安装、指导使用等；
（4）反复保证：使顾客深信自己的决定是正确的；
（5）允许顾客提出反对意见：有利于挑明分歧，及时解决；
（6）更新记录：及时更新顾客的档案内容；
（7）制造依赖感：体现你的可依赖性，这是赢得回头生意的必备素质。

（3）与顾客建立和保持良好的关系。推销人员将商品推销出去后，还要继续保持与顾客的联系，以利于做好成交善后工作，提高企业的信誉，结识更多的新顾客。推销成交后，能否保持与顾客的联系，是关系推销活动能否持续发展的关键。与顾客联系的方法主要有以下几种。

① 通过信函、电话、走访、面谈、电子邮件等形式。通过这些方式既可以加深感情，又可以询问顾客对企业产品的使用情况，用后的感受，是否满意，是否符合自己预期的要求，有什么意见和建议，并及时将收集到的信息反馈给企业的设计和生产部门，以便改进产品和服务。

知识园 书信联系的五大时机

（1）在节日前向顾客寄一张贺片，写上祝福辞；

（2）在顾客生日或结婚等纪念日时寄上贺片，表达你诚挚的祝福；

（3）在与顾客的合作周年或数年纪念日寄上贺卡，表达你的谢意和希望进一步加强合作的愿望；

（4）在顾客收到货物时，写一封感谢信，感谢客户的良好合作；

（5）在估计顾客已经充分体会到本产品的利益时，写信征求顾客的意见，等等。

② 通过售后服务、上门维修的方式。

③ 在本企业的一些重大喜庆日子或企业举行各种优惠活动时，邀请顾客参加、寄送资料或优惠券等。例如，新产品开发成功、新厂房落成典礼、新的生产流水线投产、产品获奖、企业成立周年庆典时，举办价格优惠或赠送纪念品活动等，都是很好的活动。

知识园 维系顾客关系的技巧

也许你远在数百千米以外，但当你想起某件事或看到某件东西对帮助顾客解决某一问题可能有用时，应该立即打电话告诉他们。

向顾客邮寄可能感兴趣的剪报，即使这些资料与正在推销的商品没有任何关系，剪报内容可来自于有关商业的月报、杂志、报纸或业务通信等。

当顾客被吸纳为正式职员或晋升、获奖时，推销员应该亲手写一封信或发一份 E-mail，向他们表示祝贺。

当客户家庭有结婚、生子等喜事时，表示祝贺。

邮寄节日卡，如新年卡、春节卡、中秋节卡或感恩节卡等，这必将给顾客留下深刻印象。

发送生日卡，为此你必须敏捷地捕捉准顾客的出生日。

准备和邮寄销售情况通信给顾客，让他们了解有关信息。

上述这些实用的方法有利于推销员与顾客相互记住对方，更重要的一点是无论做什么事都要富有人情味。发送一张贺卡、一份剪报或一篇文章的复印件并不需要周密思考，也不需要花很多的时间和精力，关键是给顾客留下深刻印象，其秘密就是亲自动笔写的几句话。

项目实施指导

1．学生随机分 6 组，组内自选组长，组织活动由组长负责。

2．该项目以小组为单位，每个小组拟定一种商品的购买合同。

3．小组成员通过上网、图书馆等方式查询合同的样本。

4．将合同样本复印，进行小组组内讨论，提炼出购买合同的关键条款。

5．小组成员集思广益，补充买卖合同的关键条款的细节部分。

6．各小组拟定合同条款。

7．合同展示：

（1）由小组组长抽签决定合同的展示顺序。

（2）第一组合同通过大屏幕向其他组展示，并由一名同学讲解合同的重点部分。

（3）第一组结束，其他小组与教师根据评分表进行评价和打分。第二组展示合同。

（4）依此类推，合同展示全部结束。

项目评价表

评价项目	评价要求	分值	得分
资料查询	至少在五个网站查阅相关资料（记录网址）	10	
	整理的资料完备，具有知识性	30	
拟定合同	合同的订立符合基本原则及相关法律	10	
	买卖合同的内容、项目齐全	30	
	合同拟定格式规范	20	
合计		100	

项目工作小结

序号	小结重点	主要内容	教师批注
1	工作业绩	1. 2. 3. 4.	
2	问题质疑	1. 2. 3. 4.	
3	项目报告	1. 2. 3. 4.	

项目知识小结

成交是整个推销进程中最重要的步骤之一，直接关系到推销成果的好坏。成交是指顾客接受推销人员的建议及推销演示，并且立即购买推销品的行动过程。它是推销洽谈后顺其自然的结果，这就要求推销员必须善于识别准顾客有意和无意所发出的购买信号，并据此提出试探性成交的请求。

要获得推销的成功，除了掌握成交的基本策略和技巧外，还应熟悉一些常用的成交方法，如：请求成交法、假定成交法、选择成交法、小点成交法、从众成交法、最后机会成交法、优惠成交法、异议成交法、保证成交法等。

成交不是准顾客的口头承诺，而是推销努力成果的书面化——订立买卖合同。买卖合同一般包括以下条款：当事人的名称（或者姓名）和住所，标的，数量，质量，价款或报酬，履行期限、地点和方式，违约责任，解决争议的方法，包装方式，检验标准和方法等。推销员在商品推销活动中，与顾客订立买卖合同后，才算真正意义上的成交，具有法律效力，对买卖双方都有具有约束性，双方都有义务认真履行合同的条款。在合同履行过程中，因签订合同所依据的主客观情况发生变化，双方当事人可依据法律法规对原合同内容进行修改和补充，这就是合同的变更。

达成交易并不意味着推销过程的终结，推销员还应进行成交后的跟踪，为顾客提供完善的售后服务，与顾客保持良好的关系。

思考与练习

1. 填空题

（1）顾客表现出来的成交信号主要有________、________、________、________等。

（2）成交后跟踪的主要内容包括________、________、________等。

2. 判断题（正确的打“√”，错误的打“×”并改正）

（1）成交信号是指顾客在接受推销过程中有意无意地通过表情、体态、语言及行为等流露出来的各种成交意向。（　　）

（2）成交的障碍一般来自于两个方面：一是顾客异议，二是推销人员的心理障碍。（　　）

（3）推销人员在推销过程中应能及时地发现、理解、利用顾客所表现出来的成交信号，提出成交要求，促成交易。（　　）

（4）成交签约，意味着推销的结束。（　　）

3. 单项选择题

（1）顾客对商品给予一定的肯定或称赞，属于（　　）。

A. 表情信号　　B. 语言信号
C. 行为信号　　D. 事态信号

（2）“这种商品有两种包装，你是要精装的还是要简装的？”推销员使用的这种成交方法是（　　）。

A. 请求成交法　　B. 选择成交法
C. 假定成交法　　D. 小点成交法

（3）推销员对比较各种口红颜色的客户说：“你手上的这支很适合您的肤色和年龄。来我帮您包起来。”推销员使用的成交方法是（　　）。

A. 小点成交法　　B. 请求成交法
C. 假定成交法　　D. 保证成交法

（4）在推销过程中，推销人员说：“老王，最近我们新开发的产品，很好销的，您再进些货。”推销人员运用的这种成交方法是（　　）。

A. 请求成交法　　B. 假定成交法
C. 选择成交法　　D. 小点成交法

4. 多项选择题

（1）顾客表现出来的成交信号一般有（　　）。

A. 语言信号　　B. 行为信号
C. 表情信号　　D. 事态信号

（2）运用假定成交法的优点有（　　）。

A. 节省推销时间　　B. 效率高
C. 利于顾客自由选择　　D. 不易使顾客产生反感情绪

5. 简答题

（1）成交的含义是什么？

（2）推销活动中要注意哪些成交策略？

（3）成交的主要方法有哪些？

（4）买卖合同的内容包括哪些？

（5）买卖合同订立后，买卖双方应分别履行哪些职责？

（6）指出下面的例子使用的是什么成交方法。

① 推销员推销某种化妆品，在成交时发现顾客露出犹豫不决、难以决断的神情，就对顾客说：“小姐，这种牌子的化妆品是某某明星常用的，她的评价不错，使用效果很好，价钱也合理，我建议您试试看。”

② 一位推销员对顾客说：“对于买我们的产品您可以放心，我们的产品，在售后三年内免费保养和维修，您只要拨打这个电话，我们就会上门维修的。如果没有其他问题，就请您在这里签字吧。”

③ “这种裤子每条卖60元，如果您买3条的话，我再送您1条。”

④ “王处长，这种东西质量很好，也很适合您，您想买哪种样式的？”

⑤ “刘厂长，既然你对这批货很满意，那我们马上准备送货。”

⑥ 一个推销员，到顾客的单位推销化工产品，他认为所推销的产品，价格合理，质量很好，断定顾客非买不可。所以，在见到顾客寒暄了几句之后，就把话题转到化工产品上来，立即就问：“老王，我是先给你送50吨来，还是100吨全部都送来？”

（7）请分析下列对话中哪些地方是成交信号？是哪一种类型的成交信号？

推销员：“这个怎么样，如果你改用自动门，我想一定会比较方便……”

顾客：“嗯！是这样的，我想再听你说一遍，以前你跟我说的……”

推销员：“好吧！第一，顾客买东西进出方便。第二，减轻顾客心理障碍……”

顾客：“哦！我知道了。不过像我这样的小店，也需要装个自动门吗？”

推销员：“您真会开玩笑，这店地点这么好，产品质优价廉，这么一会儿不是有许多顾客买东西吗？”

顾客：“可是卖自动门的，也不是你们一家，别处也有卖的啊!”

推销员：“是的，不过我们公司可是全国六大生产厂家之一！”

顾客：“嗯！竞争很激烈，你们的信誉如何？”

推销员：“一般顾客对我们的评价很高！”

顾客：“谁都夸自己的东西好，可是有长处，也总有缺点吧！你们的产品到底比别家公司的产品好在哪里？”

推销员：“第一……，第二……”

顾客：“好啦，我已经明白了，我这个门上的玻璃，能装在自动门上吗？如果不行就给你们算了，你们的价钱还能便宜点吗？”

案例阅读

案例1 抓住顾客心理的推销

推销员老黄带着小张前去拜访省委的一位处长，推销中英文记事本电脑。小张开始向处长详细地介绍商品，并拿出样品向处长做了一番演示，处长接过记事本电脑摆弄一番，说：“这东西很不错。这样，我现在还有一点事情，过几天我给你打电话。”

十分明显，这是顾客在委婉地拒绝。小张只好抱着万分之一的希望对处长说：“那我等您的电话吧。”

老黄在旁边仔细地观察着这一幕，这时他站起来，走到处长的办公桌前，向处长问道：“郑处长，使用记事本电脑很方便，带在身上也很气派，您说对吗？”

郑处长点点头说：“是很方便，也很气派。但是我今天有一点事情，改天再谈吧。”

老黄接着说：“省计委的几位处长都买了这种记事本电脑，他们都感到使用起来很方便。”

郑处长马上问道：“是吗？”

老黄接着说：“是的。而且这种产品目前是在试销期，价格是优惠的。试销期以后，价格就会上涨10%，这么好的产品，您为什么不马上就买呢？”

郑处长默默地看着老黄，终于点点头说：“好吧，我买一台。”

告别顾客回到公司，在当天的公司推销研讨会上，老黄对小张说：“推销工作是一个以业绩定输赢、以成败论英雄的工作，交易不成万事空。不论你推销中的其他工作做得多好，如果不能与顾客达成交易，也毫无意义。也就是说，没有成交就是失败。推销员应该熟练地运用推销技巧，促使顾客下定购买的决心。”

案例讨论：

1. 小张的行为说明了什么？

2. 老黄在推销活动中使用了什么推销技巧？

案例2　Furmanite服务公司

克里斯·亨利是一个工业用阀门、密封圈及密封剂的推销员，他正在访问壳牌石油公司的格雷·马斯洛，希望他能使用Furmanite牌子的密封制品来防渗漏。克里斯与格雷讨论了产品的特色、优点、利益，也说明了公司的营销计划和业务员开展计划，他感觉到快大功告成了。以下是他们二人的推销对话。

克里斯：“让我来总结我们曾经谈到的。您说过您喜欢由于快速修理所节省下来的钱，您也喜欢我们快速的反应能节省时间，最后一点我们的服务实行3年保修。是这样的吧？”

格雷：“是的，大概是这样吧。”

克里斯：“格雷，我提议带几个人来这里修理这些渗漏的阀门，您看是让我的人星期一来呢，还是别的什么时候？”

格雷：“不用这么快吧！你们的密封产品到底可不可靠？”

克里斯：“格雷，非常可靠。去年，我们为美孚做了同样的服务，迄今为止我们都未做任何返回修理，您听起来觉得可靠吗？”

格雷：“我想还行吧。”

克里斯：“我知道您做决策时经验丰富、富有专业性，而且您也认同这是一个对你们厂正确的、有益的服务，让我安排一些人来，您看是下星期还是两周内？”

格雷：“克里斯，我还是拿不定主意。”

克里斯：“一定有什么原因让您至今犹豫不决，您不介意我问吧？”

格雷：“我不能肯定这是一个正确的决策。”

克里斯：“就是这件事让您烦恼吗？”

格雷：“是的。”

克里斯：“只有您自己对自身的决策充满自信，您才可能接受我们的服务，对吧？”

格雷：“可能是吧。”

克里斯：“格雷，让我告诉您我们已经达成共识的地方。由于能够节省成本，您喜欢我们的在线修理服务；由于能得到及时的渗漏维修，您喜欢我们快捷的服务回应；而且您也喜欢我们训练有素的服务人员及对服务所做的担保。是这些吧？”

格雷：“没错。”

克里斯：“那什么时候着手这项工作呢？”

格雷："克里斯，计划看起来很不错，但我这个月没有钱，或许下个月我们能做这项工作。"

克里斯："一点也没问题，格雷。我尊重您在时间上的选择，下个月 5 号我再来您这里，确定维修工人动身的时间。"

案例讨论：

1. 请问上述案例中该推销员使用了哪些成交方法？
2. 分析每一种成交方法的优缺点。

项目6

推 销 管 理

项目实施背景

本项目是从管理者角度设计的，为适应优秀的推销人员发展需求，推销人员都会拟定招聘计划、设计推销人员培训的内容和推销人员的绩效考核。本项目划分成三个子项目：招聘计划拟定、培训内容设计和工作业绩考核。项目分解设计如下：

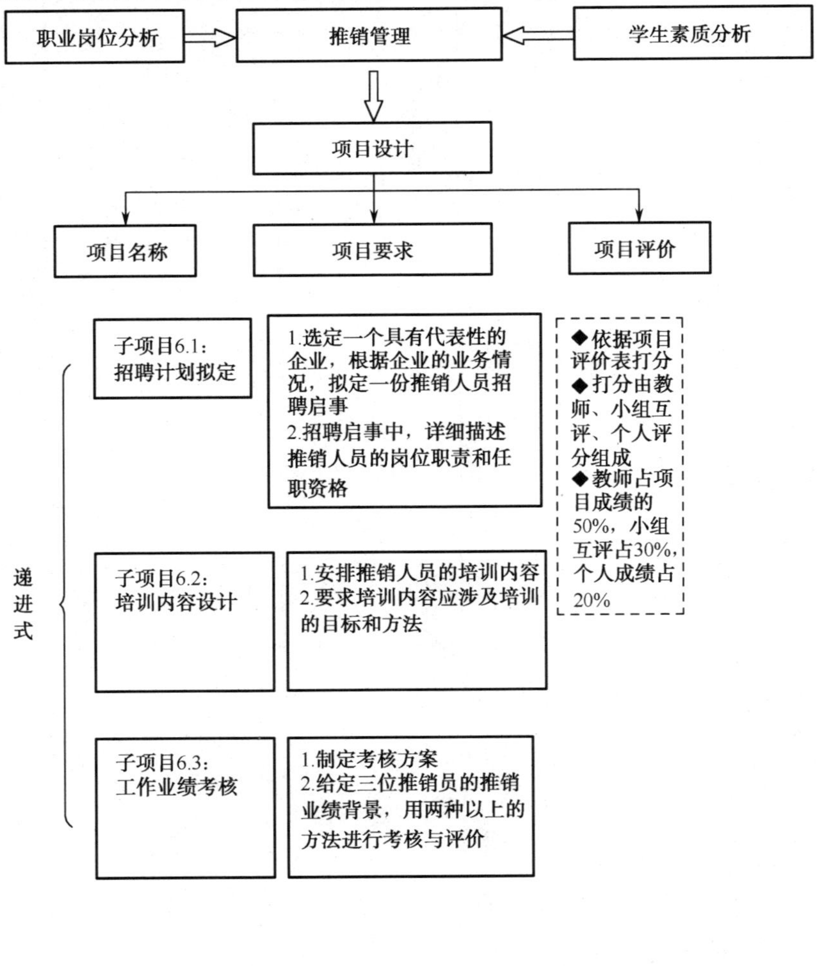

子项目6.1 招聘计划拟定

项目解析

【项目目的】

熟悉推销人员招聘的渠道，掌握推销人员的选拔过程。能够根据企业的业务情况，在适当的时机招募推销人员，能制定推销人员的岗位职责。

【项目要求】

1. 选定一个具有代表性的企业，根据企业的业务情况，拟定一份推销人员招聘启事。
2. 招聘启事中，详细描述推销人员的岗位职责和任职资格。

项目实施安排

组别：　　　　　　　　　　　　　　　　组长：　　　　　　　　　　　　　　　　日期：

项目实施人员分工	岗　　位	姓　　名	具 体 要 求
项目实施时间安排	项 目 阶 段	时间/天	具 体 要 求

项目教学方案设计

<table>
<tr><td>项目名称</td><td>子项目6.1：
招聘计划拟定</td><td>教学方法</td><td>案例分析法与讨论法</td><td>建议课时</td><td>2</td></tr>
<tr><td rowspan="2">项目目标</td><td>能力目标</td><td colspan="4">1. 能够根据企业的业务情况，在适当的时机招募推销人员
2. 能制定推销人员的岗位职责</td></tr>
<tr><td>知识目标</td><td colspan="4">1. 了解推销人员选拔的基本原则
2. 掌握推销人员的素质要求
3. 熟悉推销人员招聘的渠道
4. 掌握推销人员的选拔过程</td></tr>
<tr><td rowspan="2">项目准备</td><td>教师</td><td colspan="4">准备课件</td></tr>
<tr><td>学生</td><td colspan="4">1. 分组，选出组长
2. 准备纸笔</td></tr>
<tr><td>项目评价</td><td colspan="5">学生与教师一起依照项目评价表进行考评</td></tr>
<tr><td rowspan="5">项目过程</td><td>教学环节</td><td>教师活动</td><td>学生活动</td><td>教学目标</td><td>课时</td></tr>
<tr><td>一、项目介绍</td><td>1. 教师进行项目解析，提出项目要求
2. 布置项目实施安排</td><td>学生做项目分解笔记</td><td>学生能清晰地了解项目实施的目的与程序</td><td rowspan="2">1</td></tr>
<tr><td>二、理论知识</td><td>1. 讲授理论知识
2. 解释学生知识疑问</td><td>1. 接受项目理论知识
2. 提出疑问</td><td>掌握项目实施的相关知识</td></tr>
<tr><td>三、项目实施</td><td>教师抽查一组或几组的项目实施情况</td><td>1. 小组讨论招聘计划的内容
2. 撰写招聘启事</td><td>学生能根据企业需求制订招聘计划</td><td>2</td></tr>
<tr><td>四、项目评价</td><td>1. 检查各组的招聘计划
2. 对项目进行评价</td><td>1. 小组成员评价
2. 其他小组评价
3. 交流心得</td><td>学生能对企业的招聘计划有一个清晰地认识</td><td>1</td></tr>
<tr><td rowspan="2">项目实施报告</td><td>教师</td><td colspan="4">检查学生项目实施报告，给出评价</td></tr>
<tr><td>学生</td><td colspan="4">填写项目实施报告</td></tr>
</table>

项目知识

推销人员在外要直接面对激烈的市场竞争，对内肩负着销售企业产品、实现企业产品价值的重任，在其负责的推销区域内，他是公司的首席代表，也是与顾客联系的友好使者。公司在放手让推销人员外出开拓市场，为他们的工作提供种种便利条件的同时，也必须加强和规范对推销人员的选拔与管理。

6.1.1 招聘计划的内容与编写步骤

企业应该根据业务情况，在适当的时机招聘所需要的推销人员。在组织实施招聘工作之前，首先应根据推销人员的岗位职责和任职资格拟定相应的推销人员招聘计划。

1．招聘计划的主要内容

推销人员招聘计划主要包括以下内容。

（1）招聘的职务名称、人数、任职资格要求等内容；
（2）招聘信息发布的时间和渠道；
（3）招聘小组人选，包括小组人员姓名、职务、各自的职责；
（4）应聘者的考核方案，包括考核的场所、大体时间、题目设计者姓名等；
（5）招聘的截止日期；
（6）新员工的上岗时间；
（7）招聘费用预算，包括资料费、广告费、人才交流会费用等；
（8）招聘工作时间表，尽可能详细，以便于他人配合；
（9）招聘广告样稿。

2．招聘计划编写步骤

（1）获取人员需求信息。人员需求一般发生在以下几种情况：
① 人力资源计划中明确规定的人员需求信息；
② 企业在职人员离职产生的空缺；
③ 部门经理递交的招聘申请，并经相关领导批准。
（2）选择招聘信息的发布时间和发布渠道。
（3）初步确定招聘小组。
（4）初步确定选择考核方案。
（5）明确招聘预算。
（6）编写招聘工作时间表。
（7）草拟招聘广告样稿。

知识园

某钢铁有限责任公司招聘启事

某钢铁有限责任公司位于某市复兴工业区，属私营有限责任公司，主营各种钢材。因公司发展需要，现招聘普通工作人员数名、管理人员数名、销售人员数名。现将有关事项公示如下。

一、聘用条件

1. 爱岗敬业，有较强的服务意识和奉献精神；遵纪守法，吃苦耐劳，具有全局观念和团结合作精神。

2. 有相关工作经验者优先。

3. 年龄18周岁以上。

4. 无违法违纪记录。

5. 身体健康。

二、聘任要求

应聘者应提供个人简历及身份证、学历证书、医院体检证明、住所证明等有关材料的原件和复印件以及个人证件照片3张，应聘人员在××处报名，公司招聘人员对应聘者进行资格审查。报名截止日期为201×年×月×日。

联系人：×老师

联系电话：×××××××××

三、聘任期间的待遇

1. 合同工

（1）合同工月薪（基本工资）为人民币×元。

（2）根据工作表现和绩效在年终给予适当奖励。

（3）受聘期间的社会保险（养老、工伤和失业保险等）按公司劳动制度执行。

……

四、聘任程序和时间安排

1. 个人申请：应聘者填写《个人申请表》，并提交相关材料的原件、复印件。

2. 面试考核：201×年×月×—×日对审核合格的应聘人员进行面试。并对初选人员的政治素质和表现进行全面考察。根据面试的结果拟定初选人员名单。

3. 确定拟聘方案：201×年×月×—×日综合上述程序的结果，经人力资源部会议讨论后，确定拟聘方案报送公司审批。

4. 聘任：公司与受聘人员签订聘任协议，新聘任人员实行试用制，试用期限为×个月。

5. 本文由公司人力资源部负责解释，本文内容与公司相关规定如有不符，以公司规定为准。

某钢铁有限责任公司

201×年×月×日

6.1.2 招聘方对推销人员的素质要求

1. 品质

"品质第一，能力第二"，这是目前很多公司选聘推销人员的准则。成功的推销人员，其个人品质尤为重要，尽管品质有所差异，但在大多数方面还是有共性的，下面这些品质是成功地从事推销职业的基础。

（1）忠诚。推销人员是企业的财富，是企业其他人员的"衣食父母"，只有他们把产品推销出去，其他人员才有事可做，有饭可吃。他们手中经过的是大量的产品和货款。如果推销人员不能忠于职守，或在企业历练成熟就跳槽，甚或内外勾结，侵吞钱物，后果不堪设想。

（2）移情。即从他人角度来理解和判断局势的能力。这种能力使得推销人员在与客户打交道时，有能力去预测客户的想法，并对客户可能的行为做好准备。能帮助推销人员与客户建立密切的关系，因理解客户而更容易被客户接受，更易处理好双方存在的分歧。

（3）自我调节能力或韧性。即走出失败阴影，重新焕发出斗志的能力。推销员就是与"拒绝"打交道的，一天中遇到的"拒绝"比正常人一周、一月遇到的都要多。优秀的推销人员必须能调整好心态，不受这些"拒绝"的影响，能将这些挫折转化为动力。

另外，品质还包括以下内容：诚实和正直的做人原则、智力学识、创造性、变通性、适应能力、个人动机、持续性、个人气质、可依赖性等多个方面。

2. 技能

成功的推销人员比那些不成功的人员更能有效地使用专门技能，最普遍的技能包括：

（1）沟通技能。说和听是沟通的基本技能。一个推销人员应有一副好口才，能够根据顾客需要说出他能接受的话语，能够与顾客建立友好的关系，能够说服顾客购买自己的产品；推销人员更应有一双"好耳朵"，善于积极、认真地倾听顾客的声音，体会顾客的感受，理解顾客所讲的信息。

例如，很多超市经常搞一些促销活动。但他们的促销人员大多是从学校放假学生中临时招聘的，而且没经过什么正规培训。在接待顾客时根本不知道怎么做，或一味地对每一个经过的顾客进行喋喋不休的、无效的、程序化的产品介绍，给人以死缠烂打的感觉；或表情冷漠、无精打采地眼望顾客离去，既不会说，也不会听。他们除了会说"欢迎光临"、"谢谢"、"再见"这几句程式化的语言，再也不知道如何与客户打交道了，无怪乎促销活动表面红火，实则无效。

（2）组织分析能力。推销员每天接触大量的信息，他必须能够进行归类、分析、去粗取精、去伪存真，透过繁杂无序的事物表面深入问题核心，这样可以事半功倍。

（3）时间安排技能，即正确安排必要的时间和一天活动优先顺序的能力。推销人员的时间、精力是有限的，而有待处理的事务又是大量的，必须进行合理安排，将主要精力放在工作上，放在重点客户身上。这是因为，一个推销人员往往只有 1/3 的时间在进行面对面的推销，其他时间都用在路途、等候等活动上，只要你能挤出更多的时间与客户面谈，就一定能提高你的销售额。同时，我们知道商界有一个“80/20”原则，即你的销售量的80%往往来自于你20%的客户。因而，你在尽力拓展客户的同时，要优先考虑、照顾、联系你的主要客户和老客户。

3. 知识

知识面的宽窄、知识量的多少也是推销人员成功的必备条件。一个合格的推销人员主要应掌握的以下几类知识：产品知识、客户知识、行业知识、竞争知识、本公司知识等。

成功销售人员的条件因行业、公司和产品类型而有所不同。在公司的招聘材料中，通常可以发现对成功销售人员的描述。

6.1.3 招聘和选拔过程

推销人员的选拔程序通常由应征人员先填写应征表格，包括年龄、性别、受教育程度、健康状况、工作经历、本人特长、联系方法等基本项目，据以判断是否符合事先决定的候选人的基本条件，然后进行面试。面试可由企业销售经理、人事负责人和资深推销员主持，以考查应试人的语言能力、仪表风度、推销态度、临场应变能力、健康状况以及所具有知识的深度、广度等。

除此之外，还可辅之以心理测验的方法。心理测验的基本类型和内容如下：

1. 能力测验

用以了解一个人全心全力从事一项工作的结果怎样，也称最佳工作表现测验，既包括语言的运用、归纳的能力、理解力、解决难题的能力等智力方面的测验，也包括知觉能力、反应灵敏度、稳定性及控制能力等特殊资质方面的测验。

2. 性格测验

用以了解应试人员在未来的推销工作中将如何做他每天的工作，也称典型工作表现测验，包括对工作条件、待遇、晋升等的看法与意见的态度测验，以及个性测验和兴趣测验。

3. 成就测验

用以了解一个人对某一工作或某项问题所掌握知识的多少。因为每项工作都需要特殊技巧，需要不同的知识，企业认为必要时应设计特殊的测验项目。

6.1.4 推销人员的招聘渠道

推销人员的来源主要包括两个方面：一是从企业内部选拔业务能力强、素质高的人员充实到销售部门；二是从企业外部招聘。从企业外部招聘主要有以下几种途径。

1. 大中专院校及职业技工学校

这是招收应届毕业生的重要途径，这些学校能提供大量的、高素质的人才。企业可以有选择地去物色人才，派人到有关学校召开招聘洽谈会或参加学校组织的专场人才交流会，为便于学生对企业的了解，招聘优秀学生到企业来工作。招聘人员应向学生详细介绍企业情况及工作性质与要求，最好印发公司简介小册子，或制作录像带、VCD 光盘，印制介绍图片等。

2. 人才交流会

各地每年都要组织几次大型的人才交流洽谈会，如春季或秋季人才交流会、外资企业人才交流会、学生专场人才交流会等，到场应聘者动辄就是上万人，甚或数万人。企业交纳一定的费用就可进场摆摊设点进行招聘，花费少、时间短、见效快。

3. 职业介绍所

许多企业通过职业介绍所来获得所需的推销人员，使用这种方法招聘时，最好制作详细的工作说明，让职业介绍所的专业顾问帮助遴选，以使招聘工作简单化，找到合适的人选。

4. 各种招聘广告

最普遍的招聘广告是刊登在报纸上的分类广告，或者刊登在各类专门杂志上的，也可利用电视、互联网刊登招聘广告。

5. 行业协会

如市场协会、营销协会、各行业商会等。他们经常访问制造商、经销商、销售经理和推销员，对各方面的情况比较了解，企业可通过他们的介绍或推荐来获得希望转职的推销人员。

6. 业务接触公司

在开展业务过程中，会接触到客户、供货商、竞争同行及其他各类人员，这些人员都是推销人员的可能来源。

项目实施指导

1．将全体学生分成若干小组，每组 4～6 人，选出一名同学担任组长，负责本组的组织工作。

2．小组讨论：

（1）选择一个具有代表性的企业。

（2）了解本企业的背景资料、业务状况、产品状况。

（3）确定企业招聘的时间。

（4）讨论企业招聘的推销员将要从事的工作重点。

（5）讨论推销员的岗位职责。

（6）讨论推销员的任职资格。

（7）讨论、修改招聘启事内容，形成正式文稿。

项目评价表

评价项目	评价要求	分值	得分
招聘启事	内容完整、齐全	40	
	语言简练	30	
	对应聘人员的要求具体	30	
合计		100	

项目工作小结

序号	小结重点	主要内容	教师批注
1	工作业绩	1. 2. 3. 4.	
2	问题质疑	1. 2. 3. 4.	
3	项目报告	1. 2. 3. 4.	

子项目 6.2 培训内容设计

项目解析

【项目目的】

能制订定企业中短期推销员培训计划与培训目标，能根据企业的业务要求，安排推销人员的培训内容，掌握推销人员的训练方法。

【项目要求】

1．安排推销人员的培训内容。
2．要求培训内容应涉及培训的目标和方法。

项目实施安排

组别： 组长： 日期：

<table>
<tr><td rowspan="8">项目实施
人员分工</td><td>岗 位</td><td>姓 名</td><td>具 体 要 求</td></tr>
<tr><td></td><td></td><td></td></tr>
<tr><td></td><td></td><td></td></tr>
<tr><td></td><td></td><td></td></tr>
<tr><td></td><td></td><td></td></tr>
<tr><td></td><td></td><td></td></tr>
<tr><td></td><td></td><td></td></tr>
<tr><td></td><td></td><td></td></tr>
<tr><td rowspan="8">项目实施
时间安排</td><td>项 目 阶 段</td><td>时间/天</td><td>具 体 要 求</td></tr>
<tr><td></td><td></td><td></td></tr>
<tr><td></td><td></td><td></td></tr>
<tr><td></td><td></td><td></td></tr>
<tr><td></td><td></td><td></td></tr>
<tr><td></td><td></td><td></td></tr>
<tr><td></td><td></td><td></td></tr>
<tr><td></td><td></td><td></td></tr>
</table>

项目教学方案设计

<table>
<tr><td>项目名称</td><td>子项目6.2：
培训内容设计</td><td>教学方法</td><td>教授法与演示法</td><td>建议课时</td><td>2</td></tr>
<tr><td rowspan="2">项目目标</td><td>能力目标</td><td colspan="4">1. 能制订企业中短期推销员培训计划
2. 能根据企业的业务要求，安排推销员的培训内容</td></tr>
<tr><td>知识目标</td><td colspan="4">1. 了解推销人员培训工作的流程
2. 明确推销人员的培训目标
3. 掌握推销人员培训的内容
4. 掌握推销人员的训练方法</td></tr>
<tr><td rowspan="2">项目准备</td><td>教师</td><td colspan="4">准备课件</td></tr>
<tr><td>学生</td><td colspan="4">1. 分组，选出组长
2. 准备纸笔</td></tr>
<tr><td>项目评价</td><td colspan="5">学生与教师一起依照项目评价表进行考评</td></tr>
<tr><td rowspan="5">项目过程</td><td>教学环节</td><td>教师活动</td><td>学生活动</td><td>教学目标</td><td>课时</td></tr>
<tr><td>一、项目介绍</td><td>1. 教师进行项目解析，提出项目要求
2. 布置项目实施安排</td><td>学生做项目分解笔记</td><td>学生能清晰地了解项目实施的目的与程序</td><td rowspan="2">1</td></tr>
<tr><td>二、理论知识</td><td>1. 讲授理论知识
2. 解释学生知识疑问</td><td>1. 接受项目理论知识
2. 提出疑问</td><td>掌握项目实施的相关知识</td></tr>
<tr><td>三、项目实施</td><td>教师抽查一组或几组的项目实施情况</td><td>1. 确定培训企业类型
2. 小组讨论培训内容
3. 撰写培训文案</td><td>学生能根据企业需求制订推销员的培训计划</td><td>2</td></tr>
<tr><td>四、项目评价</td><td>1. 检查各组的培训内容
2. 对项目进行评价</td><td>1. 小组成员评价
2. 其他小组评价
3. 交流心得</td><td>学生能对企业的培训内容有一个清晰地认识</td><td>1</td></tr>
<tr><td rowspan="2">项目实施报告</td><td>教师</td><td colspan="4">检查学生项目实施报告，给出评价</td></tr>
<tr><td>学生</td><td colspan="4">填写项目实施报告</td></tr>
</table>

项目知识

推销人员必须了解公司，熟悉所推销的产品，善于接近客户、接待来访、争取订单，还需要随时更新产品知识，挖掘个人推销潜力。即使是原有的推销人员，也应定期组织培训，以掌握企业新的营销计划、营销策略和有关新产品的知识。因此，基本培训和随时培训都是至关重要的。

6.2.1 企业培训的流程

1. 培训需求分析

进行信息化问题识别，评估推销人员的现状、绩效和业务战略的配合情况，评估方式包括问卷调查、测试、专门小组会议、访谈、绩效评估调查、预测分析。找出企业要培训推销人员的重点与难点。

2. 培训解决方案设计及可行性研究

依据培训需求分析结论，培训调研人员与推销员一起工作一段时间，来确定如何制定推销人员的培训方案，并进行可行性研究。全过程包括培训需求报告、提出设计解决方案、进行可行性研究、确定改进方案。

3. 培训计划制订

如果培训调研人员决定使用某种培训方法，为确保所教授的知识技能符合企业销售的需要并确定培训计划目标、结果衡量方法、培训课程框架开发。

4. 培训方案制订

培训设计人员在企业机构的价值和文化背景下，完成课件定制、培训档案建立、确认符合企业需求的推销人员。

5. 实施培训方案

运用多种多样的学习模式，旨在帮助推销人员掌握知识和技能，并将这些信息运用于他们的日常工作中。培训的结果将会是推销人员个人素质的提高和整体业绩的健康发展。

6. 成果评估与持续改进

为了让推销人员真正吸收学习内容，帮助推销人员提高个人能力，还需要对推销人员的学习效果进行考核，从而使推销人员针对自身的不足进行学习。

6.2.2　推销人员的培训

1．推销人员培训目标

推销人员培训的目标主要包括以下几个方面。

（1）提高推销人员的政治素质和业务素质，这是培训最重要的目标。

（2）以较低的推销成本获得最大的推销量。

（3）稳定推销力量，降低推销人员的流动率。

（4）同顾客建立良好的关系。

在这种总目标下，还要根据推销人员的任务或推销工作中出现的问题，确定培训项目，作为每一阶段培训的特殊目标。

案例6.1　培训的魅力

布兰克小姐是某大百货公司的境外采购员。薪水和佣金加在一起，她一年的收入高达30万美元。当谈及她在这个职位上获得的报酬时，她更多地把它归功于她为此而接受的全面训练，而不是其他事情。谈到她在这个公司的职位，该公司的一位高级官员曾说："我们更多地把布兰克小姐看成朋友，而不是雇员。对其进行全面训练，使她成为这个公司最有能力的商业女性之一"。

案例分析：在上述案例中，我们可以看出培训对于员工素质和能力的提升都有很重要的作用。因此，不论是对于推销员的成长还是企业的发展来说，企业对于推销人员的培训都是很重要的。

2．推销人员培训内容

对推销人员的培训，要根据培训目标、参加培训人员的原有水平和企业的营销策略等拟定培训计划，确定培训的具体内容。培训一般包括以下内容。

（1）思想品质教育。思想品质教育主要是指对推销人员进行职业道德教育和职业荣誉感教育，以增强其事业心和自信心。同时，还要进行全心全意为顾客服务和遵纪守法的教育等。

（2）产品知识。这是推销人员培训的基础。推销人员必须对本企业的产品有彻底的认识，只有这样，在其推荐、介绍产品时，才能取得顾客的信任。推销人员应了解产品的特性、功能、使用方法、制造程序、生产成本及利润情况。

（3）企业知识。熟悉企业的发展历史、组织结构、经营方法、财务制度、营销目标和策略，主要产品的销售情况、价格、运输、安装和服务的政策与程序。通过这些知识的掌握，能尽快地消除新招聘人员的陌生感，提高推销人员的销售信心。

（4）市场知识。介绍消费者地区分布及经济状况，消费者购买动机与购买习惯，影响消费者购买的有关因素，用户所喜欢的产品形态，企业在市场竞争中所处的地位等。

（5）竞争者资料。竞争对手的推销战略及新产品开发情况，竞争产品的特点、性能、成本、利润、使用方法及与本企业产品的比较、分析。

（6）推销技巧。介绍销售程序和责任，讲授推销实务，进行推销实践训练（示范、演示、观察等），分析和把握顾客心理等。

（7）交易知识。介绍记账、使用支票、提款、汇款、计算利息等业务知识，有关分期付款、寄售等方面的知识等。

（8）政策、法律培训。从一定意义上讲，市场经济就是法制经济。在社会主义市场经济条件下，推销人员要顺利完成推销任务，必须了解有关的政策、法律。例如，经济合同法、反不正当竞争法、商标法、专利法、产品质量法、税法等。

资料库　**某摩托车公司推销员培训内容摘要**

一、企业哲学及经营理念、经营指导思想
二、营销职能（做什么）
附一：内勤人员工作职能及工作规范
附二：客户经理工作职能及工作规范
附三：信息中心工作职能及工作规范
三、营销方法（怎么做）
附一：促销的方法
附二：开发客户与管理客户
附三：如何做好服务
附四：强制保养资料
四、专卖店营销管理
五、营销常用表格

6.2.3　推销人员培训方法

根据企业的经营规模、市场发展状况以及推销人员的情况，可以采取不同的培训方法。对于那些没有推销基础的新推销人员的培训，培训的方法主要有以下三种。

1．集中培训法

集中培训法是指企业通过采取办培训班、研讨会等形式对推销人员进行集中培训的方法。企业可请有关专业教师授课，也可由企业的厂长、经理或有经验的推销人员讲授有关推销知识、技巧、策略和法律等。集中培训方法的优点在于时间短，费用低，见效快，节省人力。其不足之处在于缺乏实践和切身体会，不易引起受训人员的重视。

2．实践培训法

实践培训法是指企业派新推销人员到现场跟随有经验的推销人员一起工作的一种传

统培训方法。这种方法已被我国企业普遍采用。由有专业推销知识、实践工作经验的老推销人员当师傅，新推销人员做徒弟，进行传帮带。此法的优点在于：新推销人员能深入到现场，可以增加感性认识；边学边干，具有针对性；容易收到好的效果，特别是在有丰富推销经验和很强推销能力的推销人员指导下更是如此。此法不足之处在于培训的时间较长，费用较高。

3．角色扮演法

角色扮演法的通常做法是由受训的推销人员扮演推销人员进行推销活动，由有经验的推销人员扮演顾客，像演话剧一样进行推销活动的彩排，最后进行讲评。这种方法应尽可能地吸取上述两种方法的优点，而避免其不足。

案例6.2　施乐公司的培训

施乐公司何以在竞争激烈的市场环境中，创造了竞争上的优势？答案很简单，只有两个字——训练。

在施乐，任何人（上到公司总裁，下到推销员）都深信训练是必不可少的。因此，他们从不吝惜投入资金与时间去训练业务代表，并投入庞大的资金设立自己的训练机构及开发各阶段的业务训练教材。每位业务代表从踏入公司开始，就要不断地接受训练。

施乐的一位训练主管曾说："我们最喜欢训练那些刚步入社会的新人，他们像一张白纸，可塑性强。在基础推销训练课程中，每位参加训练的业务代表，虽然各自的领悟速度快慢有别，但经过多次反复练习后，每位业务代表都能达到我们期望的标准。你能感受到他们进步神速，有如刚学走路的幼儿，看着他们跌跌撞撞，但不久之后，他们每一个人都快步如飞。"

案例分析：从这个例子中，我们可以看出训练对每个人都是必需的。不要认为成功人士都是天才，也不要丧气地认为自己成不了才。一切由训练开始，接受正确的训练才会使你获得更大的成功。

项目实施指导

1．将全体学生分成若干小组，每组4～6人，选出一名同学担任组长，负责本组的组织工作。

2．小组学习，推销人员工作流程。

3．小组讨论：

（1）明确本企业推销人员的业务要求。

（2）明确本企业推销人员培训目的。

（3）设计本企业推销人员培训工作流程。

（4）设计推销人员培训的内容。

（5）设计在培训中要实施的培训方法。

4．小组间交流，形成最终文案。

项目评价表

评价项目	评价要求	分值	得分
资料查询	对所选取的企业的基本情况了解充分、齐全	20	
培训文案	内容完整	30	
	培训目的明确	20	
	培训方法适当	10	
	语言精练、准确	20	
合计		100	

项目工作小结

序号	小结重点	主要内容	教师批注
1	工作业绩	1. 2. 3. 4.	
2	问题质疑	1. 2. 3. 4.	
3	项目报告	1. 2. 3. 4.	

子项目 6.3 工作业绩考核

项目解析

【项目目的】

能制定推销人员业绩考核方案，能根据推销业绩的各项指标，运用各种考核方法，对推销人员进行公平、公正的考核。

【项目要求】

1．制订考核方案。
2．给定三位推销员的推销业绩背景，用两种以上的方法进行考核与评价。

项目实施安排

组别：　　　　组长：　　　　日期：

项目实施人员分工	岗　　位	姓　　名	具 体 要 求
项目实施时间安排	项 目 阶 段	时间/天	具 体 要 求

项目教学方案设计

<table>
<tr><td>项目名称</td><td colspan="2">子项目6.3：
工作业绩考核</td><td>教学方法</td><td>案例分析法与讲授法</td><td>建议课时</td><td>2</td></tr>
<tr><td rowspan="2">项目目标</td><td>能力目标</td><td colspan="5">1．能制定推销员业绩考核方案
2．能根据推销业绩的各项指标，运用各种考核方法，对推销人员进行公平、公正的考核</td></tr>
<tr><td>知识目标</td><td colspan="5">1．掌握推销人员的考核方法
2．熟悉推销人员的各项考核指标
3．了解推销人员激励的原则与方法</td></tr>
<tr><td rowspan="2">项目准备</td><td>教师</td><td colspan="5">1．准备课件
2．给出三位推销人员的业绩数据</td></tr>
<tr><td>学生</td><td colspan="5">1．分组，选出组长
2．准备纸、笔、计算器</td></tr>
<tr><td>项目评价</td><td colspan="6">教师根据各组得出的选择结果打分</td></tr>
<tr><td rowspan="5">项目过程</td><td>教学环节</td><td>教师活动</td><td colspan="2">学生活动</td><td>教学目标</td><td>课时</td></tr>
<tr><td>一、项目介绍</td><td>1．教师进行项目解析，提出项目要求
2．布置项目实施安排</td><td colspan="2">学生做项目分解笔记</td><td>学生能清晰地了解项目实施的目的与程序</td><td rowspan="2">1</td></tr>
<tr><td>二、理论知识</td><td>1．讲授理论知识
2．解释学生知识疑问</td><td colspan="2">1．接受项目理论知识
2．提出疑问</td><td>掌握项目实施的相关知识</td></tr>
<tr><td>三、项目实施</td><td>教师抽查一组或几组的项目实施情况</td><td colspan="2">1．确定推销人员业绩考核的指标
2．讨论最佳的考核方法</td><td>学生能根据企业实际对推销员进行业绩考核</td><td>2</td></tr>
<tr><td>四、项目评价</td><td>1．检查各组考核方法
2．对项目进行评价</td><td colspan="2">1．小组成员评价
2．其他小组评价
3．交流心得</td><td>学生能对企业推销人员的绩效考核有一个清晰地认识</td><td>1</td></tr>
<tr><td rowspan="2">项目实施报告</td><td>教师</td><td colspan="5">检查学生项目实施报告，给出评价</td></tr>
<tr><td>学生</td><td colspan="5">填写项目实施报告</td></tr>
</table>

项目知识

6.3.1　推销绩效评估的意义

推销绩效的评估，是指企业或推销人员对一定时期内推销工作的状况进行衡量、检查、评价，目的在于总结经验和教训，进一步制订新的推销计划，改进推销工作，取得更好的推销业绩。

推销绩效的评估是现代推销技术的一个重要组成部分。现代推销技术和传统推销技术的一个重要区别就是强调推销的科学性。运用科学的方法和手段对推销计划的执行情况和推销工作进行分析和评估，不仅是从事决策的重要参考指标，也是对企业政策与计划的考核。通过绩效评估可以找出推销工作成功和失败的原因，较快地提高推销人员的工作能力和推销绩效。

6.3.2　推销绩效评估的内容

推销人员的推销业绩可以通过销售量、销售额、推销费用、销售利润和推销效率等几个方面来进行评估。

1．销售量

销售量是指企业或推销人员在一定时期内实际推销出去的产品数量。它是推销绩效评估的主要内容之一，推销人员推销出去的产品越多，其推销成绩就越大。

要正确评估销售量，首先要对销售量的范围进行准确的界定，确定销售量所包含的内容，运用统一的统计口径，包括合同供货方式和现货供货方式，已售出的产品数量以及尚未到合同交货期提前在报告内交货的预交产品数量，但要扣除销售退回的产品数量。其次，要运用一定的方法考察销售量的变化，准确地评价推销人员的工作业绩，如通过对产品推销计划完成任务情况、不同品种的销售量、对新老用户的销售量等情况进行考察，进一步分析其原因以及销售量和市场占有率的变化发展趋势等。

2．销售额

销售额是以价值形式反映产品销售情况，既考虑产品数量也考虑产品价格。在评估销售额时，应先根据各推销产品的不同价格和销售量计算出区域内推销人员、各种产品、不同消费者群或推销对象的销售额，累加求出总的销售收入，再依据一定的方法进行比较分析。具体的销售额评估分析方法如下：

（1）总销售额评估：用于全面分析公司业绩。某公司销售额增长状况如表6.1所示。

表 6.1 销售额增长状况

年 份	公司销售额（百万元）	行业销售额（百万元）	市场占有率（%）
2010	26	200	13
2011	23.4	195	12
2012	20.9	190	11

从表 6.1 中可以看出，该公司的销售额从 2010 年到 2012 年三年中在不断下降，一方面是由于在这三年中整个行业销售额在不断下降，另一方面是由于公司自身的原因造成的，因为该公司的市场占有率也由 2010 年的 13%下降为 2012 年的 11%。对于公司自身的原因，应该具体分析进而提出改进的措施，以便改善销售业绩。

（2）区域销售额评估，如表 6.2 所示。

表 6.2 区域销售额分析研究

区 域	市场指数（%）	销售目标（百万元）	实际销售（百万元）	实际值/目标值（%）	偏差（百万元）
1	28	5.6	6	107	+0.4
2	32	6.4	6.5	102	+0.1
3	40	8	7.5	94	−0.5
合计	100	20	20	100	0

从表 6.2 可以看出，区域 3 业绩最差，区域 1 业绩最好。区域分析法也可用以评估销售人员，但评估后应进一步分析区域或销售人员未达成协议目标的原因（是潜在的消费者少，区域设计不合理，还是竞争对手太强，或者销售人员素质差？），进而提出改进的措施，提高销售业绩。

（3）按产品销售评估，如表 6.3 表示。

表 6.3 产品销售评估

销 售 人 员	销售额配额（万元）	实际销售额（万元）	偏差（百万元）	实际销售额/销售额配额（%）
A	56	58	+2	103.6
B	55	43	−12	78.2
C	60	65	+5	108.3
D	43	45	+2	104.7
合计	214	211	+2	98.6

从表 6.3 中我们可以看出，销售人员 C 业绩最好，企业之所以未能实现销售额配额，主要是由于销售人员 B 所造成的。必须找出原因，提出改进措施，以改善销售业绩。

（4）消费者类型销售额评估，如表 6.4 所示。

表 6.4 消费者类型销售额评估

消费者类型	销售目标（百万元）	实际销售额（百万元）	销售额/目标值（%）	偏差（百万元）
1	3	3.5	116.7	+0.5

续表

消费者类型	销售目标（百万元）	实际销售额（百万元）	销售额/目标值（%）	偏差（百万元）
2	3.2	3	93.8	−0.2
3	7.5	7	93.3	−0.5
4	8	8.5	106.3	+0.5
5	5	4.6	92	−0.4
合计	26.7	26.6	99.6	−0.1

3．推销费用

推销费用是指在推销产品过程中所发生的费用。通过对推销人员完成推销任务所支出的费用进行考核，可以及时发现费用开支中的问题，有利于把费用控制在预算范围内，提高费用使用效率。进行推销费用评估常用的指标有以下两个。

（1）产品推销费用率：一定时期内推销费用与推销额的比例。推销费用包括与产品推销活动紧密相关的成本和费用。例如推销项目可行性调研的费用，有关资料的印刷费和广告费，交通费，通信费，业务招待费，展销场地租赁费等。

（2）推销费用降低率：一定时期内推销人员实际支出的推销费用与计划核定的推销费用限额之间的比例。它反映了推销费用节约或超支的程度。

对于费用的评估，可以按总费用或各分类费用与各类别的费用配额进行比较分析。

4．销售利润

销售利润是推销成果的集中体现。将销售收入与销售成本和费用进行比较，就可以看出推销人员为企业创造的利润是多少。在分析销售利润时，不仅要分析销售利润的计划完成情况，而且要进一步分析其变化的原因，分析不同因素（如销售量、产品价格、销售成本和销售结构等）对销售利润的影响，以便于及时发现问题，提出改进的措施。利润的评估也可以按总利润及各分类利润进行分析。利润评估可以加强高利润区域、高利润产品、高利润消费者群的工作，保证公司利润的实现。毛利目标实现情况考核公式为

$$毛利目标达成率=实现毛利额/毛利额目标 \tag{6-1}$$

案例6.3

某公司 4 名销售人员的毛利目标完成情况如表 6.5 所示。

表 6.5　毛利目标完成率情况

销 售 人 员	毛利目标额（万元）	毛利完成额（万元）	毛利目标达成率（%）	偏差（万元）
张博	40	42	105	2
张明	52	43	83	−9
王海	60	64	107	4
李玉	48	50	104	2
合计	200	199	99.5	−1

案例分析：通过这个例子我们可以看出，在4名销售人员中，有3个人完成了毛利目标额。但由于销售人员张明的工作不力，导致该公司没能完成本年度的毛利目标。

5．推销效率

评估推销效率可以更全面地评价推销人员的工作程度和效果，把握推销人员之间存在的差距，并通过奖勤罚懒，提高推销人员的工作努力程度，促进推销工作。

评估推销效率的指标主要有配额完成率、推销人员人均推销额、用户访问完成率、订单平均订货量、订货合同完成率等。

推销配额完成率反映推销人员对定额推销任务的实际完成情况，其公式为

推销配额完成率＝实际完成推销量（额）/配额推销量（额）×100%　　（6-2）

推销人员人均推销额是衡量销售部门平均工作成绩的指标。推销人员了解人均推销额，就可以将自己的推销成果与之对照分析，更好地激励自己努力推销，赶超平均水平。推销人员人均推销额的公式为

推销人员人均推销额＝一定时期内商品销售总额/推销人员总人数　　（6-3）

用户访问完成率指一定时期内推销人员访问顾客的实际次数与计划规定的次数的比例。考核推销人员的用户访问完成率，可以从推销活动过程上来衡量推销人员的工作努力程度。其公式为

用户访问完成率＝（实际访问用户次数/计划访问用户次数）×100%　　（6-4）

或

用户访问完成率＝（实际访问用户数/计划访问用户数）×100%　　（6-5）

订单平均订货量（额）指一定时期内获得的订单或合同订货量（额）与订单或合同总数的比值。这一指标可以衡量推销人员所获取的订单的数量与质量，其公式为

订单平均订货量（额）＝订单订货总量（额）/订单总份数　　（6-6）

订货合同完成率又称履约率，主要用来衡量订货合同的执行情况，其值的高低用来评价推销员的工作效率和质量，其公式为

订货合同完成率＝（合同期交货数/合同期订货数）×100%　　（6-7）

此外，还有其他一些推销绩效考核的内容及公式。例如：

每天平均访问户数＝访问户数/日数　　（6-8）

每户平均成交额＝成交额/成交户数　　（6-9）

现金回收率＝回收现金/成交额　　（6-10）

6.3.3　推销绩效评估的方法

推销绩效评估的方法很多，常用的方法有以下几种。

1．纵向分析法

纵向分析法是指通过推销指标绝对数值的对比确定数量差异的一种方法，其作用在于揭示客观存在的差距，发现值得研究的问题，为进一步分析原因指明方向。依据分析的不

同要求，主要可进行三种比较分析，即将实际资料与计划资料对比，说明计划完成情况；将实际资料与前期资料对比，考察推销活动发展变化；将实际资料与先进资料对比，找出差距和原因，挖掘潜力。推销人员绩效的纵向比较如表6.6所示。

表6.6 推销人员绩效的纵向比较表

评价因素 \ 年份	2009	2010	2011	2012
① 产品A销售额（万元）	37.6	37.8	41	39.5
② 产品A销售定额（万元）	39.8	40.8	46.2	46.4
③ 产品B销售额（万元）	63.5	66	80.2	82.5
④ 产品B销售定额（万元）	53.8	54.3	60.4	62.9
⑤ 销售总额（万元）[①+③]	101.1	103.8	121.2	122
⑥ 产品A推销定额完成率（%）[①/②]	94.5	92.6	88.7	85.1
⑦ 产品B推销定额完成率（%）[③/④]	118	121.5	132.8	131.2
⑧ 产品A毛利（万元）	7.52	7.56	8.2	7.9
⑨ 产品B毛利（万元）	6.35	6.6	8.02	8.25
⑩ 总毛利（万元）[⑧+⑨]	13.87	14.16	16.22	16.15
⑪ 销售费用（万元）	1.637 8	1.847 6	1.866 5	2.171 6
⑫ 销售费用率（%）[⑪/⑤]	1.62	1.78	1.54	1.78
⑬ 访问顾客次数	1 650	1 720	1 690	1 630
⑭ 每次访问成本（元）	9.93	10.74	11.04	13.32
⑮ 顾客平均数	161	165	169	176
⑯ 新增顾客数	16	18	22	27
⑰ 失去顾客数	12	14	15	17
⑱ 每一顾客平均销货额（元）[⑤/⑮]	6 280	6 291	7 172	6 932
⑲ 每一顾客平均毛利（元）[⑩/⑮]	861	858	960	918

由表6.6可见：销售总额逐年上升，主要是产品B增幅大；毛利高的A产品2003年销售由升转降，影响到总毛利，使之下降。每次访问成本上升，是费用逐年增加的重要因素。新顾客虽逐年增加，但也失去了一些老顾客。看来，每一顾客的平均销货额及毛利的增减，与产品销量增加和结构变化紧密相关。

2. 横向对比分析法

推销人员绩效的横向对比分析，就是企业对所有推销人员的工作业绩加以相互比较，具体方法如表6.7所示。

表 6.7　推销人员绩效的横向比较表

推销人员评价因素		张　明	李　玉	王　博
销售额	① 权数	0.5	0.5	0.5
	② 目标	75 万元	65 万元	51 万元
	③ 完成	77.5 万元	68.5 万元	47.8 万元
	④ 效率［③/②］	1.03	1.05	0.94
	⑤ 绩效水平［①×④］	0.52	0.53	0.47
订单平均批量	① 权数	0.25	0.25	0.25
	② 目标	400 元	350 元	270 元
	③ 完成	450 元	370 元	255 元
	④ 效率［③/②］	1.13	1.06	0.94
	⑤ 绩效水平［①×④］	0.28	0.27	0.24
每周平均访问次数	① 权数	0.25	0.25	0.25
	② 目标	25 次	20 次	18 次
	③ 完成	23 次	22 次	16 次
	④ 效率［③/②］	0.92	1.10	0.89
	⑤ 绩效水平［①×④］	0.23	0.28	0.22
综合绩效		103%	108%	93%

在表 6.7 中，评价张明、李玉、王博三个推销员的因素为销售收入、订单平均订货额和每周平均访问次数。由于这三个因素在考核推销绩效中的重要性不同，因此分别给予 0.5、0.25 和 0.25 的权数。同时，根据各自情况制定不同的目标。例如，张明所在地区潜在顾客较多，竞争对手力量不强，故其销售收入目标为 75 万元，高于李玉和王博。通过各个推销员各项目标的完成情况，可计算出各项相应的绩效水平，然后再累加得出各个推销人员的综合绩效。推销人员李玉的综合绩效最高，为 108%。

正确运用横向比较分析法，必须在充分考虑各地市场潜力、工作量、竞争激烈程度、企业促销配合等因素的基础上制订出合理的目标。但在实际评估中，推销管理部门很难面面俱到地考虑所有的影响因素，在目标的制订上有一定的主观偏差，如果仅用这种分析方法，则容易引起误解。因此，配合纵向对比分析，能够更全面、准确地评估推销绩效。

3．尺度考评法

尺度考评法是将考评的各个项目都配以考评尺度，制作出一份考核比例表加以评核的方法。在考核表中，可以将每项考评因素划分出不同的等级考核标准，然后根据每个推销人员的表现按依据评分，并可对不同的考评因素按其重要程度给予不同的权数，最后核算出总的得分，如表 6.8 所示。

表 6.8　推销人员尺度考评表

推销人员姓名：						总分：		
等级 项目	90 分以上	80～89 分	70～79 分	60～69 分	59 分以下	记分	权数	评分
工作实绩	超额完成任务，贡献比别人多，工作无懈可击	工作成绩超过一般人所能达到的水平	工作成果符合要求，基本能如期完成	工作成果大致符合要求，有时还需别人帮助	一般不能完成所要求的工作任务，缺点较多			
工作能力	具有高超的工作技能，开发新客户能力强，经常有创造性的点子	具有较强的工作技能，能主动开发新客户，时常有建设性的意见	具有完成分内工作的能力，开发新客户会有一定效果，偶尔有创见	工作技能一般，需要多加指点，开发新客户需要支援，很少有创见	工作技能不能应付日常作业，开发新客户几乎不可能，谈不上有创造力			
工作态度	积极性很高，责任感强，能与同事同舟共济，协调性好	态度积极，总能自动负起责任，能与上司、同事协调相处	日常工作绝不能拖延，对交办的工作欣然接受，不会与同事发生无意义的摩擦	对困难工作积极性不同，责任感一般，表面上基本能与同事相处	缺乏积极性，责任感不强，工作需要不断监督，协调能力差			

6.3.4　推销人员的激励

1. 激励推销人员的原则

激励推销人员的措施必须科学、合理，否则不仅起不到调动、鼓舞推销人员工作积极性的作用，相反还会挫伤其原有的工作热情。推销管理部门在对推销人员进行激励时，应当根据企业、产品、销售地区、推销环境和推销人员的不同情况制定合理的激励方案。制定激励方案应遵循的原则如下。

（1）公平合理。所制定的奖励标准和所给予的奖赏必须公平合理。奖励的标准必须恰当，过高或过低都会缺乏驱动力。所给予的奖赏，应考虑到推销人员工作条件的不同和付出努力的差别。

（2）明确公开。推销管理部门的奖励措施必须明确，并公开宣布，让推销人员充分了解和掌握奖励目标和奖励方法，促使他们自觉地为实现目标而努力。否则，就不可能产生积极的效果。

（3）及时兑现。对推销人员的奖励，应当按预先的规定，一旦达到奖励目标就兑现许诺，使达标者及时得到奖赏。如果拖延奖励时间，给推销人员造成开空头支票的感觉，将会严重打击他们的积极性。

2. 推销人员的报酬管理

建立合理的报酬制度，对于调动推销人员的积极性和主动性，保证推销目标的实现，有着重要意义。推销人员的工作能力、工作经验和完成任务的情况是确定报酬的基本依据。企业付给推销人员的报酬主要有三种形式。

（1）薪金制，即给推销人员固定的报酬。这种制度简便易行，可简化管理部门的工作。推销人员也因收入稳定而有安全感，不必担心没有推销业务时影响个人收入。但这种制度缺少对推销人员激励的动力，容易形成吃"大锅饭"的局面。

（2）佣金制，即企业按推销人员实现销售量或利润的大小支付相应的报酬。这种制度比薪金制有较强的刺激性，可以使推销人员充分地发挥自己的才能，管理部门也可根据不同的产品和推销任务更灵活、更有针对性地运用激励的手段。但这种制度不能保障企业对推销人员的有效控制，推销人员往往不愿接受非销售性工作，而且常常出现为追逐自身经济利益而忽视企业长远利益的现象。

（3）薪金加奖励制，即企业在给推销人员固定薪金的同时又给不定额的奖金。这种形式实际是上述两种形式的结合，一般来讲，它兼有薪金制和佣金制的优点，既能保障管理部门对推销人员的有效控制，又能起到激励的作用。但这种形式实行起来较为复杂，增加了管理部门的工作难度。由于这种制度比较有效，目前越来越多的企业趋向于采用这种方式。

3. 激励推销人员的方法

管理部门可以根据企业自身情况和内部人员状况，灵活地运用多种激励推销人员的方法，以便激发推销人员的潜能，保证推销目标的实现，促进企业的发展。具体地说，激励推销人员的方法主要有以下几种。

（1）目标激励法。企业首先建立一些重要的推销目标，如销售数量指标，规定推销员一定时期内访问顾客的次数。这样使推销人员感觉工作有奔头、有乐趣，体会到自己的价值与责任，从而增加了努力上进的动力，使企业的目标变成了推销人员的自觉行动。采用这种方法，必须将目标与报酬紧密联系起来，达到目标就及时给予兑现。

（2）强化激励法。强化激励法有两种方式：一是正强化，对推销人员的业绩与发展给予肯定和奖赏；二是负强化，对推销人员的消极怠工和不正确行为给予否定和惩罚。通过奖惩分明、奖勤罚懒，激励推销人员不断地努力。

（3）反馈激励法。推销管理部门定期把上一阶段各项推销指标的完成情况、考核成绩及时地反馈给推销人员，以此增强他们的工作信心和成就感。

（4）推销竞赛。管理部门根据企业经营、市场和推销人员的具体状况组织各种推销竞赛，激励推销人员付出比平常更大的努力，促进销售任务的完成。

项目实施指导

1. 将全体学生分成若干小组，每组4～6人，选出一名同学担任组长，负责本组的组织工作。

2. 小组讨论：

（1）明确本企业推销人员的考核要求。

（2）了解给定的三位推销员的推销业绩背景。
（3）讨论要使用的推销人员考核方法，至少选用两种方法。
（4）确定每种方法的考核指标和指标分值。
3．依据考核方法和三位推销员的业绩情况，对每位推销员进行考核。
4．总结考核结果，对每位推销员给予评价。

项目评价表

评价项目	评价要求	分值	得分
绩效考核	所选用的推销业绩考核指标恰当	30	
	考核指标的计算准确	30	
	考核的过程公平合理	40	
合计		100	

项目工作小结

序号	小结重点	主要内容	教师批注
1	工作业绩	1. 2. 3. 4.	
2	问题质疑	1. 2. 3. 4.	
3	项目报告	1. 2. 3. 4.	

项目知识小结

推销管理的内容相当广泛，其重点是对推销人员的管理，主要包括推销人员的选拔与培训。推销人员的选拔与培训有多种多样的方法，各企业都必须结合本企业的特点，创造性地运用这些方法，并应在管理过程中不断总结经验，推陈出新。

推销人员的培训，不论是对新员工还是老员工，都是非常重要的。熟悉推销人员的培训流程和培训内容。推销人员的培训方法主要有集中培训法、实践培训法和角色扮演法。

推销绩效评估，指企业对推销部门或推销人员一定时期内的推销工作状况进行衡量、检查、评定和评估。主要的评估方法有横向对比法、纵向对比法和尺度考评法。通过对推销人员的绩效评估，不断总结经验和吸取教训，从而取得更好的业绩。

自我测验

【测试目的】 推销潜能测验。

这里共有15道题，前14道题以“经常如此”、“有时如此”或“几乎从未如此”作为答案，第15题则用“经常如此”、“很少如此”或“几乎从未如此”作为答案。答题时不需要考虑太久，只需以最自然的方式作答，即可测验出你有无推销方面的潜能。

1. 你真心喜欢你周围的人吗？
2. 必要时你会主动与人握手吗？
3. 与人谈话时你会投以亲切的眼神吗？
4. 你能适时地表现出幽默感吗？
5. 表达意见时，你会采用简单清晰的方式吗？
6. 你能向顾客举出五种以上的购买理由，说明你为什么要推销这些有价值的东西给顾客吗？
7. 你的穿着是否整洁得体并适合你所推销的东西呢？
8. 你能给人一种生活充实成功的印象吗？
9. 遇到不如意的事情，你很容易沮丧吗？
10. 你能正确回答你所推销商品的各种问题吗？
11. 与人有约，你都能准时赴约吗？
12. 若有人请你服务，你相信这也是推销的一部分吗？
13. 你是否擅长制作各类报告、数据图表及统计资料？
14. 你希望从人际关系的接触中，即刻获得回报吗？
15. 你认为推销工作是否应该有固定的工作时间？

评分标准：

从第1题到第14题，答“经常如此”得6分，答“有时如此”得4分，答“几乎从未如此”得2分；第15题，答“经常知此”得2分，答“很少如此”得4分，答“几乎从未如此”得6分。

74～90分：是天生推销员，喜欢与人接近，也知道如何与人相处，推销产品时非常诚恳踏实。

52～72分：这种人属于中等，表示有推销方面的潜质，只要经过努力和培训也可以成为出色的推销员。

30～50 分：奉劝这种人最好不要从事推销工作，因为推销工作会令他很不开心的。这并不是说他有什么问题或毛病，而是推销工作不适合他。

思考与练习

1．判断题（正确打“√”，错误打“×”并改正）

（1）对企业原有的推销人员不需要再进行培训。（ ）

（2）同一推销人员，在不同销售潜力的地区，销售绩效也会不同。（ ）

（3）推销人员培训的最重要的目标是提高推销人员的政治素质和业务素质。（ ）

（4）企业可以根据自己的经营规模、市场发展状况和推销人员的情况采取不同的培训方法。（ ）

（5）通过推销绩效的评估可以找出推销工作成功和失败的原因，较快地提高推销人员的工作能力和推销绩效。（ ）

（6）推销绩效评估的纵向对比分析法是指对企业所有推销人员的工作业绩加以相互比较。（ ）

2．单项选择题

（1）企业招聘推销人员时，一般最注重的素质为（ ）。

A．经验　B．品质

C．能力　D．知识

（2）一定时期内推销费用与推销额的比例称为（ ）。

A．推销费用降低率　B．产品推销费用率

C．销售利润率　D．推销效率

3．多项选择题

（1）推销人员激励的原则有（ ）。

A．随意性　B．公平合理性

C．明确公开性　D．及时兑现性

（2）推销人员激励的方法主要有（ ）。

A．目标激励法　B．强化激励法

C．反馈激励法　D．推销竞赛

4．简答题

（1）对推销人员的培训方法都有哪些？

（2）对推销人员的培训内容包括哪些方面？

（3）表 6.9 给出了某企业 3 名销售人员的销售配额与实际销售额的数据资料，试计算：

① 实际销售额与销售配额之间的差异。

② 计算每一名销售人员的综合绩效，并对结果进行分析。

表 6.9 推销人员销售数据

销 售 人 员	销售配额（万元）	实际销售额（万元）
张 明	120	130
李小三	80	75
王旭红	105	110

案例阅读

假设某企业评价甲、乙、丙三个推销人员，采用的指标为推销额、订单平均批量和平均每周访问次数。其中，推销额是主要指标，所以权数为 0.5，其他两个指标的权数分别为 0.3 和 0.2。推销人员业绩分析表如表 6.10 所示。

表 6.10 推销人员业绩分析表

推销人员评价因素 \ 推 销 人 员		甲	乙	丙
销售额	①权数	0.5	0.5	0.5
	②目标（万元）	20	40	30
	③完成（万元）	16	36	30
	④效率			
	⑤绩效水平			
订单平均批量	①权数	0.3	0.3	0.3
	②目标（元）	500	600	400
	③完成（元）	450	540	440
	④效率			
	⑤绩效水平			
每周平均访问次数	①权数	0.2	0.2	0.2
	②目标（元）	25	40	30
	③完成（元）	20	36	33
	④效率			
	⑤绩效水平			
综合绩效				

案例讨论:

1. 在表中的空缺处填上相应的数字。

2. 根据表中的数字，对甲、乙、丙三位推销人员的情况进行分析，并指出哪一位推销人员的业绩最佳。

参考文献

1 [美] 托马斯·波诺玛. 行销技巧速成——哈佛教授告诉你行销的诀窍. 蒋涛，卢一先译. 北京：中国经济出版社，1992
2 王孝明. 推销实战技巧. 北京：经济管理出版社，2004
3 陈企华. 最成功的推销实例. 北京：中国纺织出版社，2003
4 吴健安，王旭，姜法奎，吴玲. 现代推销技学. 大连：东北财经大学出版社，2002
5 徐育斐. 推销技巧. 北京：中国商业出版社，2003
6 张雍. 推销胜算166. 北京：中国经济出版社，1997
7 [美] H·M·戈德曼. 推销技巧——怎样赢得顾客. 谢毅斌，王为州，张国庆译. 北京：机械工业出版社，1991
8 [德] Jan L. Wage. 绝对成交的推销技巧. 姜峰，程巍译. 北京：民主与建设出版，2004
9 陈书凯. 101个影响世界的营销寓言. 北京：中国民航出版社，2004
10 小唐纳德·W·杰克逊，[美] 威廉姆·H·坎宁安，伊莎贝拉·C·M·坎宁安. 推销——市场营销中的个人力量. 王雪松译. 北京：中国经济出版社，1996
11 郭国庆，李先国，牛海鹏. 推销员职业技能培训鉴定教材. 北京：中央广播电视大学出版社，1999
12 罗威. 金牌营销员培训手册. 北京：中国工人出版社，2004
13 王兴涛、李兴华. 推销大师. 北京：企业管理出版社，1997
14 陈企华. 最成功的推销经验. 北京：中国纺织出版社，2003
15 张则惠，薛德敏. 推销怪术. 北京：中国经济出版社，1996
16 张崇礼，张变枝. 推销秘诀. 北京：中国审计出版社，1996
17 付晓明. 超级销售细节训练：30天打造冠军销售技能. 北京：北京科学技术出版社，2004
18 牛海鹏，屈小伟. 专业销售. 北京：企业管理出版社，1997
19 李蔚，黄鹂. 推销谋略与技巧. 成都：四川大学出版社，1997
20 郑泽延，郑力增. 有效的购销技巧. 北京：中国经济出版社，1997
21 杭中茂. 推销技术. 北京：团结出版社，1997
22 [美] 乔·吉拉德. 如何成交. 崔权醴，李春荣译. 北京：经济日报出版社，1997
23 孙翔洲，陈梅. 推销高手80招. 北京：民主与建设出版社，2002
24 冯华亚. 推销技巧与实战，北京：清华大学出版社，2008
25 李桂荣. 现代推销学. 北京：中国人民大学出版社，2003
26 李红梅. 现代推销实务，北京：电子工业出版社，2005
27 林川. 销售高手晋阶训练，广州：广东经济出版社，2007
28 易开刚. 现代推销学，上海：海财经大学出版社，2004
29 刘志超. 现代推销学，广州：广东高等教育出版社，2004
30 崔利群. 推销实务，北京：高等教育出版社，2002
31 白云华，赵雪梅. 推销技术，北京：清华大学出版社，2010
32 彭先坤，梅艺华. 推销技巧，北京：北京理工大学出版社，2011
33 谢和书，陈君. 推销实务与技巧，北京：中国人民大学出版社，2010